守望相助
携手小康

上海市国资委系统精准扶贫案例集

上海市国有资产监督管理委员会 / 编

上海社会科学院出版社
SHANGHAI ACADEMY OF SOCIAL SCIENCES PRESS

编辑委员会

主　　任：白廷辉
副 主 任：董　勤　程　巍　陈　东
成　　员（按姓氏笔画为序）：
　　　　　刘亦颖　苏　虹　陈　浩　陈忠益　富思渊
编辑人员：韩　伟　黄小力　严　堃　孙　玛

序

上海市国资委党委书记、主任　白廷辉

整体消除绝对贫困，成为全球减贫人口最多的国家，这是中国共产党向亿万人民的庄严承诺。八年脱贫攻坚，这一人类历史上规模空前、力度最大、惠及人口最多的伟大工程，推动农业农村取得历史性成就、发生历史性变革，成就了一部史诗般的传奇。

国有企业是共和国的长子。中华人民共和国成立以来，上海国有企业为城市经济、社会发展、科技进步、民生改善作出了历史性贡献。中华人民共和国成立初期，正是上海国有企业建成完整的工业体系，积极发展新兴工业，培育形成了中国第一辆"凤凰牌"轿车、中国第一台汽轮发电机组等一大批优质名牌产品，为上海社会主义工业化打下初步基础。改革开放以来，正是上海国有企业加快改革开放，从第一家中外合资企业到世界第二高楼，从全球最庞大的轨道交通网络到最繁忙的港口，国有企业始终奋战在上海城市改革发展稳定的最前沿。迈入新时代，正是上海国有企业撑起上海国民经济的脊梁，推动自贸区临港新片区和长三角一体化示范区从阡陌农田转向申之两翼，集成电路、生物医药、人工智能等先导产业从夯基垒台迈入孕育突破，特别是在新冠肺炎疫情大战大考中斗病魔、稳经济、保民生，充分发挥了"稳定器"和"压舱石"作用。

投身脱贫攻坚，是上海国有企业在新时代又一段为国为民奋斗的历程，是又一份向中国共产党建党100周年的献礼。八年来，顶风冒雪，翻山越岭，没有什么困难能够阻挡上海国企和广大干部访贫问苦的脚步；苍茫大地、黄土飞扬，没有什么可以耽搁上海国企和广大干部实施村庄改造、铺路架桥的进程；层峦叠嶂，道路陡峭，没有什么可以延缓上海国企和广大干部送温暖、送技术、送资金的速度。八年来，一条条水泥路蜿蜒在山野林间，激活了一个村、一座城；一片片农作物在风中摇曳，架起了通向小康的路和桥；一个个文化制品传承千年历史，浸染了风华与韵味；一阵阵读书声成为最动听的旋律，唤醒了憧憬与梦想；一张张朴实的笑脸堆叠成最美画卷，成为上海国企和广大干部辛勤付出的最好回报……八年后的今天，上海国企结对帮扶的112个贫困村全部脱贫。

国有企业是中国特色社会主义的重要物质基础和政治基础，服务服从全国全市大局，上海国有企业义不容辞、责任在肩。要按照习近平总书记明确的战略定位，加快改革发展，坚定不移做强做优做大国有资本和国有企业，不断增强国有经济的竞争力、创新力、控制力、影响力和抗风险能力，更好成为维护政治稳定的核心力量、国民经济的主导力量、推动改革开放的主要力量和先进思想文化的承载力量。

在向第二个百年奋斗目标迈进的历史关口，巩固和拓展脱贫攻坚成果，全面推进乡村振兴，加快农业农村现代化，是全党高度重视的一个关系大局的重大问题。《守望相助　携手小康——上海市国资委系统精准扶贫案例集》真实反映了上海国企与广大干部积极参与脱贫攻坚的故事，是国资国企承担新时代使命与责任的生动写照。全市国有企业和广大国企干部要认真学习，汲取蕴含其中的丰富经验，为今后持续巩固拓展脱贫攻坚成果、全面实施乡村振兴战略打下坚实基础。

2020年12月　上海

目录

变输血为造血

东方国际：积极落实"三扶"策略　全面助力脱贫攻坚 …… 3
地产闵虹：承担社会责任　助力脱贫攻坚 …… 6
国泰君安：坚守金融报国初心　全面助力脱贫攻坚战最后冲刺 …… 9
科创投集团：做好扶贫帮困　履行社会责任 …… 14
联和投资：村企结对精准帮扶　"三带两转"解决村民难题 …… 16
临港集团："六个一"打造沪遵精准扶贫新高地 …… 20
绿地集团：官仓项目2020年扶贫业绩报告 …… 27
绿地贸易港集团：以"产业扶贫"为核心通路助力脱贫攻坚 …… 30
绿地香港：践行社会责任　助力"造血"扶贫 …… 32
浦发银行：探索"造血式"产业扶贫　构建扶贫长效机制 …… 36
上海银行：以"绣花功"精准帮助云南砚山三村脱贫 …… 39
上汽集团：汇力之所举　众智之所为 …… 44
上药药材：情系红土脱贫攻坚　爱心助力乡村振兴 …… 48
上实管理："七个一"工程助推青云村脱贫攻坚 …… 53
申迪集团：积极参加"百企帮百村"扶贫帮困工作 …… 58
中国太保：发挥集团协同优势　做好结对帮扶工作 …… 61
中国太保：打好组合拳　携手奔小康 …… 64

扶贫先扶智

东浩兰生集团：专业主导　扶贫扶智 ……………………………………… 71
海通证券：助力云南西畴县脱贫攻坚纪实 ………………………………… 75
华虹集团：种下一颗种子　许下一个"芯"愿 …………………………… 80
华东设计总院：坚持资源聚焦、精准发力　实现精准扶贫 ……………… 82
华建集团都市总院：提升政治站位　助力脱贫攻坚 ……………………… 85
浦发银行：脱贫攻坚不仅要"连接"更要"赋能" ……………………… 88
浦发银行：银行"下乡"——扶贫路上的浦发人 ………………………… 92
上海城投：精准扶贫　携手攻坚 …………………………………………… 97
上海国资经营：立愚公移山志　助精准扶贫行 …………………………… 104
上海建工房产："玥公益"——汇聚爱的力量 …………………………… 108
临港集团：乘风破浪，2020级"临港杉树班"再次招生 ………………… 110
上海市政总院：播撒种子　收获希望 ……………………………………… 113
上海仪电："富口袋"又"富脑袋"　助力教育扶贫 …………………… 116
上汽集团：飞Young青春行　圆梦小心愿 ……………………………… 118
上汽集团：让梦想从这里启航 ……………………………………………… 121
上药信谊：结缘云南弥渡　勇担责任　践行美丽约定 …………………… 124
上海地铁：他带着初心和使命行走在村头巷尾、田间地头……——记维保
　　　　　　工务分公司支部书记顾平派驻奉贤拾村村支援扶贫工作 …… 128
隧道股份：上海隧道扶贫路上的五颗红心 ………………………………… 131

爱心助农

机场集团：以"造血式"就业扶贫提升对口帮扶实效 …………………… 139
久事公交："四个确保"聚力促进脱贫攻坚 ……………………………… 142
绿地集团西北事业部：发挥企业力量　助力脱贫攻坚 …………………… 145

百联集团：充分发挥零售优势 爱心助农脱贫攻坚 …………… 149
衡山集团：助力云龙县脱贫 …………………………………… 153
华虹集团："云南美食节"奏响精准扶贫新乐章 ……………… 155
锦江国际集团：探索消费扶贫新模式 助力遵菜喀果入校园 … 157
久事体育资产：聚焦村情民需 强化精准扶贫着力点 ………… 161
国盛集团：架起精准扶贫的"村企之桥" ……………………… 164
上海建科集团：践行消费扶贫 助力脱贫攻坚 ………………… 168
上海申通地铁集团：精准扶贫展现社会责任 村企共建驶向幸福生活 …… 170
市供销社：党团扶在难处聚焦精准扶贫 ………………………… 173
上海新工联：沪滇携手天灯村 对口扶贫见真情 ……………… 176
长江联合：多措并举 攻克脱贫堡垒 …………………………… 180
中国太保：一个苹果跨越2000公里从田间直送上海的故事 … 184
中国太保：从产品到商品 从商品到产业 架起消费扶贫"彩虹"桥 …… 186
上海蔬菜集团：助力消费扶贫 …………………………………… 189
农工商超市集团：你"放心买" 我"用心帮" ………………… 194

托底民生

华虹集团：精准扶贫 锦绣申江在行动 ………………………… 199
华谊集团：村企结对精准帮扶云南会泽县脱贫攻坚 …………… 201
华谊集团：扶贫路上见真情 驻村干部"亚克西" …………… 204
交运集团：村企结对精准扶贫 助力楚雄州牟定县 …………… 207
久事置业：多措并举扶贫不停歇 立体攻坚脱贫不松劲 ……… 210
上海联合产权交易控股有限公司：提高党建生活质量 精准扶贫
　迈向小康 ……………………………………………………… 213
浦发银行：走进文山 希望在云端深处 ………………………… 215
上港集团：精准扶贫的"上港路径" …………………………… 220

上海城投：在脱贫攻坚一线锻炼青年干部　在精准扶贫前沿体现国企担当 225

上海电气：镇企两级联动　助力乡村振兴 231

上海电气：农村扶贫润民心　上海电气让生活更美好 235

上海建工：村企结对精准扶贫　"照亮"村民幸福路 239

上汽集团：建设大众路　帮到心坎里 242

上海上实：结对帮扶促发展　贴近民生献真情 245

上实发展：尽锐出战携手全面脱贫　一鼓作气迈步美丽乡村 248

上药控股：山高水长　共同答好脱贫攻坚的"收官之卷" 251

东方证券：修出一条脱贫路 257

东方证券：回乡的小路那头是乡亲们的甘蔗田 262

长江投资公司：携手共走幸福路 266

上海农商银行：云巅之上　医路同行 270

创新突破

国泰君安：疫情之下　做勇于担当的金融人 279

海通证券：爱在精准扶贫中闪亮升华 282

海通期货：创新党建引领　精准输血"滴灌"实体 286

浦发银行：数字化赋能脱贫攻坚　提升产业扶贫质效 289

华虹集团："四大举措"将脱贫攻坚推向深入 294

联和投资：奋力谱写脱贫攻坚上海国企篇章 298

中国太保：精准扶贫高原农牧 304

中国太保：创新保险援疆新模式　助力喀什打赢脱贫战 310

中国太保：面向临贫、易贫人群设计产品　防贫保筑起防堤 315

慈利沪农商村镇银行：助力脱贫攻坚 318

变输血为造血

东方国际：积极落实"三扶"策略全面助力脱贫攻坚

自新一轮精准扶贫行动启动实施以来，东方国际集团深入贯彻落实习近平总书记关于决战决胜脱贫攻坚重要讲话精神，主动承担国企社会责任，积极组织下属三家上市公司，即东方国际创业股份有限公司、上海申达股份有限公司、上海龙头（集团）股份有限公司（以下分别简称：东方创业、申达股份、龙头股份）分别对接云南省楚雄州姚安县前场镇稗子田村、前场镇新村村、适中乡适中村，通过落实"产业规划+资金投入扶贫、基础设施改造+创新营销帮扶、提升技能+提供岗位扶贫"的"三扶"策略，努力帮助3个深度贫困村脱贫攻坚，早日走上致富奔小康的道路。

产业规划+资金投入扶贫　提振脱贫攻坚信心决心

在扶贫过程中，东方国际集团通过前期深入调研，因地制宜，帮助贫困村规划产业发展，制定标准化种植和养殖规范，构建农产品质量安全运作机制，拓宽农产品销售渠道，提振脱贫攻坚信心决心。2019年，申达股份投入30万元帮扶资金，用于姚安县前场镇新村村"种鹅养殖基地"，目前种鹅养殖基地已建成投厂，养鹅数量已达1.8万多只，给农民增收带来了实际收益。龙头股份投入34万元帮扶资金，用于姚安县适中乡适中村帮扶工作。其中：14万元用于适中村的"种植示

范基地"扶贫项目，示范带动当地发展壮大支柱产业。该项目得到了当地县委县政府的高度重视，县委县政府同步配套了240万元产业专项资金，帮助扩大项目规模，预计项目完工后将每年为适中村带来6万元的分红收益。同时，东方国际集团主动与姚安县联系，双方签订农产品采购协议，帮助姚安县推销土特产，帮助当地打开农副产品销售之门。据统计，集团下属企业已先后从姚安县采购了80.7万元的农副产品。集团还积极帮助当地做好农副产品的推广，拓展农副产品销售渠道，为农民增收开辟了新的路径。

提升技能 + 提供岗位扶贫　　转变脱贫攻坚观念

面对脱贫攻坚的新形势和贫困地区劳动力技能培训的多样化需求，东方国际集团大力支持姚安县开展"走出去"学习交流培训，为当地领导干部学习培训提供平台。2019年，姚安县先后组织两批领导干部赴东方国际集团下属龙头股份三枪工业城参观学习交流，让这些干部在参观学习交流中感悟创新转型的力量，帮助当地领导干部转变观念，拓展思路，提升技能。同时，针对贫困村剩余劳动力无劳动技能、增收门路窄的现状，东方国际集团还利用企业优势，大力开展岗位技术培训，帮助当地农民提升技能，并解决就业问题。龙头股份在三枪集团江苏大丰生产基地每年要为云南当地提供30个工作岗位，有效缓解了贫困地区农民收入少、就业难问题。

基础设施改造 + 创新营销帮扶　　激发脱贫攻坚内生动力

与东方国际集团结对的姚安县3个贫困村，基础设施建设都十分薄弱。针对村部沿线道路两边没有路灯，给附近村民夜晚出行带来极大不便的情况，东方创业一次性投入帮扶资金30万元，扶持姚安县前场镇稗子田村建设"太阳能路灯安装"项目,改善村容村貌。当地为表达感谢之意,将稗子田村安装的每盏太阳能路灯的灯杆冠名为"东方创业爱心路灯"。同时,东方国际集团还积极倡导"授人以鱼不如授人以渔"的理念,结合当地实际,主动帮助贫困村建设爱心超市。这些爱心超市不仅满足了当地农民购物便利的需求,而且,当地农民通过参加爱心超市公益劳动,能够攒取积分,用于换取生活物品。这种形式不仅给农民带来了实惠,广受当地农民的欢迎,而且"勤劳智慧致富改善生活"的理念在当地也深入人心。

东方国际集团通过积极实施对口帮扶精准扶贫,不仅帮助当地村民走出观念上的贫困,更激发了当地村民"我要富"的动力,为贫困村不断寻找脱贫致富新路打下了良好基础。下阶段,东方国际集团将继续践行"滴水穿石"精神,为决战决胜脱贫攻坚彰显国企本色,贡献国企力量。

地产闵虹：承担社会责任助力脱贫攻坚

上海地产闵虹（集团）有限公司（下称"地产闵虹"）是由上海地产集团投资设立的国有独资企业，作为地产集团产业园区板块的投资、运营主体，负责开发建设和经营管理国家级上海闵行经济技术开发区（下称"闵行开发区"）、闵行开发区临港园区、闵行开发区西区、零号湾等园区。地产闵虹在做好经营发展的同时，积极承担企业社会责任，多年来参加农村综合帮扶、城乡结对帮扶、捐资助学等综合扶贫工作，助力脱贫攻坚。

定点帮扶，形成"造血"机制夯实基础

地产闵虹积极响应市政府深化农村综合帮扶工作的号召，认真承担定点扶贫任务，继2013—2017年首轮农村综合帮扶落实4200万元资金后，又制订了2018—2022年新一轮结对帮扶计划。在此期间，与奉贤区结对，每年捐赠帮扶资金600万元，通过加强帮扶"造血"项目，有效提升"造血"功能，进一步增强受援地区自身发展能力。按照"安全可靠、收益稳健、易见成效"的原则，捐赠资金由奉贤区94个薄弱村组建的百村富民经济发展有限公司运作"造血"项目，通过购置优质物业、定制厂房出租、参股园中园项目和总部经济以及其他优质的公用、公益性投资项目等，以此不断增加村级集体经济组织的经营性资产和经营性收入，发展壮大村级集体经济。"造血"项目产生的收益，70%—80%用于建立区级生活困难农户帮扶专项资金，由区统筹

分类、按标准帮扶薄弱村生活困难农户，切实提升生活困难农户的生活质量。20%—30%用于再投入帮扶"造血"项目，实现可持续发展。

精准帮扶，真抓实干展现成效

地产闵虹积极参与外省市贫困地区的结对帮扶工作，响应市国资委"百企帮百村"和闵行区"万企帮万村"活动，助力云南多地脱贫攻坚。与云南南涧县乐秋乡贫困村制订了首轮2018—2020三年"双一百"村企结对帮扶计划，通过每年10万元资金帮扶，围绕"三带两转"，即带人、带物、带产业、转观念和转村貌，解决困难群众关心的急难愁问题，在帮助困难群众、促进农村基础设施建设、生态环境保护、推销贫困村生产的农产品、实施小学饮用水源选址及管道改造等方面开展了一系列有成效的工作。同时，开展党建联建，确保帮扶实效，积极引导开发区企业党组织开展帮困助学、爱心捐助等活动。与云南施甸县10个贫困村长期结对帮扶，每年共投入100万元帮扶项目资金帮助贫困地区解决在"两不愁、三保障"，即不愁吃、不愁穿，义务教育、基本医疗、住房安全方面存在的突出问题，帮助贫困村实施贫困户居住环境改建、人居环境提升项目，因地制宜，多措并举，在教育、卫生、就业、产业、产品销售等方面推动当地可持续发展。

助力帮扶，不断拓展帮扶领域

根据商务部的部署，地产闵虹与广西凭祥边境合作区、内蒙古呼和浩特经济开发区、安徽宿松经济开发区开展结对帮扶，签署帮扶合作协议，在项目输出、干部培养等方面开展合作，为我国中西部崛起贡献力量。

2020年初，地产闵虹通过新闻媒体了解到，位于长江三峡大坝库首的湖北秭归县2019年4月刚刚脱

贫摘帽，但今年受新冠肺炎疫情影响，当地待售柑橘面临滞销的困境，广大柑农非常焦急。为助力湖北疫情防控和经济社会发展，巩固秭归县脱贫成果，闵行开发区第一时间从当地采购了一批总量110吨（价值100余万元）脐橙赠予上海市第五人民医院最美逆行白衣天使以及江川社区、消防、武警、公安、企业等单位为"战疫"作出贡献的一线工作人员和志愿者，既感恩回馈抗疫疫情中最勇敢的人们，同时为湖北脱贫攻坚、疫后重建尽一份力。

国泰君安：坚守金融报国初心全面助力脱贫攻坚战最后冲刺

2015年11月27日，习近平总书记在中央扶贫开发工作会议上明确提出，要完成"在2020年我国现行标准下农村贫困人口实现脱贫，贫困县全部摘帽，解决区域性整体贫困"的目标。作为国内领先的综合金融服务商，国泰君安证券深入学习领会、全面贯彻落实习近平总书记关于脱贫攻坚的重要指示精神，进一步提高思想站位，强化政治担当，切实把思想和行动统一到中央和市委的决策部署上来，立即成立"精准扶贫工作领导小组"，主动承担社会责任，积极调动各方资源，与社会各界力量一道共同完成党对人民的郑重承诺。

公司响应《中共中央国务院关于打赢脱贫攻坚战的决定》，与四川省普格县、安徽省潜山市和江西省吉安县3个国家级贫困县签署"一司一县"扶贫结对协议；响应上海市国资委发起的"双一百"村企结对精准扶贫行动，对接云南省文山州麻栗坡县3个深度贫困村和广南县9个贫困村，助力"三区三州"深度贫困地区打赢脱贫攻坚战……按照"中央要求、当地所需、上海所能"原则，国泰君安坚持需求导向，强化产业带动，精准制订脱贫致富规划图，以实干担当奋力书写新时代精准扶贫新答卷。

精准对接产业需求，搭建产业发展平台

云南省麻栗坡县马街乡梁子街村自20世纪80年代起就形成了辐射周边乡镇的黄牛交易市场，形成了较为成熟的黄牛养殖交易产业。据统计，该交易市场每年可成交黄牛两万余头，对当地乡镇经济发展有着极其重要的作用。但由于资金不足等原因，交易市场硬件设施极为简陋，年久失修"脏乱差"，

严重影响了市场的进一步发展。结合当地需求，国泰君安投入150万元开展"马街乡黄牛交易市场改造项目"，2019年6月，新马街乡黄牛交易市场举行了奠基仪式，于2020年3月竣工并投入使用。干净宽敞的交易大厅、完善的基础配套设施，吸引了不少周边乡镇的黄牛养殖户前来交易，预计今年就能够为当地带来20万元的村集体收入。

作为麻栗坡县重要的热带水果集散地，八布乡龙龙村饱受交通不便的困扰。依山而建的小镇道路设施落后，停车位严重不足，每天往来的大量货车无处停靠，让原本就不宽阔的道路更加拥挤不堪，大小车辆寸步难行。立足龙龙村的农产品运输业需求，国泰君安投入150万元制定并落实"八布乡高原农特产品物流中心停车场建设项目"。2019年8月，占地面积近1万平方米的物流中心停车场竣工并投入使用，最多能容纳70余辆大型集装箱货车的停车场，极大地缓解了当地交通拥堵的局面，并带动了停车场周边餐饮、住宿及水果贸易的发展。

周边的养殖户赶着哞哞叫的黄牛喜气洋洋地来交易，热带水果集散地也恢复了曾经的热闹熙攘——在国泰君安的帮助下，马街乡梁子村和巴布乡龙龙村的产业环境得到了巨大的改善，有效带动了当地村集体产业发展，不断激发当地居民脱贫致富的内生动力。

成立产业扶贫基金，助力小微农企发展

四川普格县自然条件优越，是发展绿色中药材及畜牧饲料的理想地区。

结合普格县的环境优势，经过近两年的实地走访、调研、评估，国泰君安出资3000万元（首期出资1000万元已到位）于2019年8月成立"普格农业产业扶贫基金"，通过政企合作的形式，以金融手段，吸引多家制药及农产品精加工企业在普格县建设生产基地，扶持普格县当地小微农企，通过企业分红的形式增加贫困户收入，增加就业岗位，实现精准产业扶贫脱贫的发展目标。

截至目前，国泰君安普格农业产业扶贫基金已经落地扶持普格县艾草种植加工产业园和桑蚕养殖加工产业园两个项目。下阶段将在服务好已落地项目的同时，挖掘更多小微农业项目，并引入外地优秀企业进入普格县，提升普格县企业的整体管理水平。

眼看着农田里的艾草露出枝芽，当地的贫困户喜上眉梢，开始打听今后的艾草销路；另一边，桑蚕养殖培训正在进行，在农户渴望求知的眼神中流露出生活的新奔头——发挥行业优势，通过设立产业扶贫基金引导企业落户、扶持小微农企，国泰君安相信，只有产业发展起来，精准扶贫才有源头活水，才能变"输血"为"造血"，彻底拔掉贫困农户的"穷根"。

有效运用金融工具，构筑因病致贫防线

因病致贫、因病返贫是贫困的重要成因。根据国务院扶贫办建档立卡统计，截至2017年10月，因病致贫、因病返贫的贫困户占贫困户总数的46%，患大病和慢性病的贫困人口疾病负担重，其中贫困地区的孩子们是疾病多发的高危人群，极易使家庭陷入"因病致贫、因病返贫"的困境。

国泰君安和公益基金会积极探索发挥金融专业力量，瞄准"因病致贫、因病返贫"人群靶向施策，在安徽潜山、江西吉安、四川普格、云南麻栗坡

等公司扶贫对接县发起"国泰君安证券成长无忧"公益补充医疗保险项目，通过为当地所有教师和小学生购买医疗补充保险，为他们送去更加全面的疾病医疗保障。该项目保障额高，连续投保3年，共计保费600万元，理论保障总额达66亿元。截至2020年5月，共处理赔案536件，共计赔款3026131.16元，在一定程度上缓解了受助家庭的经济压力。

同时，国泰君安引入北京协和医院、上海华山医院、瑞金医院资源，以远程视频、现场义诊等形式，为4个贫困县基层医院的贫困病人进行问诊，为医生开展培训，提升贫困地区基层医疗服务水平。

运用金融工具，牢筑"因病致贫、因病返贫"防控网，切实解决看病难、看病贵的难题，坚决不让"病根"变"穷根"，国泰君安的探索实践已转化成为当地贫困人群看得见、摸得着的实际成效。

加强基础设施建设，改善教育与人居环境

安徽省潜山市原先教育资源分散，教学质量参差不齐。为了能够改善当地教育环境，国泰君安投入3000万元，以援建"国泰君安天柱山镇中心学校"为切入点，在改善本地教育硬件设施的基础上，多元化地帮助、支持潜山市的教育发展，促进教育扶贫富民能力，深入推进国泰君安与潜山市全面战略合作协议中的教育帮扶工作及人才帮扶等工作。目前，该校小学部已经竣工，于2020年9月招生并开学；中学部已开始施工，预计将在2021年9月投入使用。

在此基础上，国泰君安与华东师范大学合作，面向4个贫困县及3所国泰君安冠名希望小学的校长、骨干教师组织专题培训，3年累计250名教师参与，提升了贫困地区综合教学实力。

同时，国泰君安还投入150万元，为云南省麻栗坡县六合乡转堡村全村428户家庭全部新建了水冲厕所，积极响应习近平总书记关于在乡村地区开展"厕所革命"的号召；在广南县的9个贫困村投入270万元，因地制宜地开展道路硬化、新建垃圾焚烧炉、安装太阳能路灯等基础设施建设项目。这些项目极大地改善了贫困地区人居环境，让当地居民拥有更加卫生、安全的家园，提升了他们的获得感、幸福感。

截至2020年6月，公司在精准扶贫工作中累计投入4670万元，还将约2000万元资金陆续投入各个帮扶对接贫困县。

企业社会责任之路没有终点，扶贫攻坚已经成为国泰君安证券践行"金融报国"理念的重要载体。当前，脱贫攻坚战已经进入最后的冲刺时期，国泰君安证券将进一步贯彻落实习近平总书记关于扶贫工作的重要讲话精神和市委、市政府关于精准扶贫的工作要求，发挥金融专业优势，立足产业发展，坚定信心，全力以赴，帮助结对帮扶地区冲刺好脱贫攻坚的"最后一公里"，为夺取脱贫攻坚战的全面胜利贡献国泰君安力量。

科创投集团：做好扶贫帮困履行社会责任

上海科创投集团一直以来将社会责任的履行纳入了企业文化建设的新型价值观体系，"精准扶贫"作为当前一项重要的政治任务，科创投集团高度重视，按要求积极参加和做好扶贫工作。

集团党委自2018年与贵州省务川县结对开展扶贫开发工作，主要开展官学社区产业路项目、致富带头人培训项目建设，打造丹砂街道官学社区4000亩精品水果基地，修建产业路，打通制约产业发展的基础条件。建成后共计覆盖143户559人，扶持贫困户38户177人通过发展精品水果、乡村旅游增收；组织20名社区产业致富带头人到上海农业产业园区参观学习。

官学社区离城区近，气候雨水非常适合发展精农旅一体化经济，精品水果被选为主打展业，产业路建成后将提升群众发展的信心，降低劳动成本、提高劳动效率，该项目的实施覆盖人口143户559人，扶持贫困户38户177人。一是务工收入，基地每年需用工3000人次，其他群众可增收30万元，参与发展的农户每户每年可通过水果增收2万元。二是致富带头人培训，可带动乡村旅游、特色农业发展，官学离城区近，毗邻洪渡河、仡佬之源景区、龙潭古寨，乡村旅游开发潜力巨大，每年游客到官学自摘水果、赏花农庄消费等带来经济效益100余万元，带动就业100人。

截至目前，3年的定向捐赠扶贫工作取得了一定成绩，社区利用帮扶资金在华山组大山李子基地修建了一条长2.75米、宽4.5米的产业路，覆盖群众115户469人，其中贫困户26户118人。该产业路大大提高了群众的生产效率，有效降低了劳动成本，李子基地管护较好，2019年即将进入初产期，2020年可盛产，预计亩产值可达1万元左右。实施致富带头人培训工作，50

余人参与了该项培训工作。

集团党委还做好与崇明县四滧村、五滧村的结对帮困工作。除了经济上的帮助之外，公司党委还注重与四滧村、五滧村加强交流沟通，公司党委有关同志于2019年下半年专门走访了四滧村、五滧村，了解该村发展情况，实地考察了村容村貌及"美丽庭院"建设项目情况，集团党委、科器公司党委以及科投股份公司党支部分别与四滧村、五滧村签署了"结对共建协议"，明确下阶段工作任务，增进团结，凝聚共识，不断将结对帮扶工作向深层次推进。

此外，集团工会定期购买受援地区物资，在职工自身得到实惠的同时，助力受援地区产销对接，推动受援地区贫困群众稳定增收，此项活动受到了广大职工群众的一致好评。精准扶贫是全面建成小康社会的根本需要，集团党委一定勇担国企责任，以求真务实的作风，立足实际谋划精准扶贫，坚定不移抓好精准扶贫，在实践探索中奋力推进扶贫开发工作再上新台阶，取得新突破。

联和投资：村企结对精准帮扶"三带两转"解决村民难题

上海联和采取以"党支部＋合作社＋龙头企业＋育苗种植基地＋中心户＋建档立卡户"的共建共管模式，合作建设龙党参种植基地，育苗50亩、种植130亩龙党参，实施产业帮扶。全村166户建档立卡户全覆盖参与，贫困户可实现"四笔"增收：土地出租增收一笔；在家门口务工增收一笔，出售农家肥增收一笔；合作社分红收入一笔。

云龙县位于云南省西部，地处横断山南端澜沧江纵谷区，是大理白族自治州、保山市、怒江傈僳族自治州3个州市的接合部。此地距离大理市约170千米，多为蜿蜒山路。境内山峦起伏，区划面积九成以上属山区地形，独特地貌留下了醉人的自然风光和千年古村落，但交通不便也给当地发展带来困难。据悉，云龙县是大理白族自治州贫困程度最深、贫困面最广的贫困县，至今尚未脱贫摘帽。

近年来，通过持续脱贫攻坚，云龙全县减贫12083户，贫困发生率下降至0.94%。位于云龙县检槽乡的文兴村也发生了翻天覆地的变化。走在村落中，粉墙黛瓦的房屋上处处能见到水墨画，村容村貌整洁一新，家家户户修建了新灶台，配上了电饭煲和电磁炉。转变的推动力来自上海联和投资公司对文兴村的精准帮扶，公司投入帮扶资金总额达500万元，围绕上海市提出的"三带两转"（带人、带物、带产业和转观念、转村貌）精准帮扶目标，掀起了村企结对助脱贫的热潮。

鼓励脱贫，"爱心超市"倡导用积分兑换日用品

临近年末，文兴村中心的"爱心超市"里格外热闹。家家户户准备杀年猪、腌猪肉，超市里的酱油颇受欢迎。和普通超市不同，村民在"爱心超市"购买物品，不用现金，而是积分。在一沓厚厚的"爱心超市积分兑换花名册"上记载着村民前来兑换的物品。"洗洁精一瓶20积分，香皂一块10积分，水壶一个64积分"，村民张俊才在"爱心超市"一口气兑换了138积分，换回了不少家庭所需的日用品。

为何村民在"爱心超市"不用花钱？原来，这是上海联和对文兴村的帮扶举措之一。公司党组织每年向文兴村捐赠11万元，用于运营"爱心超市"。检槽乡党委副书记、文乡村挂村领导李海龙介绍说，自2019年5月起，村里每个月都会给村民打分，辛勤劳动、生活积极向上、做好垃圾分类等都是"加分项"。通过扶持积分制"爱心超市"的建设，文兴村鼓励村民参与村内的重大活动和决定，并合理安排生产生活，积极达成脱贫目标。通过政策扶持和产业扶持，自愿申请退出贫困户的"光荣脱贫"家庭还能一次性获得奖励50分。

"现在不少村民都在攒积分，准备兑换超市里的电饭煲和电磁炉。之后，我们还打算为村民引进电视机。"李海龙说。为了让村居环境和村民生活不断改善，上海联和实施了村内道路硬化，改造62户危房，新建了水冲式公厕等。此外，还向检槽乡卫生院和9个村卫生室各捐赠一套多参数健康检查仪，不仅能测血糖、血压、心率等，还能进行心电图检查，为村民提供便利。

教育扶贫，农村学校与城市教育"零差距"

文兴村里不缺墙绘，但最漂亮的还数文兴村完全小学。学校位于半山坡上，操场边、教学楼外立面、教学楼走廊内，处处都能看到漂亮的墙绘和手

绘展板。校园外，一条 2019 年 4 月刚造好的"联和路"成为学生们每天的必经之路。校长王波回忆说，这里原本是坡度很大的泥土路，行走经过会扬起厚厚一层灰，在雨季甚至会变成泥泞路，孩子们上学放学不方便，也不安全。联和路建成后，方便了师生，也方便了周边村民的出行。

教学楼里每个年级都配备了电子白板，能够实时联网，教师在白板上可以直接搜索到教案。在教师办公室里，老师们也都配备了电脑，不仅告别了过去手写课件的时代，还能够通过网络实时更新教学内容。随着体育器材、课桌椅、台式电脑进入校园，教学装备明显改善。除了"硬件"，学校里的"软件"同样更新换代。图书室新添了 6000 多本图书，这些都来自上海联和员工的捐赠。除了教辅书，还有历史地理、医药卫生、文学艺术等各类书籍，供高年级学生阅读以拓展知识面。接下来，公司还会对学校教师组织培训，真正实现"教育扶贫"。

"文兴完小与上海联合结对后，其他乡的学校都很羡慕。现在，我们这所农村学校已经和城市学校'零差距'了！"王波自豪地说。自从 2018 年结对后，上海联和派专人赶赴学校对接五六次，不仅给孩子们带来书包、电子跳绳器等礼物，还深入调研谋划学校未来发展需求。孩子们感受到了来自上海的温暖，在学校举办的"我在上海有亲人"活动中，孩子们写下的感谢信有厚厚一沓。

产业扶贫，多层面多渠道增加贫困户收入

云龙县不仅有好山好水，这里的特产"诺邓火腿"曾通过央视《舌尖上的中国》节目，红遍大江南北。在文兴村，赵立春靠腌制火腿的手艺，每年都能拿到可观收入。作为村务监督委员会主任，赵立春也被评为村里的"一级能人"，结对帮扶村里 10 户贫困家庭，传授他们腌制火腿的手艺。临近年末，在赵立春家里，火腿挂得满满当当，部分产品已经分批次通过电商平台销往全国各地。以"党建＋工会"牵头，上海联和的员工通过以购代捐方式，从云龙县购买农产品，激发村民发展生产。

此外，上海联和还采取以"党支部＋合作社＋龙头企业＋育苗种植基地＋中心户＋建档立卡户"的共建共管模式，合作建设龙党参种植基地，育苗 50 亩、种植 130 亩龙党参，实施产业帮扶。全村 166 户建档立卡户全覆盖参与，贫困户可实现"四笔"增收：土地出租增收一笔；在家门口务工增收一笔；出售农家肥增收一笔；合作社分红收入一笔。文兴村的变化并非个例，包括上海联和在内的 13 家上海企业正在当地开展精准帮扶，给云龙带来更多新气象。截至目前，上海村企结对在云龙县累计帮扶资金 1159.69 万元，其他捐物折算资金 118.19 万元。在云南其他地区，上海 2000 多家各类型企业也在深入推进村企结对精准扶贫，积极推进扶贫与扶志扶智结合，为变输血为造血，上海企业针对贫困村情况，一村一策制订规划和方案，不仅主动出资出力，更手把手带动增强内生动力，既给贫困户改善生活条件、带来产业收益，也帮助当地群众拓展视野、增强信心，提供更多劳动致富、创业就业机会，打开一条可持续脱贫致富的新途径。

（原载《上观新闻》2020 年 1 月 7 日，作者：裘雯涵）

临港集团:"六个一"打造沪遵精准扶贫新高地

背景介绍

遵义国家经济技术开发区(汇川区)隶属贵州省遵义市,位于贵州省北部,是遵义市的经济、政治、文化中心。于2004年5月经国务院批准成立。区域面积712平方千米,耕地面积18437公顷。下辖6个街道、8个镇、56个行政村、35个社区,贫困户13324户,贫困人口49133人。

2013年2月4日,国务院办公厅下发了《关于开展对口帮扶贵州工作的指导意见》(国办发〔2013〕11号),全面启动上海对口帮扶遵义发展工作。同年,上海市委、市政府,贵州省委、省政府明确要求上海临港集团下属园区"上海漕河泾开发区"对口帮扶遵义经济技术开发区,并按照"中央要求、遵义所需、上海所能"的指导思想于2014年8月20日与遵义经济技术开发

临港遵义科技城建设前面貌实景图(2015年4月)

临港遵义科技城项目建设施工实景图（2016年8月）

临港遵义科技城建成实景图（2020年5月）

区正式签订合作共建"上海漕河泾新兴技术开发区遵义分区"协议。

2014年11月28日，注册成立遵义经济技术开发区漕河泾分区发展有限公司（2017年3月更名为遵义漕河泾科创绿洲经济发展有限公司），注册资金3亿元，由遵义经济技术开发区管委会出资。2016年6月，漕河泾开发区遵义分区开发建设的帮扶主体上升为上海临港经济发展（集团）有限公司。2017年3月23日，上海临港经济发展（集团）有限公司与遵义市人民政府签订"合作攻坚漕河泾开发区遵义分区框架协议"，并于2018年10月与遵义国家经济技术开发区合资成立遵义临港科技城管理有限公司。

上海临港集团帮扶遵义国家经济技术开发区做法与成效

上海临港集团坚持精准扶贫，因地制宜、因时施策，把品牌输出、管理输出、模式输出与汇川特色优势和自主能动性有机结合，把规划引领、产业优先、服务培育、人才支撑贯穿于园区规划、建设、管理、运营的全过程，将临港遵义科技城打造成为"东西部产业合作示范""东西部扶贫协作沪典范"，以上海之优补遵义之短，以先发优势促后发效应，变"输血式扶贫"为"造血式扶贫"，探索出可复制、可推广、可借鉴的协作模式。

规划引领，一张蓝图绘到底。初期的临港遵义科技城，七星山脚、鸣庄潭边一片荒芜。通过引进上海临港集团园区建设模式，结合遵义当地实际，按照"产城景一体、产学研融合、产金创联动、产商贸同频"的规划定位和"一轴两翼、双心辉映"（中央智创生态轴、西翼智慧生活带、东翼智造产业带、高坪智创中心、湿地公园绿心）空间布局致力于打造科创引领的产业高地、宜居宜业的活力社区、绿色安全的韧性花园，规划面积7.2平方千米。园区一期项目已于2017年6月建成投入使用，占地117亩，累计完成投资3亿元，总建筑面积11万平方米，共有13栋现代工业厂房，包含生产型厂房、研发型厂房和综合服务楼。园区二期项目于2017年12月启动建设，占地398亩，总建筑面积45万平方米，现已开发用地248亩，累计完成投资6亿元，以定制化厂房（遵义茶溶天下茶与健康草本植物精深加工项目和贵州光明临港九道菇工厂化食用菌生产项目）及高端精品商住（紫云府商住项目）为建设重点，由商住配套的三产建设带动反哺二产发展，逐渐形成定制化厂房、精品商业、住宅配套为一体的新城建设，与周边的湿地公园、娄山关及世界文化遗产海龙屯等景区形成有机融合，让城中人感受一个

白天与工作在一起、夜晚与生活在一起、周末与休闲在一起的山水之城·产业家园。

团队搭建，一个核心聚合力。临港遵义科技城建设初期，因公司组建时间短，没有班子，没有团队，急需组建一个优秀的运营管理团队。借鉴学习上海临港集团发展经验，由上海临港集团选派到汇川区挂职的援黔干部（挂任遵义经开区管委会副主任，汇川区委常委、副区长，同时任公司董事长）为核心，通过市场化以政府选派、网络招聘、人才引进等方式迅速搭建公司运营团队，整个运营团队共计45人，6名高级管理人才和10余名中层管理人才，硕士研究生5名，拥有高级、中级职称专业技术人才7人。为汇集优势资源，对遵义漕河泾公司和遵义临港科技城公司实行"两块牌子，一套班子"融合运营管理模式，设置五部一室一中心，并先后制定70余项公司内部管理制度。由临港集团出资搭建的无纸化OA管理信息化系统全面建设完成，并于2017年上线，公司开始走上全信息化的无纸办公阶段。2018年，上海临港集团直接通过专线方式，把集团信息化系统导入临港遵义科技城，这也是遵义首个全程无纸化办公的公司，每年节约管理成本100万元以上。

机制为要，一项示范引全局。临港遵义科技城融入上海品牌元素、产业元素、管理理念元素，以遵义当地生态为基础，人文为点缀，探索出一条"工业化、城镇化"双轮驱动，城市配套建设反哺工业产业发展，在探索合作机制上作示范。几年来，上海临港集团与遵义国开区加强互访，加强沟通和交流，不断深化合作领域，形成了"12345"的合作新机制。"1"即"一个指导思想"：紧紧围绕"中央要求、遵义所需、上海所能"的指导思想，坚持"民生为本、教育为先、产业为重、人才为要"的原则，积极开展沪遵对口扶贫协作；"2"即"两个战略目标"：实现将临港遵义科技城打造为东西部产业合作示范、沪遵产业扶贫典范的战略目标；"3"即"三项发展机制"：人才管理培养机制、产业发展导入机制、沟通协调机制；"4"即"四项扶贫措施"：就业创业扶贫、产业拉动扶贫、企业帮扶扶贫、教育智力扶贫；"5"即"五个合作模式"：组建一个公司、建设一个园区、打造一个团队、建立一支基金、培育一个产业集群。

交流培养，一批人才促发展。在上海临港集团的帮助下，通过"走出去""引进来"等多种方式，按照"重点突出、梯次推进、务求适用"的原则，不断拓宽人才培养、交流、合作渠道，加强两地干部和专业技术人员互派挂职学习，为园区经济发展和脱贫攻坚提供有力人才支撑。一是人才"引进来"。上海临港集团先后选派 3 名援黔干部到国开区（汇川区）挂职，对园区开发、运营和管理给予专业指导和有效帮助；目前，上海临港集团第三批援黔干部童骏欣正带领临港遵义科技城全体干部员工鼓足干劲，在进一步深化园区建设的基础上，创新开展并搭建遵品入沪销售平台，建设"遵品入沪"产业发展孵化基地暨数据中心，实现遵义特色产品"产得出、运得出、卖得出"，助力遵义人民脱贫致富。二是人才"走出去"。由上海临港集团匹配工作岗位，遵义科技城分四批选派 12 名干部到上海临港集团或下属园区进行为期 3 个月的挂职锻炼。同时，秉承"师徒结对，携手共进"的长期师带徒帮扶理念，组织临港遵义科技城全体员工赴上海临港创新管理学院接受为期 4 天的培训，开展一对一师带徒结对，并长期指导，帮助临港遵义科技城打造优秀经营团队。

产业导入，一批企业强"造血"。一是"筑巢引凤"强基础。通过借鉴上海临港集团成功的市场模式、先进的营运经验以及广阔的产业资源，搭建合资共建招商平台，引入上海优质企业落户园区，起到品牌带动、产业集聚的作用。对企业运行过程中出现的问题，做到集中研究、集中解决，提高办事效率，促企业做大做强。二是"招大引强"增后劲。上海临港集团积极协助临港遵义科技城强化开展招商引资，聚焦龙头企业，对标引进，按照园区"3+X"的

产业发展定位,着力培育"智能制造、生物医药、高新技术"三大主导产业,并强化产业链招商。目前,园区共入驻企业33家,其中生产型企业13家(包括在上海临港集团帮助下引进的1家世界500强企业联合利华、1家中国500强企业光明食品集团下属企业光明森源)、服务型企业20家,可直接或间接提供就业岗位2000余个。

公益助学,一项义举暖人心。上海临港集团以产业扶贫、教育扶智为抓手,通过公益助学,扶贫扶学扶智同推进。一是开展爱心支教。上海临港集团积极与董公寺街道贫困村烂田村对接,对该村一所只有9名学生、1名教师的烂田教学点开展义务爱心支教活动。二是开展捐赠助学。上海临港集团积极组织上海自贸区联合发展有限公司、上海洋山海关、上海市工业经济联合会向遵义汇川贫困乡镇学校捐赠扶贫资金(物资)30余万元;为遵义职业院校学生、普通技能工人特别是建档立卡贫困学生6名对接上海优势职教资源,进行专项技能培训,全额免除学费,发放生活补助。三是开展公益助学。由上海临港公益基金会发起并资助、上海杉树公益基金会负责执行,在遵义五中2019级高一入学学生中筛选出品学兼优但家庭贫困的35人,组建了学校第一个"临港杉树班",免除学生学费和住宿费,临港公益基金会出资35万元补贴学生3年生活费(1万元/人);同时组织临港公益志愿者与临港班学生开展"一对二"结对帮扶,每学期定期开展主题班会、信件交流等活动,为学生们开阔视野、提供精神支持。四是开展"云"上助学。上海临港公益基金会依托东西部扶贫协作平台,由上海临港公益基金会统筹,对遵义道真县开展"临港—优来"远程教育助学,推动"课件与教案研发、县镇及乡村小学师资队伍组建、优秀示范课教师队伍组建、在线课平台安装"等工作有序落地,让上海先进理念、创新教学方法落地,补齐西部教育短板,提升办学品质。

参与"百企帮百村",帮扶工作向纵深发展

落实"百企帮百村"政策,加速道真县向好发展。上海临港集团积极履

行企业社会责任，认真贯彻落实党的十九大精神，按照市国资委的总体部署，精准聚焦贫困地区，对道真县实行结对帮扶贫困村行动，在产业发展上持续发力，真正把帮扶工作落到实处、惠及百姓，加强交流协作，共同努力，巩固脱贫攻坚成效，将"百企帮百村"引向深入，助推道真脱贫攻坚、帮助道真加速发展。2018年9月，临港集团旗下3家子公司分别向三桥镇凤山村、杠村村、新生村帮扶10万元，用于各村村社合一专业合作社建设、产业发展以及村内基础设施建设。

绿地集团：官仓项目 2020 年扶贫业绩报告

绿地集团深入贯彻落实中央关于扶贫工作的重要论述和上海市委市政府的决策部署，以更大的担当、更大的力度、更扎实的举措，全力推进遵义精准扶贫重大项目，更好助力遵义打赢打好脱贫攻坚战。

绿地集团倾力打造的"百亿精准扶贫"战略的示范点——绿地官仓康养旅游小镇，作为上海遵义扶贫协作的重点建设项目之一，以"康养为核、旅游为魂、农业为根"为根本，导入酒店、商业、高端旅居养老、医疗等产业资源，打造以旅游度假、康疗养生、农业新经济三大产业为核心的复合型特色小镇。

官仓康养旅游小镇，以项目为依托，通过黔货出山、旅游入黔等方式，带动发展地方特色农产品卖出去、外部旅游资源导进来，大力发展旅游经济，并且有针对性地培训当地居民，使其具备工作技能，为就业创造机会。

绿地集团整合内部资源，联合绿地商贸集团、绿地 G-Super 超市，与桐梓县商会签署特色农产品和手工艺品代销协议，通过绿地商业平台支持桐梓

县商品销往全世界，桐梓本土农特产品已在全国近50家G-Super绿地优选上市热销，帮助桐梓县实现增收约4亿元。

项目搭台、旅游唱戏，通过绿地集团四川省、重庆市、上海市等旅游资源导入，依托桐梓县的夏季漂流、果园采摘、娄山关旅游、农家乐吃住等节目，合理规划观摩线路，融入官仓果蔬特色，以市旅发大会为契机对外发声，为桐梓县直接带来1万人次的旅游客群，宣传传播桐梓县旅游人群20万人次，增加旅游产业收入1000万元。

绿地官仓项目已累计投入2.15亿元，项目带动桐梓县域内建材、商贸、餐饮、旅游等产业发展，引进康养医疗产业，通过上述项目的带动成功解决当地就业问题，让在外务工人员回家就业5000人左右。随着项目的发展，产业工人需求将增加，绿地已着手培训当地技能服务人才，依托项目，既提升个人技能，更惠顾家庭，保障农民脱贫后快速迈入小康社会。

集团列支专项扶贫资金1.5亿元，保证全额用于桐梓县，以扶贫资金为载体，流转当地闲置土地约400亩，统一规划统一打造，引进高端茶叶、水果品种、中药材落地官仓，以绿地物业、酒店等为载体进行配售，以销定产，解决当地农民就业问题，实现官仓项目可持续发展。同时积极助力当地农民发展养猪、养牛、养羊、养鸡等养殖行业，以生态环保为卖点，通过绿地集团资源定向销售中高端人群。土地流转和养殖业协助带动当地农民人均年增收2000元/人。

由400余人组成的全国人大代表考察团到遵义市桐梓县官仓镇实地调研绿地布局遵义的精准扶贫标志性项目——绿地官仓康养旅游小镇。先后参观了扶贫展示馆、农副产品展示中心等展区，了解了小镇的战略规划、产品种类、发展布局，对项目推进给予充分肯定。这是继第十一届遵义文化旅游产业发展大会后绿地官仓康养旅游小镇再次获得政府及社会各界高度关注。

绿地集团自进入官仓项目建设以来，通过多种方式拉动当地经济发展，扶持旅游、餐饮、建材、农业等行业发展，增加政府财政收入6000万元，增加税收收入约1000万元，直接和间接增加农民收入3000元/人。

绿地集团2020年上半年总投1800万元，将在2021年度继续追加整个项目投资，整个项目总投资35亿元，随着2021年旅游度假人群陆续入驻绿地官仓项目，将给桐梓县带来更多的经济效益，而以绿地品牌的号召力，将持续带动更多的企业和产业入驻桐梓县和遵义市，将全面提升当地经济规模化、产业化发展水平，创造更多就业岗位，带动广大群众增收致富。如何留住客流、留住产业，拓展更大的市场，也将是绿地集团和政府共同努力的目标。这种合作多赢的帮扶载体，是桐梓谱写乡村旅游转型升级和乡村振兴战略的"画龙点睛"之笔。

绿地贸易港集团：以"产业扶贫"为核心通路助力脱贫攻坚

根据集团"百亿精准扶贫战略"要求，贸易港集团全力落实陕西延川梁家河、云南禄劝、贵州遵义、贵州桐梓产业扶贫合作项目，依托自身商贸产业链布局，将地方特色农产品引入绿地商品零售体系，在实现上架销售的同时积极打响地方品牌，以"产业扶贫"为核心通路助力脱贫攻坚。

一是主动对接地方企业扩大采购。贸易港集团与延川梁家河衡丰食品科技有限公司、延川县森海农产品经销有限责任公司签订采购协议，引进五谷杂粮、调味品、干货等11款梁家河特色农产品；与云南厚实农业科技有限公司签订采购协议，引进蜂蜜、杂粮、菌菇、红心猕猴桃等15款禄劝特色农产品；与桐梓康利绿色食品有限公司、宏星养蜂合作社签订采购协议，引进蜂蜜、菌菇、辣椒制品、肉制品等15款桐梓特色农产品；与汶川县政府签订框架合作协议，通过当地企业引进汶川樱桃；年内还考察福建福安水果、水产、茶叶及茶油等生产企业，为后续启动采购做好准备。

二是打通供应链实现商品快速上架，贸易港集团助力地方企业纳入全国物流运输干线，通过接入地方冷链仓库，帮助建立"梁家河—

郑州—上海—全国"的物流配送体系。同时，贸易港集团在全国零售门店设立扶贫特色商品专柜，实现陕西梁家河、云南禄劝、贵州遵义及桐梓商品累计上架近 50 个 sku，上架至今累计销售 2500 余件，销售额近 200 万元，其中陕西梁家河杂粮制品、云南禄劝菌菇等受到消费者欢迎。

　　三是围绕产业扶贫项目开展公益活动。开展了"以关爱成长，精准扶贫，助力原生态产业焕新发展"为主题的云南禄劝公益行活动。贸易港集团旗下 G-Super 绿地优选与云南连心公益机构合作，邀请 G-Super 会员代表赶赴当地，向当地贫困学生捐赠累计 10 万元的慰问物资。G-Super 绿地优选还举办了"迎进博·为爱跑"绿地杯首届千人亲子公益马拉松活动，通过现场特设公益捐书环节，收集到的千余本图书悉数捐赠给云南禄劝公益机构。

　　下一步，贸易港集团将根据原产地生产条件，结合市场销售端需求，计划在陕西延川梁家河投资建设特定品类农产品生产基地，通过改进产品加工流水线、制定更高质量标准，帮助当地农产品建立包装设计及物流配送体系，实现产品、品牌、包装的全面升级，优化物流供应链配送，综合提高相关产品和产业的市场竞争力，助力全国市场打通，全力打响"绿地—梁家河"品牌农产品知名度。同时，贸易港集团将以延川梁家河生态产业扶贫为模板，持续、深入对接各产业扶贫项目，以"产业扶贫"为核心形成新做法、打通新模式，为脱贫攻坚作出积极贡献。

绿地香港：践行社会责任助力"造血"扶贫

2020年是全面打赢脱贫攻坚战收官之年。作为世界500强企业绿地集团境外唯一的上市房地产平台和品牌展示窗口，绿地香港始终秉承着浓厚的家国情怀，为社会汇聚正能量，用"暖心式""造血式"新型扶贫理念，积极投身国家脱贫攻坚战略，书写精准扶贫答卷。

绿地香港响应中央关于"坚决打好精准脱贫等三大攻坚战"的导向要求，发挥行业龙头企业在产业扶贫中的示范引领作用，在扶贫工作的推进之初，就明确了以"产业扶贫为主，慈善捐助为辅"的工作思路。绿地香港认为，只有让贫困地区真正实现自身造血、产业致富，才解决了扶贫的根本问题。

——与云南省禄劝县、广西桂林灌阳县结成对口扶贫计划，累计投入250万元，提供猕猴桃种植、毛驴养殖、菌菇产业等"造血式"扶贫项目支持。

——开展"红外套专项公益活动"，累计向云南、广西、安徽、贵州、四川等山区贫困学生捐赠价值约100万元的图书和衣物。

——参与南方日报开展的"战疫助农"行动，帮助受疫情影响、农产品严重滞销的廉江农户走出困境。

消费扶贫：房企"转型"卖农产品

"我们种植的小番茄受疫情影响面临滞销，急需寻找销路。"疫情期间，收到湛江廉江市一家农产品企业发来的紧急求助信息。据负责人小丹介绍，该基地生产销售的小番茄是扶贫产品，来自雷州市乌石镇那毛村、雷州市沈塘镇揖花村、廉江市石岭镇垭坭塘村和遂溪县河头镇上坡村的扶贫产业示范基地,"是周边 100 多户贫困户、约 200 多人的主要经济来源"。

一场突如其来的疫情令小番茄陷入滞销,"运输路线不通,冷库已经严重超载了,熟了的小番茄也只能烂在地里,一天损失几万斤",小丹焦急万分。更令她难过的是,公司面临困境,原本要带动贫困户脱贫致富的愿望恐怕要落空了。一场与时间的赛跑迅速展开。在媒体发布求助信息后,首家伸出援手的企业是绿地香港湾区公司。"得知农民兄弟种的农产品滞销,非常痛心,希望在特殊时期帮助他们渡过难关。"该公司当即下了 2 万斤的"超级大单",并表示将动员一切力量提供帮助。一场别开生面的、由房企精心策划的小番茄销售方案随之快速响应。仅仅两天时间,以小番茄为"主角"的精良海报就出炉了,并落地到绿地香港湾区公司的 37 个楼盘和销售中心。"这海报上的小番茄看起来就很好吃,一定会吸引很多顾客。"小丹非常惊喜。

很快,绿地香港湾区公司的"朋友圈"掀起了一股热销狂潮。"老板,货架又卖空了,要赶紧上货哦。""好的!"这样的对话,几乎每天都出现在绿地香港和廉心小番茄的工作对接群中。为了更好地帮助农民,他们成立了专项工作小组。一场始于绿地香港湾区公司的爱心接力也开始了。几天后,1 吨小番茄陆续上架绿地集团贸易港公司旗下精品零售超市 G-Super。随着小番茄的销路被打开,企业顺利渡过困境,其带动的贫困户们也重新燃起了脱贫的希望。

面对疫情,绿地香港的农产品消费扶贫卓有成效,这不只是其长期扶贫工作的一个缩影,更是其产业扶贫经验的一次应用。

产业扶贫:帮助贫困地区实现"造血"

再过两三个月,云南昆明市禄劝县的红心猕猴桃就要成熟了。贫困户老

郭的日子越过越有盼头了，在绿地香港的帮助下，他将自家的猕猴桃种植基地扩大了一倍。"今年果树的结果率不错，可以多卖点钱，让家人过得更好一点。"

在禄劝县，红心猕猴桃寄托着很多个像老郭一样贫困户家庭的脱贫希望。由于当地具备阳光充足，土地肥沃，泉水清澈等自然条件，是种植红心猕猴桃的绝佳环境，因此，绿地香港选择猕猴桃种植作为当地"因地制宜"的产业扶贫项目。

2019年4月16日，绿地香港云南公司与云南厚实农业科技发展有限公司签署了猕猴桃种植合作框架协议，计划在禄劝县种植高品质的红心猕猴桃带动当地农户共同致富。他们不仅为农户提供优质种苗、种植技术指导和销售渠道等，还将结合绿地的品牌和资金优势，帮助当地打造高品质、示范性的猕猴桃种植基地。"每亩猕猴桃的年均收益可达1.5万—2万元。项目的实施将直接辐射团街镇、茂山镇等5个乡镇的猕猴桃种植，可以带动项目区2500户农户增加经济收入。"相关负责人介绍道，该扶贫项目不仅为农户带来良好的经济效益，还有效解决了城镇化过程中农村土地资源合理利用问题。

近年来，绿地香港先后与云南省禄劝县、广西桂林灌阳县结成对口扶贫计划，累计投入250万元，提供猕猴桃种植、毛驴养殖、菌菇产业养殖等产业扶贫项目支持。绿地香港产业扶贫的特点是"造血型"扶贫。"通过推动支柱产业的方式带动当地老百姓积极参与到生产过程之中，通过自己的努力争取到自己的幸福生活。"绿地香港董事局主席兼行政总裁陈军表示。

教育扶贫：为留守儿童插上梦想翅膀

2020年6月，贵州省盘州市大山深处的竹海镇黑牛坪小学三年级学生雯雯早早就来到学校，终于等来了那群"红外套"叔叔阿姨们，他们带来了新的课外书、文具、体育用品……

作为一名留守儿童，只有在爸爸妈妈打工回家时，才能体会到这样的高兴和温暖。这群"红外套"来自绿地香港，作为"绿地香港·红外套乡村公益计划"的志愿者，他们带来的是绿地香港广大业主、员工及其家属还有社会爱心人士的关爱。这个夏天，与雯雯一样幸运的，是贵州省盘州市竹海镇下黑牛坪小学、坎者小学、石门小学，四川省乐至县回澜镇土桥九义校，云南省昭通市蒙姑镇壁山小学、保山市瓦窑镇小浪坝完全小学、上河弯小学、毛竹棚小学共8所学校的1058名孩子。

"扶贫先扶智，孩子是未来的希望，乡村儿童的教育和成长需要社会各界爱心人士的关心和帮助，为他们插上梦想的翅膀。"绿地香港有关负责人表示。

2020年6月以来，"红外套乡村公益计划"组织者联合绿地香港旗下36城70余项目共同开展了"同享·童梦"公益市集和"益起六一"儿童节公益活动，为城市与乡村架起一座充满爱的桥梁。其中，绿地香港湾区公司通过"头顶梦想"公益挑战，发动广东10余城、近万名业主、员工及其家属、社会爱心人士，联动黄埔文化（广州）发展集团有限公司、鹤山市共青团、红黄蓝亲子园等多家单位，募捐图书、文具、体育用品、衣服、玩具等礼物近千份送往贫困地区。

截至目前，红外套专项公益活动累计向云南、广西、安徽、贵州、四川等山区贫困学生提供价值约100万元的爱心用品；除了物质帮助，"红外套"们还用一堂堂生动、有趣的课，为孩子们启迪智慧，埋下一粒粒梦想的种子。

浦发银行：探索"造血式"产业扶贫　构建扶贫长效机制

在精准扶贫、打赢脱贫攻坚战工作中，金融机构发挥着举足轻重的作用。记者从浦发银行获悉，坚持"制度化、创新化、多元化"理念，浦发银行以产业扶贫为抓手，因地制宜创新扶贫方式，通过提升扶贫效能，全力做好精准扶贫大文章。

浦发银行相关负责人介绍，浦发银行近年来相继开展了"百企帮百村"云南省文山市结对帮扶工作、上海市金山区深化农村综合帮扶工作、湖南省古丈县杨家河村产业扶贫等，帮助村民转变旧思想、旧观念，将传统的"输血式"扶贫方式逐步过渡为"造血式"产业精准帮扶。

这样的产业扶贫方式激活贫困地区生产活力，对于探索扶贫长效机制有着重要意义。浦发银行不仅加大了产业扶贫的信贷支持，在2016—2019年还累计投入捐赠扶贫资金超过9000万元，帮扶对象（村、镇、县）超过100个，覆盖26个省、市、自治区。目前，95%以上的结对帮扶对象已实现脱贫。

产业扶贫激活内生动力

扶贫仅靠外在资助是不够的，只有发展支柱产业、激活内力，贫困户才能长久受益，脱贫致富。浦发银行通过产业扶贫激活脱贫致富内生动力，建立起扶贫长效机制。

据悉，通过灵活运用金融工具支持贫困村产业发展，浦发银行在政策范围内优先支持当地的民营企业、农业合作社、个体户的贷款需要，鼓励当地村民兴办农特产品企业。通过持续培育贫困村自我造血能力，不断巩固脱贫成果。

近年来，浦发银行兰州分行提出了"通过支持当地骨干企业，反哺帮扶村贫困户，拓宽农民增收渠道"的帮扶工作思路，先后为甘肃省武威市古浪县 20 多家骨干企业，累计提供贷款支持 2 亿多元。截至 2019 年年底，该行帮扶的古浪县黑松驿镇西庄子村 62 户贫困户已全部实现脱贫摘帽。

发挥供应链金融优势，浦发银行兰州分行还为甘肃蓝天马铃薯产业公司提供供应链融资支持，截至 2020 年一季度末，累计为蓝天公司及供应链端客户提供融资支持 4.69 亿元。此外，浦发银行持续推进产业扶贫模式创新，将金融服务贯穿于马铃薯种植、收购、储藏、加工、销售的全产业链，通过"线下+线上"，将"蓝天模式"进一步升级为供应链在线融资产品"蓝天 E 贷"。

立足当地实际，充分挖掘潜力，因地制宜做强优势产业，才能增强贫困地区自主"造血"功能。在宁夏固原市西吉县新营乡洞子沟村，浦发银行银川分行派驻的驻村第一书记兼扶贫工作队队长袁辉带领村民发展黄芪种植和蜜蜂养殖产业，他和队员们挨家挨户走访动员，制订扶贫方案，申请闽宁协作示范村项目资金 150 万元，用于购买农业生产机械、发展村集体经济、发展庭院经济、绿化村庄环境、培育特色产业等，带动贫困户脱贫，打出脱贫致富的组合拳。截至 2019 年年底，全村黄芪种植面积达到 500 亩，蜜蜂养殖规模 200 余箱，建档立卡贫困户年户均增收 2 万元，村集体经济收入突破 10 万元，累计实现脱贫 32 户 154 人。目前，全村已实现脱贫出列。

数字化扶贫拓宽农产品销售渠道

消费扶贫是打通产业扶贫"最后一公里"的抓手。通过贫困地区农产品产销对接，形成有竞争力、有美誉度的特色品牌，从而让贫困地区更多的优质农副产品走向市场，走进千家万户，既是促进贫困人口较快增收的有效途径，也是巩固长期脱贫成果的根本举措。

浦发银行打造的"浦惠到家"电商平台，搭建了农产品互联网销售平台，让金融科技惠及广大农户。据悉，借助于电商及物业融合的运营模式，浦发银行线上依托平台开展农产品的销售，线下依托合作社区及网点开展推广，线上线下联动，为农产品实力"带货"。

在大连市瓦房店永宁镇，为帮助区域农业企业及生产者解决农产品"走出去"的难题，"浦惠到家"平台主动做好产销对接，永宁镇的苹果和地瓜等农产品陆续入驻平台，从田间、果园直接送到餐桌。产销结合，平台赋能，助力当地通过农业发展实现收入增长。在产品上线过程中，优先采购低保、困难户家庭的农产品，从输血到造血，让这些家庭有了收入来源，让奔小康的路上，一个也不落下。截至5月末，"浦惠到家"平台已累计为"永宁涧"品牌农产品带货超过3.5万斤。

疫情期间，广东省农业大市茂名高州的蔬果滞销严重。"浦惠到家"平台与邮政合作，开展"爱心助农"活动，和农户们一起共渡难关，一起打赢脱贫攻坚战。2020年2月18日爱心助农活动上线后，陆续上架了荔枝、番薯、番石榴以及木瓜等产品，截至5月末，平台销售量超过16万斤、金额超过100万元。

"浦惠到家"通过线上和线下融合，拓宽农产品销售渠道，突破了传统农业规模小、农产品价格低、市场前景不稳定等局限，让农户特别是贫困户得到精准帮扶。

同时，浦发银行发挥数字化建设的先行优势，联合阿里巴巴集团乡村业务推出面向位于县、镇、乡家电小店的个人互联网经营性贷款产品"天猫优品贷"，线上办理，贷款资金用于小店向天猫平台批量采购家电，为"网货下乡"和"家电下乡"注入金融活水。截至2020年5月31日，已为全国县城区域500名以上乡村淘宝门店及小微企业主发放普惠金融贷款近2亿元，覆盖广东、四川、河南及湖南等24个省份。

浦发银行相关负责人表示，该行在扶贫领域充分发挥集团金融优势，打出金融扶贫"组合拳"。以"带人、带物、带产业、转观念和转村貌"的三带两转的精准扶贫策略，践行企业作为社会公民的责任。2020年是脱贫攻坚战的收官之年，浦发银行将复制已经积累的扶贫模式和经验，建立精准扶贫与乡村振兴有效衔接的长效机制，助力打赢脱贫攻坚战。

（原载《新华财经》，作者：王淑娟）

上海银行：以"绣花功"精准帮助云南砚山三村脱贫

按照上海市国资委"百企帮百村"结对精准扶贫工作部署，上海银行自2018年起与云南文山苗族自治州中西部砚山县贫困程度最深的3个村——阿猛镇阿绞村、稼依镇落太邑村、阿舍乡阿吉村，结下跨越2000余公里的精准扶贫"山海之约"。

上海银行把助力3个结对村脱贫攻坚的工作视为自身作为一家有情怀、有温度、知感恩、懂回馈的金融国企履行社会责任、树立企业形象的内生需要。党委领导、精准着力，聚全行之力真情投入。

精绘细织 "绣花功"构建做实全行精准扶贫体系

自结对精准扶贫开始，上海银行人员多次实地深入最偏远、最深度贫困的村寨，沪滇之间往返穿梭，为的是摸清最真实情况，问询最紧迫需求，真扶贫、扶真贫。

上海银行构建起一套精准扶贫工作体系：在组织架构上，总分支行联动。总行会同文山州、砚山县及三村所在乡镇，围绕"带人、带物、带产业、转观念、转村貌"扶贫目标，精细谋划扶贫方案，按月联系跟进了解实施进展、资金使用情况、问题困难等。市南分行组织下辖相关支行与3个结对行政村密切沟通；在方案设计上，每个村的扶贫资金使用方案都包含基础设施改善和产业发展两部分。既有"托底保障"，也有"助力造血"，帮助实现高质量可持续脱贫；在资源统筹上，除了捐赠资金，也发动义卖、爱心募捐，合理使用工会经费等，也包括信息、渠道、合作客户等优势资源整合；在工作参与上，更有党建联建、志愿结对等促扶贫与扶志扶智结合，带动全行更广泛参与。

脱贫蓝图精细绘就，上海拿出精品银行精细化管理的"海派作风"，用一针一线的"绣花"功夫把精准扶贫工作体系的每一个事项扎实落地。

产销联通　形成从发展产业到带动消费的闭环

上海银行持续关心捐赠资金所支持的相关产业，线上线下助其产销对接。

在2019年上海市对口帮扶地区特色商品展销会上，数千种农特产品汇聚一堂，其中一个来自云南的砚山县鑫珵农业科技发展有限公司展位上，软籽石榴、火龙果等热带水果令人垂涎欲滴。果香醉人的背后是上海银行支持砚山的一个产业扶贫项目。水果种植产业的产销联通，本身也是精准扶贫工作的一颗"硕果"。实地走访时，上海银行人员就在县政府推荐下走入鑫珵公司的育种大棚，这里的高附加值水果新品种令人眼界大开。如果可以发挥该企业育种栽培技术优势，与云南砚山的气候地理条件结合，贫困村农户可以通过水果种植产业实现增收。

上海银行作为捐助方，与砚山县各级政府等多方推动支持下，落太邑村与鑫珵公司"牵手"，合作种植特色水果。政府统筹协调组织实施项目，村民利用上海银行捐赠产业扶贫专项资金购买种苗肥料等，企业负责栽培管护指导和定单回收。鑫珵公司带动砚山农户种植的水果在上海市对口帮扶地区特色商品展销会上"C位登场"，搭载展会快车"直通"上海大市场。

线上方面，上海银行在上行快线APP上开设扶贫专区开展专项营销，针对达标客户设立客户权益引导购买贫困地区农特产品。

特色水果只是上海银行支持结对地区产业发展项目之一。阿绞村与阿猛镇农民专业

变输血为造血

合作社共同开展的蔬菜种植产业基地里，豌豆菜、青菜、花菜、瓢儿白等蔬菜油绿水灵，"砚菜"名声渐响；阿吉村发展养牛和养中华蜂项目，有了启动资金，一头头小牛仔、一个个蜂箱很快到位，承载着村民们来年的希望……2019年上海银行对砚山3个结对村捐赠资金中的300万元用于助结对村"一村一策"发展产业，当年投入、当年产生收益已达12万元。

除了助力产业发展、对接市场，上海银行自身也贡献一份消费扶贫力量。借助于静安区扶贫平台，总行工会采购部分结对地区农产品，市南分行购买了苹果和石榴，员工们在尝鲜同时也参与了全行扶贫项目。

精准聚焦　紧扣"两不愁三保障"为村民提升生活质量

"两不愁、三保障"，即"不愁吃、不愁穿，义务教育、基本医疗和住房安全有保障"这些基本目标，是脱贫的"基本线"。接受精准扶贫任务后，上海银行实地调研了解到，在当地群众和扶贫干部努力下，"基本线"已满足，但持续脱贫还有大需求。比如有的村人畜混居，有的村公厕不足环境堪忧，有的村缺乏村民公共活动场所。为此，2018年，上海银行捐赠资金全数用于"基本线"基础上为村民基本生活"补短板"方面，投入最急需项目。这些务实项目让村内一户户贫困户的生活切实改变。

2019年，上海银行捐赠资金中的90万元用于结对村基础设施改善项目，继续为"补短板"做加法：为阿绞村加固住房、拆除危房，增建厕所和牲畜圈舍；为落太邑村修建机耕路，为阿吉村第一、第二村小组建设村民活动室。

2020年上半年，上海银行就下一步扶贫工作推进落实进行研究，与云南文山州砚山县

41

共商确定 2020 年度 80 万元捐赠资金的使用安排，并完成捐赠手续。捐赠资金使用精准聚焦。聚焦特殊群体，用 24 万元支持 3 个结对村设立 40 个公益岗位，助脱贫不稳定户、边缘易致贫户等劳动增收。聚焦重点领域，用捐赠资金中 56 万元，支持结对村补短板项目，包括村内活动场所、垃圾焚烧池建设、排水沟等补短板项目建设，帮助村民提升生活质量。

结对助学　守护山乡间最明亮宝贵的东西

车辆驶入阿舍乡阿吉村委会院子，车窗外，一个瘦小的身影坐在条凳上，旁若无人捧着一本高考试题精讲。那就是受到上海银行资助、刚刚考上高中的刘艳粉。被问到"想不想上大学？"她抬头，很轻又很坚定地说："想！"眸子里有星星一样的光。"放心，你读到什么时候，我们一直帮下去。"

在乡村里，家境困难却懂事进取的孩子不止一个。陶金云，成绩年级名列前茅，长跑比赛的数块奖牌是家中墙上仅有的装饰。道别后，他一路小跑追来，非把自己刚挖的山菌塞到上海银行走访人员手里，额头豆大汗珠晶晶亮。他想努力考上大学，上海银行走访人员鼓励他专心学习，只要考上不必担忧学费。

闪亮的星眸，闪亮的汗珠，是乡村学子们的艰辛与希望，是山乡间最明亮宝贵的东西。智志双扶，上海银行决心守护贫困学子学以致用、改变命运改变家乡的心志。

上海银行总行团委组织动员全行青年力量开展"上银情·砚山梦"结对助学帮扶活动。梳理造册并落实 61 名帮扶对象结对工作，以"1 名帮扶对象 +1 名结对人 +1 个党团组织"工作模式，确保每名帮扶对象有专人对接、有组织保障。守望相助，爱心助学，逾 1600 人参与自愿募捐或义卖活动，完成年度助学金筹集；囊萤夜读，扶志赋能，结合学生具体学习阶段挑选赠送一本字帖和名著名篇书籍，鼓励他们"写好字、读好书、做好人"；爱心书信，增进感情，每季度通信沟通引导鼓励孩子们提升学习能力、坚定学习信心。上海银行青年公益队伍前往砚山县，把爱心助学金、书籍字帖、书信等交到学生手中。他们还走进各乡镇学校座谈交流,希望同学们树立远大志向。

生活纾困　思想补钙　一份双向传递的"温暖"

市南分行与下辖3家支行深入贫困村开展党建联建,以党建为引领精准扶贫工作。在上海银行实地走访中,一些村里的小细节让人揪心。一些村民搬入新房,却没有基本装修、基础家具、室内厨卫,部分甚至没有门窗,亟待添置家具、被褥、衣物、厨具、餐具等必需品。为此,市南分行党委及下辖支行党支部通过组织爱心义卖、募捐等筹资15万元为困难村民添置家具、被褥、衣物、餐具等必需品,提升村民生活质量,增强他们的幸福感和获得感。

一路颠簸奔波深入村寨,村民闻讯前来按需领取铁床、衣柜、饭桌、板凳、电磁炉等,三村共有超过200户贫困户获得急需的生活物资,脸上露出开心的笑。支行党员们还带着爱心对特困家庭逐户走访。纾生活之困,更补思想情感之钙。市南分行3家支行党支部与结对村基层党组织领路人、农村致富带头人现场交流,激发脱贫内生动力。分支行党员们表示,扶贫行动也是自身受感染受教育的过程。看到结对村居住条件的改善、生活水平的提高、产业发展的起步,也为上海银行参与扶贫工作的人员带来一股力量,激励大家继续用真情、真力、真心推动精准扶贫。

扶贫不是施舍和恩惠,也不是资金一捐了之,而是双向互动传递温暖、拉近千里之距。上海银行在推进扶贫工作中秉持"有温度的银行"理念,把物质的帮助、思想的交流建立在真心真情的互动上。

上汽集团：汇力之所举众智之所为

党的十九大把精准脱贫作为决胜全面建成小康社会必须打赢的三大攻坚战之一。消除贫困、改善民生、逐步实现共同富裕，是社会主义的本质要求，是党的重要使命。习近平总书记强调，有多大担当才能干多大事业，尽多大责任才会有多大成就。

上汽集团始终坚持作为国有企业不仅要承担创造价值的经济责任，同时要肩负起时代的社会责任。2018年，为贯彻中央"精准扶贫"的战略思想，落实上海市开展"双一百"村企结对精准扶贫行动，在上汽集团党委的指导下，上海汇众与云南省宣威市务德镇拖克村达成结对帮困协议。拖克村属于深度贫困村，2018年有建档立卡贫困人口234户731人，其中因病致贫295人，因残至贫32户111人，2017年人均年收入只有2952元，2018年人均年收入3120元。同时，拖克村自然条件恶劣，海拔高差大，每年夏秋经常遭遇洪涝水患，冰雹灾害突出，水土流失较为严重，有效耕地面积紧缺，产出率低；基础设施滞后，村道路未实现全硬化，通达条件较差，晴通雨阻问题突出，脱贫工作任务艰巨。

上海汇众聚焦"六个精准"，深入实地开展调研、与扶贫办深入沟通、结合村里实际制订帮扶计划，推进结对扶贫工作，坚决助力拖克村打赢脱贫攻坚战。

求索：因地制宜，精准滴灌

上海汇众把"因地制宜""产业扶贫"作为根本，从地方的实际出发，精准滴灌，采取力度更大、针对性更强、作用更直接、效果更可持续的措施。

拖克村的气候和地质环境适宜种植玉米、辣椒等农作物，辣椒产业近年也成为老百姓家庭经济主要收入之一。同时，为实现"一乡一业，一村一品"特色农业产业，实现农业增效、农民增收这一根本目标。拖克村现已成立辣椒种植合作社两个：宣威市诚志种植专业合作社、宣威市勇成辣椒种植专业合作社。了解到这一实际，上海汇众规划扶持务德镇拖克村发展辣椒产业，以带动更多的村民增加收入。三年扶贫工作的第一年，通过"公司＋合作社＋农户"的方式，上海汇众提供了40万元资金用作种子、农药、化肥、农膜等生产必需品采购及农业技术培训，计划种植辣椒321亩，带动107户301名建档立卡贫困户。2019年，辣椒丰收，上海汇众援滇资金扶持种植的321亩辣椒实现了纯收入160余万元，每户平均可增加收入14971元，取得了较为理想的扶贫效果。

经过上海汇众与拖克村的共同努力，村因地制宜、精准滴灌的精准扶贫，取得了初步的硕果。

嬗变：志在必得，智在必行

扶贫先扶志，扶贫必扶智。在产业扶贫实现"造血"功能的基础上，上海汇众坚持扶上马，还要送一程。

2019年辣椒丰收后，村里反映种植的村民感受良好，也可以依靠这些收益继续种植，实现良性循环。因此，上海汇众的帮扶基金可以用于其他扶持辣椒产业持续发展的项目上，经过反复沟通商榷之后，2019年，上海汇众投入60万元用于新建辣椒产业办公用房。该办公用房的新建力求达到拖克村辣椒种植产业进一步发展，并辐射带动以拖克村为中心的3个村辣椒产业发展的目的，使之成为当地经济发展重要组成部分。同时，办公用房也承载一定村民活动室的功能，能够开展培训，帮助村民更好提高种植技术。

产业扶贫的高效产出成果不仅仅在于拖克村村民的收入增长，同样在于他们自主脱贫之"志"也越来越坚定，在努力迈向更好生活的时候，他们也参与思考和策划，以自主脱贫之"智"，实现了从"输血"到"造血"的本质性跨越。

同行：砥砺与共，幸福有期

在三年的精准扶贫工作中，上海汇众不仅注重经济上的帮扶，也注重人文的关怀，在帮助拖克村人均年收入翻了一番，实现脱贫的同时，更是与村民建立了深厚的友谊。

2019年6月，上海汇众党工团组织代表参加了拖克村完小的"六一"庆祝活动，并为65名建档立卡贫困户子女带去了粽子、文具等礼品，送去了上

海汇众员工对它们的关心。2019年8月,在与拖克村交流辣椒种植情况的过程中了解到当地当年平菇产量较高,存在一定的滞销问题,上海汇众当即采购了平菇干1.5吨,一定程度上帮助解决了平菇的滞销问题,平菇成为了连接拖克村村民和汇众员工的纽带。2020年1月,上海汇众派员赴拖克村实地开展扶贫慰问及帮扶项目进度跟进时,向拖克村56位70岁以上建档立卡贫困老人捐赠了大米、食用油、牛奶等生活用品,希望他们能够开心过年。而采买物品的资金来源于上海汇众工会的爱心基金,是全体汇众员工的满满心意。在走访当地居民时,一位老人脱口而出:"感谢党,感谢政府!"表达朴实又情真意切,让人动容。

在与云南省宣威市务德镇拖克村开展"双一百"村企结对精准扶贫行动中,上海汇众坚持以实干笃定前行,坚信打好打赢脱贫攻坚战,唯有靠脚踏实地、艰苦奋斗才能实现。在持续发展、脱贫攻坚的路上,上海汇众将继续汇力而举,众智而为,敢担当、善担当,尽好国企的时代责任。

上药药材：情系红土脱贫攻坚 爱心助力乡村振兴

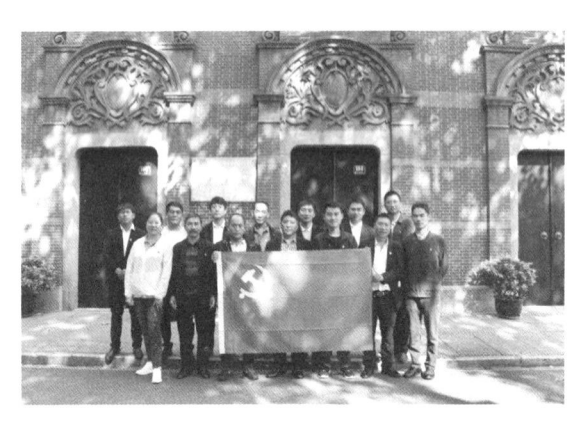

上海市药材有限公司（以下简称：上药药材）成立于1955年，是上海医药集团股份有限公司的全资子公司。65年来，依靠员工的传承接力和开拓奋进，上药药材成为涵盖中药材种植、中药饮片、中成药、中药保健品的制造和分销，中医医疗的大型中药企业。为进一步促进沪滇产业扶贫协作，助力对口地区打赢脱贫攻坚战，按照《关于开展"双一百"村企结对精准扶贫行动的通知》，上海市药材有限公司积极响应上实集团统一号召，对口帮扶大理州弥渡县牛街乡康郎村（以下称康郎村）。

成立对口扶贫工作组　精心开展顶层设计

2018年，上药药材成立由党委书记、总经理余卫东，党委副书记、工会主席凌文婕任负责人，党建干部、中药材种植专家等为组员的对口扶贫工作组，在充分了解康郎村的情况下，积极履行企业社会责任，围绕"往心里帮、往实处帮、往乡村振兴帮"，弘扬中医药文化与民族特色文化，运用创新思维，精心开展对口扶贫的顶层设计，探索出以党建帮扶和产业帮扶为重点、具有上药药材特色的"党建扶贫＋产业扶贫＋消费扶贫＋人才扶贫＋文化扶贫"的五连环帮扶模式。

科学规划利用资源　产业扶贫保底认购

在充分调研基础上，通过科学规划，利用好康郎村自然资源，通过技术培训、产品开发、订单回收、产业升级等带动康郎产业发展，提升康郎村中药材产业品牌，做大规模，形成特色产业。

上药药材党委副书记凌文婕与农业技术专家、云南省农业大学教授，从课堂到田间地头，多次开展致富带头人培训、丹参规范化种植技术等培训与指导，促进农户打破传统种植观念，接收新的种植技术和方法，提升种植技术与致富能力。

2019年4月25日，丹参规范化种植基地揭牌。2019年，共推广种植农户26户，其中建档立卡户15户。上药药材向26户农户免费发放丹参种苗150亩，丹参种苗按450元/亩，折合金额67500元；发放复合肥285包，复合肥按116元/包（含运费16元/包），折合金额33060元，两项共计100560元。为确保贫困户稳定增收，上药药材为康郎村中药材产业解决产品加工、品控、包装、运输等方面的问题，开展保底认购工作，2019年11月，专题召开了"上药药材对口扶贫弥渡县牛街乡丹参种植（收购）现场会"，并对丹参的收购进行了说明，年末实际收购成活丹参140亩，收购26户农户种植的丹参140亩，产量30吨，上药药材实行保底收购——13元/千克（市场

价为 12 元 / 千克），支付收购款 39 万元。

2020 年帮扶康朗村中药材种植丹参 50 亩，续断 50 亩，红花 80 亩，黄芩 80 亩，共计 260 亩，继续免费提供丹参、续断等种苗价值 9.7 万元，提供种植技术培训，开展不低于市场价产品回收，预计可为贫困户增收 80 万元左右。

帮扶融入党建元素　岐黄百草情暖人心

在对口帮扶中融入党建元素，将党建扶贫与国企党建品牌——"岐黄百草、情暖人心"的创建紧密结合，发挥党组织战斗堡垒和党员模范带头作用，以党建助力实现精准扶贫。围绕"健康文化机制、党员结对贫困生帮扶机制、党组织书记结对贫困党员帮扶机制、核心骨干人才培养机制、党建带工建与党建带团建活动机制"等五大机制，制定《上海市药材有限公司—弥渡县牛街乡康郎村党建联建共建协议》。2019 年 9 月《上海市药材有限公司—云南大理州弥渡县牛街乡康郎村党建联建共建协议》签约，向 119 名小学生捐助校服春季、秋季，每人 2 套；设立上药药材"益智"奖学金、"远志"助学金，向 20 名成绩优秀的贫困家庭小学生颁发助学金，每人 500 元；捐赠卫生室价值 6000 元的血压计，体温计，红外线电磁波医疗保健器械；捐赠爱心超市价值 1 万元的爱心物资和生活用品；上药药材 20 名党组织书记分别结对当地困难党员 20 人，捐款 1000 元 / 人 / 年；推广大健康理念，上药药材旗下雷氏中医门诊部在康郎村开展了二场"爱心零距离——雷氏义诊活动"，对不同健康状况的村民进行了饮食和日常生活保健指导用药处方，对疑难病和诊断不明的疾病提出医疗诊查指导与建议，并作了疾病防治及高血压预防专题讲座。

2019 年 10 月，上药药材与云南省大理州弥渡县牛街乡联合开展"不忘初心，牢记使命"主题教育党建互动学习交流。云南省大理州弥渡县牛街乡党委委员、副乡长石自，牛街乡各村党总支书记等 14 人专程抵沪，集体瞻仰中国共产党的诞生地——中共一大会址、观看中华人民共和国成立 70 周年献礼电影《我和我的祖国》，并前往崇明参观上药中医药文化园和西红花种植基地，感受上药药材的企业发展和文化传承。

发挥优势消费扶贫　绿色产品促进增收

康郎村有着众多的特色农产品，如核桃、蜂蜜、山野菜等绿色产品，上药药材对口帮扶工作中，充分利用工会班组的网络，进行绿色产品的介绍，发挥工会系统优势，2019年，上药药材工会应广大职工需求，采购发放康郎村建档困难农户种植的价值10万元的优质核桃1万斤，并承担相应的运费与包装费约3.33万元，促进贫困户增收。

人才扶贫文化扶贫　着眼乡村发展振兴

上药药材为康郎村毕业的对口专业大学生提供就业支持或者提供实习或培训机会；专业的技术团队为康郎村培训致富能手与带头人等；优秀干部落地结对帮扶举措，引导带领好帮扶村优秀干部，涌现出一批有活力、有想法、有干劲的优秀人才。2019—2020年，每年资助贫困大学生20名，5000元/人/年，共20万元。

康郎村有着独特的民族特色歌舞优势，《小河淌水》等曲目广为流传，在企业文化活动中，将中医药文化与民族文化相融合，适时邀请康郎村文艺团队赴上海开展民俗文化交流演出，从而实现文化增收。

脱贫攻坚出成果　乡村振兴在路上

从东海之滨到彩云之南，2700多千米的距离，因为扶贫让上海药材人再次走进大理；2018—2020年，900多个日夜，因为扶贫，沪滇人民的心贴得更近。正是由于在帮扶的工作中，帮扶小组务实开展了"药材种植、爱心超市与乡村卫生室建设、学生校服捐赠、助学金与奖学金发放、健康义诊"等一系列真情实意的帮扶工作，有力促进了康郎村的脱贫攻坚。

2020年5月17日，喜讯传来，包含康郎村在内的云南省大理州弥渡县成

功脱贫,这里面有上海药材人的坚持和努力,更是弥渡县人民奋斗的结果。在取得脱贫工作取得可喜成绩的关键时期,2020年5月19—20日,对口帮扶工作小组再次来到康郎村,与康郎村脱贫小组召开了对口帮扶推进会,会议着眼于防止脱贫户返贫,加快构建脱贫攻坚长效机制,讨论确定了下阶段工作,包括"药材种植、畜牧养殖、生态宜居建设、助学金奖学金发放"。

助力乡村振兴,我们一直在路上。

上实管理："七个一"工程助推青云村脱贫攻坚

根据上海市"双一百"村企结对精准扶贫行动工作精神，按照上实集团党委统一部署，自2018年11月起，上实管理党总支作为集团旗下的5家负责开展云南结对帮扶的企业党组织之一，全力做好对口弥渡县德苴乡青云村的帮扶工作。

自2018年11月开展结对帮扶工作以来，上实管理党总支根据青云村实际和脱贫难点，结合"三带两转"的工作目标要求，靶向实测、精准扶贫，多措并举，实施了"七个一"工程，即"修建一条路、养殖一头牛、种植一颗参、建造一栋楼、做好一顿饭、资助一群人、转变一根筋"，确保做到"脱真贫、真脱贫、不返贫"。

修建一条路——完成新庄公路硬化，"康庄大道"正式通车

连接青云村和新庄村的"新庄公路"原来处于土路状态，且侧沟、路面损毁严重。作为新庄村民外出的唯一通道，新庄公路"晴天一身灰、雨天一身泥"，给当地人民群众的出行及物资的运送造成极大阻碍，成了当地脱贫致富的一大瓶颈。为彻底改善这一局面，帮扶工作小组多次开展实地调研，全程徒步盘山公路，对新庄公路原土路基的长度和路幅宽度等进行了实测，以获取第一手资料。经过前期审慎

调研后，由上实管理出资100万元，合同造价为150.95万元，全长3798米的新庄公路硬化工程被列入2019年青云村帮扶重点项目。

经过各方努力，新庄公路于2019年7月底完成路面混凝土养护并全线通车，成为上实集团援建弥渡县第一个完工并投入使用的基建项目。新庄公路的竣工通车，为青云村"脱贫摘帽"打下了坚实的基础，有力促进群众生产生活水平提高。

养殖一头牛——扶持肉牛养殖，反哺贫困村民

"授人以鱼不如授人以渔"，产业扶贫事关扶贫工作长远大计。帮扶工作小组结合青云村实际，重点对肉牛养殖产业进行考察，并实地走访了青云村有代表性的3户肉牛养殖大户，详细了解肉牛品种、养殖成本和市场销售价格等情况。通过多次实地考察和调研，上实管理党总支与德苴乡政府和青云村委会达成"扶持肉牛养殖，反哺贫困村民"的合作模式共识：由上实管理向青云村委提供30万元产业扶持资金，扶持青云村肉牛养殖合作社李先和"调整肉牛养殖结构，扩大肉牛养殖产业"的计划，协议期内，李先和在2019—2021的三年内，每年前向青云村委提供分红，三年分红资金8.1万元全部用于帮扶青云村贫困村民；3年协议到期后，合作社返还青云村委全部30万元，青云村委视情况将该资金再投入下一轮产业扶持项目中。该合作模式在产业扶持

和助力脱贫中取得了较好的平衡。

截至 2019 年年底，合作社养殖户李先和按照《肉牛养殖产业扶持项目合同》及"扶持肉牛养殖，反哺贫困村民"的合作模式，已向青云村委会提交 2019 年度的扶贫资金 2.6 万元。

种植一颗参——多方考察小步试点，稳步推进丹参种植

根据当地主要以种植玉米和烤烟为主，亩产收益较低的实际情况，帮扶小组积极推动青云村开展丹参种植培训和示范地种植，千方百计想办法提高贫困户收入。为做好丹参试种工作，帮扶工作小组带领村民，驱车往返近 8 个小时赴大理州巍山县等地开展丹参种植调研。邀请上海药材有限公司技术总监和大理俊峰公司总经理等赴青云村委会现场授课，指导丹参种植，讲授丹参种植的技术要点和注意事项。帮扶工作小组带头种植了两亩示范地，青云村 4 户农户自愿参与另外 12 亩地的试点种植。得益于前期技术专家的深入指导和村民们的辛勤投入，目前丹参苗已经绿意盎然、生机勃勃。

建造一栋楼——援建青云完小学生及教师宿舍

针对青云完小师生宿舍简陋拥挤的状况，帮扶组本着"教育优先"的原则，在 2020 年投入帮扶资金 150 万元，援建青云完小学生及教师宿舍。该宿舍楼设计建筑面积约 629 平方米，可容纳 80 名学生、36 名教师住宿。

宿舍楼于今年 1 月举行了奠基仪式，建设单位和施工单位承诺，在确保质量和安全的前提下，计划于 2020 年 9 月 1 日投入使用。目前正在开展基础部分施工，该工程实施后将从根本上改善青云完小师生住宿条件，进一步助力青云村脱贫攻坚。

做好一顿饭——提供学生晚餐补给和"营养早餐"计划

学校食堂的食品安全和饭菜质量直接影响孩子们的身心健康,帮扶组通过考察得知青云完小学生晚餐营养供给不足,学生经常吃不上肉的情况,决定在2019年和2020年每年补助学生营养晚餐11.28万元;同时,上实管理团总支积极响应上实集团团委倡议,在系统内企业发起了"纪念五四运动100周年——阿拉爱心早餐,暖意留在心间"——资助集团对口扶贫云南大理弥渡县学生早餐的倡议书。下属各单位积极响应,大家踊跃捐款,共收到职工自发捐款3.42万元,为弥渡县孩子们吃上健康丰富的早餐贡献了一份力量。

资助一群人——捐资助学,播下青云村希望的种子

习近平总书记在北京八一学校考察时曾指出:"扶贫先扶智,要推进教育精准扶贫,让每一个孩子都对自己有信心、对未来有希望"。教育扶贫是上实管理党总支帮扶青云村计划中的一个重要方面。自开展扶贫工作以来,上实管理捐资帮助了村内23名就读高中或大中

专学生，通过召开座谈会详细了解了每位学生的家庭和学习情况，向 23 名学生发放人均 3000 元的助学金，并送上了钢笔、笔记本等文具用品，勉励他们好好学习，将来能学有所成，回报社会。

帮扶小组在实际工作中，特别强调帮扶工作必须"接地气"，要挨家挨户走访，了解第一手真实情况，促使脱贫攻坚出实效。在德苴乡党委和青云村委的积极配合下，2019 年年初以来，帮扶小组已对青云村 25 户贫困户开展了三轮逐一入户调研，了解贫困户当前家庭人数、家中孩子读书和就业情况、目前家庭收入情况和存在困难等，详细记录每个贫困户情况，同时对贫困户进行慰问。在实地走访调研基础上不断完善帮扶工作方案和计划。

转变一根筋

习近平总书记在东西部扶贫协作座谈会上的讲话中指出："摆脱贫困首要并不是摆脱物质的贫困，而是摆脱意识和思路的贫困。扶贫必扶智、治贫先治愚，"只有激发贫困地区的内生动力，才能帮助他们自力更生、艰苦奋斗，从而彻底脱贫不返贫。上实管理党总支与青云村党总支结对之初，就紧紧把握习近平总书记的讲话精髓，紧密围绕"三带两转"方针，利用党建促扶贫，通过开展扶贫交流和支部共建活动帮助当地转变观念，充分调动贫困村民内在的主动性、积极性和创造力，帮助德苴乡内 13 个党组织在近几年的扶贫工作中不断总结经验，逐渐探索并走出一条以"支部铺路、党员带路、群众上路、共同致富"的党建扶贫双推进模式，青云村肉牛养殖合作社就是该模式的典型体现。

在集团党委的统筹领导下，上实管理党总支 2019 年各帮扶项目已按既定计划完成，扶贫工作取得了良好成绩。目前，上实管理帮扶组正根据《扶贫开发合作协议书》和《上实管理公司结对云南大理州弥渡县德苴乡青云村三年帮扶设想及 2018—2020 年实施计划》，再接再厉，不断加强与当地政府、扶贫办沟通协助，建立防止返贫的保障措施，进一步深入推进各项工作，助力青云村产业发展和脱贫攻坚。

申迪集团：积极参加"百企帮百村"扶贫帮困工作

自从接到上海市国资委、市合作交流办"百企帮百村"工作部署以来，申迪集团高度重视参加"双一百"精准扶贫工作，将此项工作列入党委重要议事日程，集团班子多次会议研究扶贫工作，从组织领导、人员落实、经费保障、村情摸底等方面做了大量基础性的准备。

经过实地考察发现，帮扶对象地处山地，人均耕地少，没有一个完整的村级集体经济实体，也没有其他企业落户该村。全村皆坐落在山岭之中，没有较好的资源利用，农户除仅有田地种植外，部分村民在自家宅基地周边圈养了少量肉牛、生猪、肉鸡，大部分收入靠青壮年常年在外打工挣得。无论是村集体还是家庭都没有较稳定的实业实体支撑，经济依然欠发达，因而因病和无劳动力家庭就易陷入贫困危机，贫困现象仍然存在。

申迪集团结合对当地的调研考察情况并经多次讨论研究，围绕带人、带物、带产业、转观念、转村貌等"三带两转"制订了三年扶贫工作方案，确定了在动物饲养繁育保护等方面具有技术专长的集团下属明星企业——上海野生动物园公司作为直接对口帮扶单位，与森林村进行签约结对，立下"军令状"，全力以赴推动结对村与全国一道迈入全面小康社会。

申迪集团在第一时间成立了由集团领导挂帅的扶贫工作小组，于 2018 年 10 月对森林

村进行了初次摸底调研。结合对当地的调研考察情况并经多次讨论研究，围绕带人、带物、带产业、转观念、转村貌等"三带两转"制订了至2020年三年扶贫工作方案。2018年12月25日，结对双方签署了《"双一百"村企结对精准扶贫行动协议书》。

申迪集团经过多次实地调研，决定因地制宜，以帮助该村自主建立针对性强的经济项目为主、同时通过技术支持、帮助制定管理制度等措施建立长效脱贫机制。经与结对镇村反复沟通论证，经习水县扶贫办把关审批，最终确定森林村沟渠整治、扩建肉鸡养殖场、稻田+项目等三项因地制宜的产业帮扶项目：

一是沟渠整治项目。森林村山地多耕地少，现有沟渠年久损坏亟待整修。修复后可使得当地群众约500亩灌溉面积受惠，是一项普惠并长久的基础工程、民心工程。

截至目前，共投入资金14万元，覆盖3个村民组500余亩土地，受益群众220户1118人，其中建档立卡人口26户133人。达到户均增收500元，项目实施建设中用工方面以建档立卡贫困户主，投入贫困户劳动力数30余人，薪酬已全部发放落实。目前项目已全部完工投入使用，当地群众普遍受益，反响强烈。

二是扩建肉鸡养殖场项目。将我们的扶持资金部分转化为贫困户股份，帮助建立制度，规定保底分红；养殖场要吸纳不能外出务工的家庭剩余劳力做力所能及的工作。此举可壮大村集体经济，使该村不易返贫。

截至目前，共投入资金33.5万元，用于森林村集体经济发展，包括采购饲料29520千克、鸡苗1640羽、新建鸡舍（含库房）184平方米、新建火化池1

个、消毒池 1 个、消毒设备 1 套、山林围网 620 米、山林内饮水池 10 个等项目。项目实施建设中用工方面以建档立卡贫困户主，投入贫困户劳动力数 18 余人，薪酬已全部发放落实。2019 年实施以物（鸡）折资实现利益联结带动贫困户 37 户。

三是稻田＋项目（即种养结合）。采用种养结合的方式，既可以改善有机水稻品质，大幅度提高大米单价，又增加了养殖（鱼）收入。此举可增加该村农民人均收入。

截至目前，共投入资金 12.5 万元，通过先建后补的方式补助到户，硬化田坎 1500 米（面积 10 亩），带动农户 6 户，项目实施建设中用工方面主要以建档立卡贫困户，投入贫困户劳动力数 21 余人，工资每人每天 150 元，薪酬已全部发放落实，项目验收已完成（包含资料），质量合格，资金拨付全额到位，目前采购鱼苗 6000 尾已投放，预计 2020 年年底收益：13.4 万元，户均增收 2.2 万元。

扶贫济困、崇德向善，是中华民族的传统美德，也是社会主义核心价值观的重要内容；乐善好施、助人为乐，是社会倡导的时代新风，也是实践中国梦的时代要求。申迪集团将携手对口帮扶地区继续做好"精准"文章，紧紧围绕带人、带物、带产业和转观念、转村貌的"三带两转"要求，切实解决森林村村民的急难愁问题，全力以赴推动结对村与全国一道迈入全面小康社会。在扎实推进完成集团对口帮扶贵州省遵义市习水县森林村 2018—2020 三年精准扶贫工作任务的基础上，保持集团所属企业与森林村的现有帮扶关系至 2022 年，持续协助对口帮扶地区进一步巩固脱贫成果。

中国太保：发挥集团协同优势做好结对帮扶工作

2018年9月，中国太平洋保险（集团）股份有限公司（以下简称"中国太保"）积极响应中国银保监会关于结对帮扶内蒙古乌兰察布市的号召，由旗下太保产险和太保寿险分别与该市察右中旗铁沙盖镇和察右后旗白音察干镇确定为期3年的结对帮扶关系。

该项工作自开展以来，中国太保发挥保险主业优势和集团协同优势，针对"两镇"普遍存在的留守老人多、文化水平低、劳动技能差、自我发展意识弱、经济发展不平衡等问题，累计投入专项帮扶资金1800余万元，"对症下药"推动落地各类扶贫项目，惠及当地近4000名建档立卡贫困人口，扶真贫、真扶贫取得显著成效，全方位助力"两镇"实现从"输血"到"造血"的高质量稳定脱贫。2019年2月和2020年3月，白音察干镇和铁沙盖镇先后成功脱贫摘帽，提前9个月实现脱贫任务。

中国太保在"两镇"的帮扶实效获得了政府、监管机构和广大困难群众的一致好评。2019年8月，全国政协委员、原中国保监会副主席周延礼撰文《"输血"变"造血"，中国太保结对帮扶已初见成效》，详细介绍了中国太保结对帮扶内蒙古"两镇"的特色举措和帮扶成效，获人民网、新华财经、上观新闻、今日头条、中国财富网、新浪新闻等多家媒体转载。

主要做法与成效

一是做强产业扶贫，推动结对帮扶从"输血"向"造血"转变。

中国太保摒弃传统的以捐代帮扶贫模式，大力开展产业扶贫。为推动当地优质农牧产品的种植、储存及销售工作，助力贫困户增收，公司出资260

万元在铁沙盖镇九股泉村建设了储存量达 3000 吨的恒温库，惠及当地约 700 名建档立卡贫困人口。同时，配合白音察干镇政府产业扶贫规划，推动开展阿牧嘎查蒙根高勒种养殖合作社奶制品厂升级项目，投入 30 万元采购新生产设备，增加两条现代化奶制品生产线，以改进生产模式。公司还举办了农产品种植技术培训班，聘请内蒙古农业大学教授为全镇、村两级干部、驻村干部、致富带头人等 100 多人培训马铃薯栽培技术。

二是扶防结合，实现"精准脱贫"与"精准防贫"双轮驱动。

2019 年，针对察右后旗已经脱贫、察右中旗即将脱贫的情况，中国太保确定了扶防结合、扶防并重的帮扶思路，既帮助当地贫困人口解决现实的、眼前的脱贫难题，又立足更为长远的"脱贫不返贫"目标，积极推广落地"防贫保"，以守住来之不易的脱贫成果。2018 年至今，中国太保共捐赠 430 万元，用于乌兰察布市察右中旗、察右后旗的"防贫保"项目，并在当地建立了"防贫保"预警监控平台。

三是消费扶贫实现公司与个人共同发力，助力贫困农户稳定增收。

截至 2020 年 4 月底，中国太保员工通过公司自建的"彩虹"精准扶贫公益平台主动购买"两镇"农副产品，实现帮扶金额近 1000 万元。来自"两镇"的杂粮礼包、藜麦、胡麻油等农副产品，成为平台畅销的"网红"产品，体现了太保员工对结对帮扶工作的支持。同时，"彩虹"平台对"两镇"产品上线销售采用订单式管理方式，有效提高了当地贫困农户的生产积极性，助力实现稳定增收。

此外，中国太保还积极拓展消费扶贫新路径，2020 年 5 月，中国太保在白音察干镇的挂职扶贫干部与当地主播开展了一场扶贫产品带货直播，吸引 1.5 万余人观看，实现销售额 1.2 万余元。

四是举办多种形式培训班，扶智扶志提升脱贫动力。

为确保"两镇"如期脱贫，中国太保先后 3 次面向镇干部、村支书、村长及农村致富带头人举办青年干部金融扶贫培训班，帮助他们拓展视野，转变观念，为精准扶贫施策奠定良好的基础。

经验与启示

一是加强组织领导，确保帮扶实效。

中国太保高度重视"两镇"帮扶工作，结对至今，集团及产、寿险公司主要负责人先后10次进行现场考察。2019年8月，集团党委书记、董事长孔庆伟率产险党委书记、董事长顾越及寿险党委书记、总经理潘艳红等一行，专程赴"两镇"开展结对帮扶现场调研，检验项目成果，压实帮扶责任。

为使"两镇"各个帮扶项目落到实处，中国太保形成协同联动工作机制，集团加强统筹领导，产、寿险总公司做好工作指导，产、寿险内蒙古分公司及下辖的乌兰察布中心支公司负责项目落地。公司还通过向"两镇"派驻挂职副镇长的人才支援方式，协调推进扶贫任务，让有限的资金发挥出最大的帮扶效能。

二是多领域共同发力，提升扶贫质量。

中国太保紧密结合铁沙盖镇、白音查干镇29个行政村、184个自然村的实际情况，聚焦建档立卡贫困户最迫切、最现实的脱贫、防贫需求，因地制宜确定帮扶项目，突出重点，优化措施，在保险扶贫、产业扶贫、健康扶贫、智力扶贫、消费扶贫等多个扶贫领域综合施策，共同发力，实现了扶贫从"授人以鱼"向"授人以渔"的转变，着力提升帮扶质量。

三是凝聚全行业帮扶合力，共同推进扶贫工作开展。

在"两镇"结对帮扶的过程中，中国太保积极凝聚全行业帮扶合力，共同推动扶贫项目落地。在推动"防贫保"落地的过程中，鉴于察右中旗、察右后旗政府财政资金紧张，"防贫保"在两地的保费均依托当地旗政府力量，通过众筹方式落实。在2019—2020年度总计584万元保费中，太保产、寿险捐资230万元，银保监会机关、中保协、中保学及帮扶后旗的另9家保险公司共捐资354万元，不仅首次实现了"防贫保"在中旗、后旗的全覆盖，也进一步将结对扶贫从公司行为上升为行业行为，为增强全行业"一盘棋"意识，动员全行业力量共同做好扶贫工作提供了有益启示。

中国太保：打好组合拳携手奔小康

2018年10月，根据上海市政府"百企帮百村"行动方案要求，中国太平洋保险（集团）股份有限公司（以下简称中国太保）与国家级贫困县——云南省大理州永平县的北斗乡黑豆场村、博南镇卓潘村和水泄乡世兴村（以下简称"三村"）确定为期3年的结对帮扶关系。

近两年来，中国太保根据"三带两转"（带人、带物、带产业、转观念、转村貌）的"百企帮百村"总体要求，针对"三村"因病、因残、因灾致贫/返贫及缺乏增收就业技术、自身发展动力不足等突出问题，因村施策积极开展精准扶贫工作，累计投入逾266万元帮扶资金，多措并举解决"三村"人居环境恶劣、脱贫基础不稳固、农产品滞销等困难，结对帮扶取得显著成效，平均贫困发生率从2018年的9.54%降至2020年的0。

2019年4月，云南省委、省政府宣布，永平县正式顺利通过国检、省检，实现整县脱贫摘帽。在当年云南省33个贫困县脱贫攻坚成效考核中，永平县排名第六；在大理州脱贫攻坚成效考核中，永平县排名第一。在永平县年度扶贫评比中，中国太保从当地结对的116家帮扶单位中脱颖而出，获颁2019年度县扶贫先进单位称号。

主要做法与成效

一是抓实党建工作，助推精准扶贫。

中国太保牢固树立"围绕扶贫抓党建，抓好党建促扶贫，检验党建看脱贫"的理念，抓实党建扶贫工作。公司为卓潘村新建了党建活动室，为黑豆场村和世兴村的党建活动室增配活动设备，解决了党支部活动场所的问题。

结合"不忘初心，牢记使命"主题教育要求，分公司党委与村党委积极开展党建联建，通过形式多样的活动，动员全体党员积极带领全村脱真贫、真脱贫，增强了广大党员的责任感与使命感。

二是筑牢防贫保障，守住脱贫成果。

针对"三村"脱贫基础较弱、临贫、易贫人群抗风险能力差等实际情况，公司积极在永平县率先引入云南省首单"防贫保"业务。2019年3月，公司与永平县政府签署"防贫保"协议，为当地7000余户临贫、易贫家庭提供防贫救助保障，总保额达30.8亿元。2019年，"防贫保"共救助因病、因学、因灾贫困群众225人，赔付金额136万元。

三是加强基础设施建设，提升村民生活质量。

由于自然环境因素，"三村"人居环境较差，道路多以土路为主，晴天尘土飞扬，雨天坑坑洼洼，村里垃圾遍地，污水横流，随处可见牲畜粪便，村民上厕所也全在野外。

为改善当地居民的生活环境，公司为黑豆场村购买垃圾焚烧炉350个，新建厕所100个；为世兴村修建垃圾池16个，购买垃圾箱4个、电动垃圾车1台，为卓潘村道路硬化供资金支持，极大地改善了村容村貌，提升了贫困村民的生活质量。

四是推进产业扶贫，变"输血机制"为"造血机制"。

针对"三村"特色作物，中国太保积极推进产业扶贫，变"输血机制"为"造血机制"。通过开展"一村一品"特色种植项目，公司在黑豆场村种植生态茶100亩，惠及9个村民小组357户，预计年新增利润10万元以上；在卓潘村种植重楼药材，惠及18个村民小组528户，预计年新增利润15万元以上；在世兴村分别实施花椒与沃柑产业帮扶，惠及8个村民小组102户，预计年新增利润10万元以上。

根据商议，"三村"产业扶持的收益全部纳入村集体经济收入，用于帮助当地困难群众巩固脱贫成果。2019年7月，公司还联合永平县扶贫办、农业局启动"太爱农"——太平洋保险送科技下乡精准扶贫项目，为100多名建档立卡户讲授茶叶、重楼等种植技术知识，并深入现场解答建档立卡户种植方面遇到的疑难问题。

五是扶志扶智，增强贫困地区群众脱贫致富内生动力。

为增强贫困地区群众脱贫致富内生动力，中国太保将扶志、扶智和扶贫紧密结合，积极开展各项活动。举办"祖国那么大，我想去看看"游学活动，组织"三村"20名建档立卡户子女到上海、深圳游学，激发起他们对美好生活的向往与摆脱困境的斗志和勇气。在上海举办深度贫困地区青年干部金融培训班和在张家港举办农村创业致富带头人培训班上，公司均组织"三村"扶贫干部、农村创业致富带头人等参与培训，拓展他们带领乡亲们脱贫致富的新思路。此外，产、寿险云南分公司还积极组织员工志愿者到卓潘村完小和世兴村完小开展"责任照亮未来"爱心支教活动，提升学校办学质量。

六是推动消费扶贫，确保贫困群众稳定增收。

中国太保借助于"彩虹平台"在"三村"积极开展消费扶贫，通过拓宽"三村"的农产品销售渠道，组织开展形式多样的促销活动，切实解决"三村"建档立卡户增产不增收等突出问题，帮助贫困群众的产品变商品，收成变收入。2019年，公司帮助销售"三村"农产品20余万元。

经验启示

一是加强组织领导，推动项目落地。

为推动"三村"项目落到实处，中国太保明确责任分工，形成协同联动工作机制。集团加强统筹领导，产、寿险总公司做好工作指导，产、寿险云南分公司及下辖的大理中心支公司负责项目落地。自确定结对帮扶关系以来，中国太保各级机构负责人共走访"三村"60余次，公司还选派了两名德才兼备的专职扶贫干部，发挥承上启下的作用，推动项目项目落地。

二是坚持问题导向，实行精准施策、靶向治疗。

在帮扶过程中，中国太保坚持问题导向，深入"三村"贫困群众家中，认真听取贫困户的困难原因及发展愿望、需要公司帮助解决的问题等一系列关键信息，切实做到底数清、情况明。在全面掌握贫困户基本情况后，再结合当前扶贫政策提出解决方案，真正做到精准施策，靶向治疗，药到病除。

三是创新精准扶贫思路，扶贫同时防返贫。

中国太保针对贫困边缘的临贫、易贫人群，抓住因病、因学、因灾等致贫返贫关键因素，深入拓展"防贫保"覆盖范围，为这两类人群提供相应的保险保障，利用保险机制精准防贫，守住来之不易的脱贫成果，有效解决边脱贫、边返贫的"沙漏式"扶贫难题。

四是进一步加强帮扶企业间的交流合作，实现优势互补、资源共享。

"携手奔小康"村企结对项目集合了上海数百家国企、民企的力量。作为一项综合性、长期性工作，结对帮扶既发挥了各家企业的自身主业优势，更发挥各企业之长，实现资源共享，优势互补，凝聚成更为强大持久的帮扶合力，起到事半功倍的放大效果，携手把结对帮扶工作推向深入。

扶贫先扶智

东浩兰生集团：专业主导扶贫扶智

党的十八大以来，习近平总书记站在全面建成小康社会、实现中华民族伟大复兴中国梦的战略高度，把脱贫攻坚摆到治国理政突出位置，作出一系列决策部署。东浩兰生集团作为一家国有骨干大型服务业企业集团，坚决做到"两个维护"，将思想和行为统一到总书记重要指示精神上来，坚决贯彻落实党中央关于脱贫攻坚的重要部署，全力打赢脱贫攻坚战。

自2018年起，东浩兰生集团响应国家"万企帮万村"的号召，根据上海市的统一安排，结对云南省楚雄州大姚县，并安排所属上海外服（集团）有限公司、上海东浩会展经营有限公司、上海对外经济贸易实业有限公司分别对口帮扶石羊镇永丰村、铁锁乡自碑么村、湾碧乡腊务堵村，有力助推了大姚县如期顺利实现整县脱贫摘帽的目标，彰显了企业在脱贫攻坚战中的责任担当。

党委统筹　靠前指挥协调

东浩兰生集团党委将脱贫攻坚看作一项政治性、系统性、长期性的工作，给予高度重视，主动靠前指挥，协调集团各个产业板块、各家专业公司的力量共同参与扶贫工作，统筹全局，提升工作效能。

自2018年起，集团党委

书记、党委副书记分别带队前往云南省大姚县开展脱贫攻坚考察调研，与县委、政府进行座谈交流，听取县委关于脱贫攻坚工作情况汇报，签订精准扶贫战略合作协议。其间，考察队深入3个结对帮扶村、石羊镇永丰村、湾碧乡腊务堵村、铁锁乡自碑么村开展实地扶贫考察，看望慰问贫困户，考察当地产业发展，讨论交流帮扶项目。在深入云南的同时，集团主动邀请对口地区的相关扶贫干部与领导前来上海考察市场，进一步深化合作。多次组织接待来自云南省楚雄州、大姚县的考察团队，召开扶贫工作沟通会，积极推动"滇品入沪"。

专业主导　赋能产业扶贫

东浩兰生集团以成为"现代服务业的领跑者"作为企业愿景，拥有人力资源、会展赛事、国际贸易三大主营业务板块。在投身脱贫攻坚工作过程中，集团努力发挥自身在人力、会展、贸易等方面的资源优势与网络优势，将企业"所能"和当地"所需"结合起来，助推产业扶贫。

集团组织对口帮扶地区开展彝绣培训，进一步壮大绣娘队伍，提升绣娘刺绣技艺，带动更多妇女通过彝绣增加收入、改善生活状况；利用"外服严选"等自有电商平台，开设"扶贫专栏"，宣传和销售当地农产品与彝绣等手工制品，积极帮助帮扶对象形成自我造血机制；集团旗下上海外服公司利用自身所拥有的信息资源优势，在"彝乡爱心超市"项目中专门量身定制开发了一套台账系统，实现用户信息管理、商品信息维护、积分信息录入、积分兑换等功能。

扶贫扶智　关注长远发展

扶贫先扶智，让贫困地区的孩子们接受良好的教育，是扶贫工作的重要任务。教育扶贫，也是阻断贫困代际传递的最重要且有效途径。东浩兰生集团在对口扶贫工作中始终坚持对地方教育进行投入，打开贫困地区少年儿童通过学习成长改变命运的扎实通道。

集团组织结对村6名小学骨干教师到上海嘉定区有关学校跟岗学习两个星期，帮助教师全面掌握教育教学前沿理论，增强教育科研能力，提升乡村教育水平；举办东浩兰生杯大姚县青少年书画作品交流评比活动，并选送获奖作品参加上海对口支援地区的学生艺术交流；上海外服发动全体职工并携手部分外企，向对口帮扶地区捐赠儿童肩负书包等学习用品和枕头、被子、床垫三件套，让学生感受到温暖，也进一步激励他们好好学习。

真抓实干　以消费促扶贫

国有企业作为党执政兴国的重要支柱和依靠力量，东浩兰生集团将打赢脱贫攻坚战作为践行党中央、市委、市政府决策部署的重要体现，把对口帮扶助力脱贫攻坚作为当前重要的政治责任落实好，体现政治担当，贡献更多智慧和更大力量。

2018年以来，东浩兰生集团在云南扶贫工作中投入扶贫资金和定向捐赠累计近200万元，采购消费扶贫礼包逾120万元，组织实施了教师培训、妇女彝绣培训、青少年书画交流、彝乡爱心超市及台账信息系统、便民服务设施改善、残疾人无障碍改造等一批帮扶实事项目。2020年是脱贫攻坚战的决胜之年，东浩兰生集团进一步按照市委、市政府"做大消费扶贫"的工作要求，把采购扶贫产品和置办职工福利、商务礼品等结合起来，"以购代捐""以买代帮"，更多地消费对口帮扶地区扶贫产品。

2020年，东浩兰生集团在国家会展中心建立上海消费扶贫生活馆暨上海市对口帮扶地区百县百品品鉴中心，一期占地400平方米。通过在国展中心推广当地特色农副产品、民俗手工制品及特色服务，推进消费扶贫工作；通过展示和建立实体销售渠道方式，实现精准消费扶贫，践行上海正在探索打造的长效消费扶贫新机制，将来自产业链源头的农特产品进行品牌提升，在流通链、价值链等长效机制上进行创新，让对口帮扶地区的特色商品能在上海市场拥有长久的生命力。

目前，脱贫攻坚领域取得了前所未有的成就。但在脱贫攻坚决战决胜的关键时刻，集团也注意到，3个结对帮扶的村虽然已经脱贫，但产业基础还很薄弱，贫困人口的就业也不够稳定，新冠肺炎疫情又带来新的挑战，存在返贫的风险。东浩兰生集团将继续按照国资委的统一要求，采取有针对性的帮扶措施，帮助贫困村全力稳固脱贫成果。

海通证券：助力云南西畴县脱贫攻坚纪实

携手奔小康是东西部扶贫协作大格局中非常重要的一部分，为了响应上海市开展"双一百"村企结对精准扶贫行动，上海市属大型国有企业海通证券股份有限公司主动与云南省西畴县对接，与西畴县中寨、王家塘和幺铺子3个深度贫困村开展村企结对精准帮扶。自2018年签订帮扶协议以来，海通证券累计投入帮扶资金300余万元，围绕贫困村基础设施改善、农业种植养殖产业发展、乡村教育、贫困村党组织书记和致富带头人培训等方面开展全方位、立体式帮扶；共建成桥梁1座、学校塑胶篮球场1个、乡村幼儿园1个（9月开学），受益群众（学生）415人；发展乌骨鸡养殖基地1个、苦参种植基地1个、柑橘种植基地1个，累计带动建档立卡贫困群众186户753人，受益群众476户1324人。海通证券公司领导高度重视村企结对帮扶工作，前后深入贫困村调研10余次。

"爱在海通，情系西畴，助力沪滇。"海通证券股份有限公司云南分公司党总支书记、负责人叶康这句话讲完，宣布由海通证券与上海其余3家企业联合援建的西畴县鸡街乡中寨村花石头村小组海通桥正式建成通车。

海通证券援建贫困村桥梁建成通车

花石头村小组位于鸡街乡中寨村委会，全村28户150人，其中档卡户4户20人。花石头村和中寨村一河相隔，距西珠三级公路约3公里。但由于进村道路被鸡街河阻隔，尤其是雨季水位很高，群众涉水过河相当不方便和危险，村内11户有义务教育阶段适龄学生的人家，只能选择在鸡街乡上租房陪读。海通证券在村企结对帮扶走访调研中敏锐捕捉到群众的急切需求，聚焦于解决群众"急难愁"问题，慷慨解囊50万元，同时在上海市虹口区大力支

持和西畴县援滇干部吴川的积极奔走下，协调了上海市虹口区另外 3 家企业共 70 万元帮扶资金，解决了建桥资金这个难题。2020 年年初，鸡街乡克服新冠肺炎疫情影响，3 月实现桥梁开工，同时抓住雨季来临前的宝贵施工窗口，抢抓施工进度、确保工程质量，于 6 月初完成了桥梁建设。

对于当地村民来讲，海通桥是急需急盼的民生桥、幸福桥，也是实现乡村发展的经济桥、致富桥，更是象征沪滇扶贫协作的友谊桥、连心桥。

增强造血功能　培养种植养殖产业发展

西畴县是典型的深度石漠化地区，裸露、半裸露的喀斯特地貌占全县国土面积的 75.4%。鸡街乡的王家塘村又是西畴县石漠化最严重的贫困村之一，可耕种土地十分匮乏。石旮旯地里能发展什么产业？带着这个问题，海通证券进行了深入的调研和走访。

苦参（学名山豆根）是西畴县特有的野生药用植物，苦参的药用价值高、用途广，山豆根饮片具有"清热解毒，消肿利咽"功效，此外还可用于治疗肝炎、感冒、支气管炎、胃痛、腹痛、痢疾以及艾滋病人口腔白色念珠菌病等症，近年研究发现山豆根具有良好的抗癌作用等。更重要的是，苦

参特别适合在石旮旯地里种植，据中国科学院昆明药用植物研究所检测中心测定，西畴石旮旯地人工种植山豆根的根含氧化苦参碱3.069%，含苦参碱0.023%，是药典中山豆根标准的4.4倍。

了解到这些情况，海通证券拿出50万元，在王家塘村发展苦参种植，目前种植面积已经有70多亩。根据初步测算，亩种植2000株，需种苗、人工、肥料等成本5000—10000元，种植后2—3年结籽，3年以上可采挖，亩产鲜根约1000公斤，近年收购价格50元/公斤，刨去成本，药农种植每亩可有收益4万元左右。

董马乡的幺铺子村也是石漠化最深的贫困村之一，对于产业发展，海通证券在前期充分走访调研的基础上，也探索出了另外一条路子。西畴乌骨鸡是西畴人民在长期的生产过程中选育的地方优良品种，在西畴有700余年的养殖历史，属肉蛋兼用型地方品种，具有耐粗饲、抗病力强、适应性广、觅食能力强等特点，经云南省有关科研单位检测，全身均衡饱含有10余种人体所需的微量元素、18种氨基酸、4种维生素，是综合营养价值最好的品种之一，因其骨皮乌黑、肉嫩味美、品质纯正、营养丰富等而深受广大消费者喜爱。

同时西畴乌骨鸡还具有养殖周期短、成本小、见效快、成活率较高的特点，4个月后可适时出栏，每年至少可养殖2批次。一般成年公鸡体重在2—2.5公斤、母鸡在1.8—2公斤，母鸡年产蛋量在100—130枚之间。据了解，在文山市场，西畴本地鸡活鸡销售价格为36元、38元一斤（公、母鸡），是商品肉鸡价格的2—3倍。

2019年，海通证券拿出50万元，在董马乡幺铺子村发展乌骨鸡养殖产业，目前该基地乌骨鸡养殖存栏4000羽，累计出栏2000羽。带动群众125

户养殖 1 万羽，受益贫困群众 50 户 162 人。

扶贫先扶智　补足贫困村教育短板

　　习近平总书记说过，扶贫必扶智，让贫困地区的孩子们接受良好教育，是扶贫开发的重要任务，也是阻断贫困代际传递的重要途径。西畴县秉承"小县办大教育、穷县办富教育"的理念，近年来全县办学条件已经有了很大的改善，但在一些偏远乡村，受制于石漠化地貌和场地，教育基础设施仍然存在一些短板。

　　比如鸡街乡王家塘小学，由于学校是依山势而建的，场地十分狭小，学校连一块像样的运动场地都没有，孩子们课间活动或者上体育课，只能在学校外面一块狭长的停车场上进行，打球的时候稍不小心，球就要滚落到山下，十分不便。海通证券以问题为导向，在遴选帮扶项目时充分考虑贫困村孩子们的这一需求，投入 50 万元在小学后山上用挖掘机硬生生刨出了一块运动场地，同步建设了防护网、挡墙和护坡，篮球场上铺了塑胶。短短几个月，荒山坡乱石岗就变成了一个崭新现代化的塑胶篮球场，孩子们打篮球的梦想总算变成了现实。

　　董马乡幺铺子村下辖 37 个村民小组，现有农户 786 户，人口 3202 人，但由于村里没有幼儿园，附近 30 多个村寨的适龄幼儿都只能去董马乡幼儿园就读。因为相当数量的家庭都是父母外出务工，幼儿由祖父母隔代照料，幼儿的接送对很多家庭来说是一个很大的问题，也存在比较大的交通安全隐患。为了解决这一难题，海通证券出资援建了幺铺子乡村幼儿园，拆除重建教学楼 1 幢，设 2 个教

室，1个玩具室，1个食堂，能容纳2个班50名适龄幼儿就读。

目前幺铺子乡村幼儿园正在紧锣密鼓进行建设，房屋主体已经结构封顶，计划今年9月招收第一批幼儿开园。

海通证券与西畴县开展"村企结对"帮扶近两年来，结出了累累硕果。"单丝不成线，独木不成林。"广泛动员全社会力量共同参与扶贫脱贫，海通证券"村企结对"的成功实践，既是国有企业体现自身担当和履行社会责任的积极行动，也是中国特色社会主义制度优越性的具体体现。

（海通证券官方微信公众号发布，2020年6月18日）

华虹集团：种下一颗种子
许下一个"芯"愿

微心愿·情暖童心

一个愿望就是一份期待，一个梦想就是一个希望。5月28日，上海华虹（集团）有限公司党委副书记、纪委书记黄新宇一行到龙潭乡考察调研扶贫工作，并出席龙潭完小六一"情暖童心"微心愿捐赠仪式。

"情暖童心"微心愿活动是华虹集团结对帮扶云南漾濞县，共同打好脱贫攻坚战的重要环节之一，目的是用一颗颗爱心汇聚起星辰大海，让山区的孩子们感受到同在祖国蓝天下的华虹叔叔阿姨们对大山深处孩子们的关爱，让孩子们能够仰望星空，在心中种下爱和感恩的种子。据悉，本次活动以集体认领的形式，仅用一天半的时间，龙潭完小457个微心愿就被认领一空，价值5万余元的礼物陆续发放到孩子们手中。这是继去年圆梦漾濞县鸡街完小365名孩子的微心愿行动后，"家国情怀、一诺千金、敬业奉献、使命必达"的华虹叔叔阿姨们再一次用华虹速度、华虹温度成功开展的针对教育扶贫的圆梦行动。

漾濞县县委常委、副县长胡漪等领导致辞。华虹集团结对帮扶漾濞县以来，为漾濞的各项社会事业发展积极建言献策、出财出力，微心愿活动，对于促进漾濞县教育发展、弘扬助人为乐的文明新风具有积极而深远的意义。

华虹集团党委副书记、纪委书记黄新宇指出，2020年是决胜全面建成小康社会、决战脱贫攻坚之年，希望我们小小的爱心能为脱贫攻坚工作助力，帮助山区的孩子解决一些困难，燃起孩子们努力学习的斗志，长大后报效家国。

"当我们知道每一位同学都可以实现微心愿时，我们激动不已并欢呼雀跃；当我们收到你们寄来的书包等礼物时，我们感到无比的满足和幸福。我们不会辜负叔叔阿姨们的浓浓真情、深深爱意和殷切希望，我们会更加努力地学习，用优异的成绩来回报您们、回报社会、回报祖国，用知识武装头脑、用知识改变命运、用智慧改变贫穷，长大后为振兴家乡、振兴中华贡献自己的力量。"这是来自龙潭完小"微心愿"发放仪式受赠学生代表苏永鑫的发言。

芯科普

捐赠仪式结束后，黄书记还分别为龙潭完小、漾濞一中的学生生动讲授了"许下我们的微芯愿"的科普课程。

种下一颗种子，许下一个"芯"愿。希望这个"芯"愿，今天在孩子们心中种下，明天可以开花、结果，希望他们好好学习，天天向上，早日成为中国芯片产业强大的栋梁之材！

华东设计总院：坚持资源聚焦、精准发力 实现精准扶贫

2018年12月，根据市委组织部、市国资党委部署推进的"双一百"村企结对精准扶贫计划，华建集团华东建筑设计研究总院（以下简称"华东设计总院"）对口帮扶云南省楚雄州双柏县大麦地镇河口村、大麦地中心幼儿园，为"双一百"村企结对精准扶贫计划作贡献。

加强领导，部署推进各项工作

2018—2020年，华东设计总院贯彻落实上海百企对百村"双一百"村企结对帮扶精准扶贫模式，与双柏县大麦地镇河口村委会结对帮扶，与大麦地中心幼儿园开展精准扶贫暨党建联建。围绕精准扶贫、精准脱贫的基本方略，华东设计总院坚持资源聚焦、精准发力，确保各类信息有效对接，把河口村和幼儿园的扶贫协作及对口支援作为政治任务确保落地落实，切实促进解决河口村基础设施、特殊困难户帮扶和幼儿学习生活方面存在的问题。每年党委会、班子会专题研究部署、跟进落实，加强与结对村的沟通，实地考察加深了解，为按需对接、精准扶贫打下坚实基础。党委专门成立了对口支援工作组，加强村企结对工作的组织领导，有效推进、落实各项工作。

多措并举，形成合力精准扶贫

三年来，华东设计总院累计投入帮扶资金40.5万元，帮助河口村委会实施安全饮水、为民服务中心、党员服务站等公共基础设施项目，落实了特殊困难户的帮扶资金，极大提升了河口村委会的公共基础设施水平。为大麦地中心幼儿园捐赠空调、窗帘和图书等学习用品，有效改善了孩子们的生活环

境和学习条件。

扶贫工作体现了"三个精准"：

帮扶对象精准。河口村委会属深度贫困行政村，辖 12 个村民小组 15 个自然村，有农户 244 户，人口 997 人，从 2014 年开展建档立卡工作以来，贫困发生率最高达到 22.6%。华东设计总院结对帮扶到河口贫困村后，帮扶资源和措施重点瞄向建档立卡贫困人口，真正做到帮扶对象精准。经过多次"回头看"和动态调整，现共有建档立卡贫困户及人口 75 户 261 人，综合贫困发生率降至 0%，扶贫取得阶段性成果，河口村于 2018 年底退出贫困村序列。为进一步巩固大麦地镇脱贫成果，华东设计总院在结对帮扶大麦地镇脱贫过程中，积极发挥下属党群组织作用，与大麦地镇党委及下属党群组织开展党群联建，组织丰富多样、有针对性的帮扶活动。

帮扶内容精准。一是补齐大麦地镇脱贫攻坚战短板。从 2018 年开始华东设计总院每年资助 10 万元扶贫资金帮扶款，用于水利、坝塘水池光沟建设，3 年共捐赠 30 万元。帮助河口村新建战斗梁子至上雨本、石兴村人畜饮水管路（架设 DN40 毫米钢管）2760 米项目工程，解决了 24 户 101 人的生产生活用水。帮助东部村民小组、石宝二组开挖沙井、架设管路、购买水泵，解决了 30 户 110 人季节性缺水问题。二是支持、推动大麦地镇教育事业发展。华东总院向大麦地中心幼儿园捐赠 75200 元，用于购买 6 台立式空调、6 台壁挂空调、1 台厨房冷藏柜，在教室和睡室安装窗帘 20 道，购置幼儿图书 450 册，着力改善幼儿园师生教学环境和成长环境，有效解决了幼儿园无空调、无图书的问题。物资投入使用后，教室和睡室变得凉爽，幼儿能正常进行区域活动，集中教育活动时幼儿不受窗外影响，高效完成活动，午睡时可以安心入睡。图书可以帮助培养幼儿良好的阅读兴趣，提高幼儿语言表达能力，激发他们的学习潜能。剩余的资金将用于购买教具和学习用具，购买材料对教室墙体进行美化改造，进一步改善幼儿的学习环境。

帮扶方式精准。一是捐赠急需物资和资金。河口村气候炎热，夏季最高温度可达 40 ℃以上，办公设备不足，华东设计总院了解情况后为村委会安装了6台格力空调，捐赠了5台联想电脑，大大改善了村干部和驻村工作队员的办公条件。华东设计总院还给予河口村特殊困难户资金帮扶，落实每户（共10户）每年帮扶资金1000元。二是调研考察扶贫对象。2019年7月4日，华东设计总院到河口村现场调研考察，看望慰问因残疾、生病、车祸、年老缺劳力等情况而造成家庭困难的孙开祥、赖有光、普洪祥、普开兴、王思连5户家庭，并向每个家庭每年捐赠1000元的救助金，直到脱贫为止。三是延伸帮扶共建协议。虽然华东设计总院与河口村的帮扶协议即将到期，但总院作为国企的担当和责任感并未随之终止。2020年6月，根据华建集团扶贫工作整体部署，华东设计总院与双柏县大麦地镇签署了新一轮帮扶共建协议（2021—2023年）。按照协议约定，华东设计总院从2021年起分3年每年捐赠10万元，共向双柏县大麦地镇无偿捐赠30万元，用于村级公共基础设施改善、扶贫领域补短板弱项、村容村貌规划建设、巩固脱贫成效。

几点工作体会

城乡党组织结对帮扶活动是企业回报社会的重要途径。华东设计总院的企业文化和企业精神与大麦地镇积极向上的发展态势相近相融，要进一步总结、完善结对帮扶的工作经验，深化结对扶贫的内涵。要进一步明确工作目标，通过组织共建、发展共促、队伍共抓，达到优势互补、合作共赢的目的。要注重互动互助，结合各阶段的党建主题活动，夯实城乡结对基础，实现为民、务实、清廉的目标。要注重针对性和有效性，拓展思路、形成共识，确保城乡结对帮扶活动取得实效。结对双方领导有必要定期指导、沟通和评估，取长补短，互相促进，达到优势互补、合作共赢的目的。

民为邦本，本固邦宁；大道至简，实干为要，发展才是硬道理。华东设计总院尽己所能为大麦地镇脱贫攻坚做了一些雪中送炭、促进河口村摘帽、贫困人口脱贫、幼儿环境改善的好事实事，使人民群众得到真真切切的实惠。在精准扶贫的道路上，华东设计总院将继续勇当脱贫攻坚的贡献者、精准扶贫的实践者、社会风尚的引领者，为助力大麦地镇打赢脱贫攻坚战贡献力量。

华建集团都市总院：提升政治站位助力脱贫攻坚

脱贫攻坚是全面建成小康社会最艰巨的任务，以习近平同志为核心的党中央向全世界做出如期完成脱贫攻坚任务的庄严承诺。近年来，华建集团都市总院根据上级党委结对扶贫的目标要求，与双柏县大麦地镇峨足村开展"一对一"村企共建结对，通过多次实地慰问、助力基础设施建设、组建图书室及组织募捐善款，多方位开展精准扶贫工作。

扶贫先建群，组建"大家庭"

为村民扶贫脱困，必须了解当地村民最缺什么，怎么帮才能帮到点子上？带着这个疑问，华建集团都市总院党委组建了由总院党委书记任组长的峨足村帮扶工作组，并由院党委委员、总工程师兼工会主席花炳灿同志带队赴双柏县大麦地镇峨足村进行帮扶考察。工作组翻越千山，沿着崎岖山路，历经多次转车，花了一整天时间才到达村委会。

一到村委会，工作组想象中的房屋危旧、村民萎靡样子并未出现，反而是一排排整齐的现代村民住户楼。但是一进去，才发现楼房空荡荡的。原来政府已经考虑到村民多年建造的土屋多在山上，不仅出行不便，且年久失修存在一定安全隐患，村委会先前根据新农村建设规划，已经免费为他们造好了新楼房，但是部分村民依旧七零八落地待在山上，宁可守着祖辈们的山地、土屋，就是不肯下山。

"我们扶贫之旅就从建设村民服务中心开启"，工作组当日就与峨足村委签订了对口帮扶协议，承诺每年提供10万元的帮扶费用，用于援建基础设施，帮峨足村修缮村民服务中心，并安装空调等设备，方便村民使用。

扶贫必扶志，扶志先建群。华建集团都市总院扶贫第一站，是构建村民服务中心，搭建群众交流沟通平台，让村民从田间作坊进入现代化的群居生活，由"老死不相往来"的小家子融入社会化、信息化的"大家庭"，变"要我脱贫"为"我要脱贫"，为峨足村村民脱贫奔小康迈出扎实一步。

扶贫必扶智，组建"图书室"

峨足村全村有农户226户，人口926人，彝族人口占100%，语言主要以彝族为主，40岁以上村民用汉语交流很困难，需配备通晓彝话的翻译员，多数村民甚至听不懂中央电视台的新闻联播。

连汉字都不识，怎么能学习知识、融入新时代？"交流的障碍是村里信息闭塞、文化贫乏的原因之一"，工作组决定要设法从文化输入上面找到突破口。村里没有像样的图书馆，村小学里的孩子们除了课本，很少看到课外书。工作组当机立断，为村小学筹建"爱心图书室"，为全民开展文化帮扶。

我们了解到职工家里有不少用过的图书，总院党委当即向员工发出捐助图书的倡议，倡议一出，马上得到员工的大力支持，不到一周时间，就收集图书500余册。同时结合村民实际需求，总院党委另行购置新书580册，峨足村"都市爱心图书室"首批上架图书1080册。村民对爱心图书室的建立感激不已，村委代表表示，一定会好好爱护、珍惜书籍，动员村民们多读书、读好书，努力营造良好读书氛围。

扶贫须精准，党员全参与

对口扶贫峨足村的工作开展以来，华建集团都市总院党委从树立"四个意识"、提高政治站位角度，把扶贫脱贫责任落实到每位党员干部肩上，不断加深与群众的感情，努力创新扶贫脱贫的工作机制，积极为"聚力脱贫攻坚，助力民生工程"贡献力量！

峨足村的贫困户，大部分可以通过培训引导，激发自信自立意识摆脱贫困，但是该村仍有部分村民家贫底薄，或患有大病重病，长期挣扎在贫困线上。

　　院党委对这些因病致贫、丧失劳动能力的村民贫困情况进行了仔细研究，决定对这些困难对象实施跟踪了解、精准帮扶，并采取组织援助与党员捐助相结合，尽力帮助他们渡过难关。2019年7月，总院党委对该村8户建档困难户开展帮扶慰问，援助每户500元；同年12月，党委组织全院党员职工开展爱心捐款，总院领导班子成员率先垂范，带头捐款，全院党员踊跃参与，此次捐款党员有203人，共收到捐款资金23141元。立即委托村委会以精准扶贫、精准帮困的要求，将捐款以入户送温暖的方式送到13户特困村民手里。

　　扶贫工作组的同志都是党员，大家带着党员"为民服务解难题"的初心，积极奔赴峨足村考察慰问，并对部分建档困难户开展了实地慰问。大家对当地父老乡亲嘘寒问暖，询问老乡们的生活情况，有的走到田间了解农作物生长情况，关心农副产品销售渠道。工作组一句句知心话语，蕴含情谊、力量和期盼，温暖了贫困村民的心田，为他们的生活和工作增添了信心。

　　华建集团都市总院党委发动党员的力量，对峨足村的扶贫对象全面帮扶、精准帮扶，将扶贫与扶智、扶志相结合，经济扶贫与文化扶贫相结合，物质帮助与精神抚慰相结合，使扶贫工作的开展有实效、更精准，有力度、更有温度。

浦发银行：脱贫攻坚不仅要"连接"更要"赋能"

2020年是全面建成小康社会目标实现之年，也是全面打赢脱贫攻坚战收官之年。实现全面小康社会，不仅政府要发挥主体作用，更需要动员全社会力量合力攻坚。

近几年来，浦发银行以产业扶贫为抓手，聚力攻坚，精准施策，灵活运用金融工具支持贫困村产业发展，在政策范围内优先支持当地的民营企业、农业合作社或个体户的贷款需要，鼓励当地村民兴办农特产品企业。不仅起到了"连接器"的作用，还发挥自身优势全面赋能，持续培育贫困村自我造血能力，不断巩固脱贫成果。

搭建"产业之桥"

农村是脱贫攻坚的重要战场，村级扶贫的成效在很大程度上决定了整个脱贫攻坚的成效。浦发银行灵活运用金融工具支持贫困村产业发展，培育贫困村自我造血能力；在政策范围内优先支持当地的民营企业、农业合作社或个体户的贷款需要，鼓励当地村民兴办农特产品企业，形成产业链。

"我曾是一名军人，哪里有困难，就往哪里去。只要国家需要，召之即来，来之能战。"说这话的人叫田利生，曾从军3年的他2008年来到浦发银行。2017年，年过五十的他凭着这股劲儿，走马上任库伦旗挂职副旗长，从金融专家变身"扶贫干将"，投身到通辽市库伦旗的扶贫工作中。田利生运用自己的专业知识帮助村里申请贷款，对接电商平台，让资金链有保障，让销售有渠道，带动了贫困户的生产就业。他曾先后为两家农产品公司引入股权基金投资和线上销售平台，组织展会销售荞麦、沙地大米，帮助双庙村购置北京油鸡的鸡雏……他"扶一把"让更多当地的农产品走了出去，也给当地人带来了脱贫的信心和致富的勇气。截至2019年年底，仅双庙村养殖油鸡就实现收入10万元，为贫困户户均收入增加3500元。

同样，在风景如画的海南，有一个小小的黎族村庄。去年，村里来了一位"85后"银行人，他在村子里无数次地穿梭往来，甚至把家也搬到了村里，他的努力让保梅村的一切开始发生变化。

他就是张传山，一名党员、退伍军人。作为派驻保梅村的浦发扶贫队员，他深刻领会"发展产业才是实现脱贫的根本之策"的硬道理，主动调动资源解决农产品销路问题，通过海南扶贫网把村民生产的花生油销售到全省各地，帮助村民实现3万多元的线上销售额。并通过技术培训拓宽村民的就业途径，吸引更多农户加入产业化经营。他还发挥金融专长，帮助困难家庭的学生申请助学金和生活补助，帮助村民办理养老、医疗保险等。2019年9月，张传山被评为海南省金融系统脱贫攻坚先进个人。

地处高山偏远地带的湖南湘西古丈县杨家河村是个深度贫困村。2018年4月，调任浦发银行长沙分行驻杨家河村扶贫工作队队长兼第一书记，对五十而知天命的易三华来说，在距离家乡700千米之远的贫困村里，一切从零开始，是个不小的挑战。易三华深知，扶贫仅靠外在资助是不够的，只有发展支柱产业、激活内力，贫困户才能长久受益，脱贫致富。为了找到适合杨家河的产业

路子，受到"高山出好茶"的启发，易三华带领扶贫工作队，深入考察村子的各项环境条件，最终确定发展"双千两叶"，即千亩茶叶基地和千亩烟叶基地，作为杨家河村可持续支柱产业，可为100多位村民提供就业岗位。2019年，为村集体经济创收41万元；该项目全部投产后，预计每年可为村集体创造纯利润55万元。

在浦发银行像他们这样的驻村干部还有很多。据记者了解，截至目前，浦发银行已先后派出69位"扶贫干将"专职从事贫困村帮扶工作，他们分散在全国各地的贫困地区，一任接着一任干，脱贫一村又一村。2016—2019年，浦发银行集团累计投入捐赠扶贫资金超过9000万元，帮扶对象（村、镇、县）超过100个，覆盖26个省、市、自治区，到2020年5月超过97%的结对帮扶对象实现脱贫。

他们用脚步丈量民情，用实干凝聚民心，深入基层、扎根乡村、融入群众，他们是脱贫致富的"帮扶人"，他们是基层工作的"引领人"，他们是化解困难的"贴心人"。

搭建"人才之桥"

如果把脱贫攻坚战看作是一场向贫困发起的"歼灭战"，那么，解决相对贫困就是一场"持久战"。这需要有更加系统性的机制保障，在这样的机制中，金融的作用不容忽视。

从金融扶贫到助力脱贫攻坚，强调的是"精准"。同时，为了着眼于建立长效机制，金融在推动扶贫工作时更强调"赋能"。近年来，浦发银行持续完善金融扶贫工作机制，创新金融扶贫模式。

在技术扶贫方面，通过开展村民技能培训，邀请有关农业农村方面的专家现场指导，提升当地村民的劳动技能和水平，2019年浦发银行昆明分行4

次邀请云南农业大学有关专家到对口帮扶村开展九叶花椒种植、现代肉牛养殖等讲座，200余人现场观摩学习；在教育扶贫方面，自1997年至今，浦发银行在浙江、云南、重庆、广东、江西、广西、天津、西藏等地共建立了26所希望小学，集团子公司上海信托连续多年支持中西部贫困地区的基础教育，培养师资力量近千人；在健康扶贫方面，2016年起，浦发银行持续开展"逐梦萤火虫"西部地区儿科医护人员进修计划，资助来自西部地区的基层儿科医护人员在北京、上海、杭州、成都等地具有儿科先进水平的医院进修学习。

代萨其仍贵是来自浦发银行扶贫点内蒙古通辽市库伦旗的一名儿科医生，通过"逐梦萤火虫"计划，代萨其仍贵获得了前往上海儿童医学中心培训进修的机会，经过3个月的学习，提升了专业能力，加强了问诊技巧，如今学有所成的她回到了家乡内蒙古，用更科学细致的诊疗方法与患儿和家属搭建信任的桥梁。

受益于"逐梦萤火虫"儿科医护人员进修计划的学员，还有来自云南省沧源佤族自治县妇幼保健院的超声科医师陈金鸿。当地少数民族多，语言交流有一定的困难，依靠超声检查诊断病症尤为必要，但因为当地儿科超声技术的匮乏，遇到疑难病症的孩子，往往束手无策，只能转诊。在上海市儿童医院接受了为期6个月的进修后，陈金鸿把学到的新技术广泛应用到基层救治中，让许许多多的患儿在县城就能得到及时诊治，大大提高了基层医疗水平，降低了医疗风险和医疗费用。

最新数据显示，至2020年5月，来自西部12省、市、自治区110余家医院的293名基层儿科医护人员完成进修，学成而归，以医者仁心、妙手医术，守护西部儿童健康。

（人民网记者　毕磊）

浦发银行：银行"下乡"
——扶贫路上的浦发人

农村贫困人口减少1109万人，贫困发生率降至0.6%，这是写在2020年政府工作报告里的一组数字。对于一个拥有14亿人的发展中国家而言，扶贫是一项任务艰巨且必须要打赢的攻坚战，如今能取得这样一个决定性的成就，离不开扶贫路上那些勤劳的扶贫人。

村里的"70后"贴心人：为了村民一天有60块钱花

2016年9月，时任浦发银行乌鲁木齐分行公司业务管理部总经理的赵青山，选择脱下银行经理的工装，下乡成为了一名驻新疆喀什市乃则尔巴格镇皮合森村的扶贫村干部。

这一待就是4年。

"一天只有6块钱，乍一听这种情况，是很难想象的，但是到了村里以后，我才真实体会到。那时就想着要让村民们一天有60块钱花，所以当这个目标实现的时候，特别感到自豪。"赵青山在采访时说道。但他这种自豪的获得过程却异常艰辛。

刚驻村时，"70后"的赵青山就迎来了一次体力的大考验。为了尽快摸清驻村情况，他和他的工作队成员们要从早上的七八点一直忙到第二天的凌晨一两点，白天走访村户，晚上开会讨论扶贫工作进展，对讲机、手机24小时不关机，赵青山形容当时的情景时用了"几近崩溃"一词，相比于银行朝九晚五的工作，这次的助村扶贫工作比想象中要更难。赵青山表示："每天走两万步，工作20个小时，而且我们工作队的8个人都是从银行出来的，现在我们既会修电脑，又会做泥瓦工，打下手的活我们都会干了，深入一线才能把扶贫做到实处。"

从一名银行业务干部到地地道道的村干部，从一个群众工作的生手到村级事务的行家里手，通过两年时间，赵青山带领工作队入农家、进庭院，累计走访了3400余户13419人次，梳理解决群众反映各类问题300余件，并从每家每户的实际情况出发制订落实精准帮扶方案，帮助81人成功实现了脱贫，并帮助村里筹建了村民活动中心、铺设了硬化地面、为村民搭建了就业平台、为基层村干部送去了新的管理方法和服务理念……

在扶贫攻坚的道路上，赵青山用"70后"的严谨与热心，通过"精准扶贫+挂图作战"的工作模式，让皮合森村焕然一新。当地群众亲切称他为"村里贴心人"。

"如果你对这个社会是有贡献的，那么你的人生才没有虚度。"这就是浦发人赵青山的人生信条。

新来的"85后"新农人：我不是来走过场的

在下乡驻村的帮扶举措中，像赵青山一样，专职从事贫困村帮扶工作的浦发人共有69位，他们中有"70后""80后"，更有"90后"的年轻人，走进贫困村庄深度驻扎，从新疆喀什市乃则尔巴格镇皮合森村到内蒙古自治区通辽市库伦旗、从陕西延安市吴起县杨元沟村到江西南昌鄱阳县金盘岭镇梅岭村、湘西古丈县杨家河村、云南文山市垭口寨村……都留下了浦发人在田间地头工作的影子。

"我不是来走个过场，我是要有所担当。"浦发银行银川分行的袁辉在采访时说道。作为2017年浦发银行与宁夏固原市西吉县新营乡洞子沟村结对帮扶后第一个主动报名参加扶贫工作的人，出生于宁夏固原的"85后"袁辉选

择回到自己的故乡，踏上故乡土地的那一刻，他默默立下这样的誓言："希望老百姓的腰包鼓起来，笑容多起来，日子好起来。"

于是一到洞子沟村，袁辉就自掏腰包邀请宁夏药材协会专家进行实地调研，立志要改变仅依靠种植马铃薯的传统耕作模式。经过多番考察分析后，袁辉决心带领村民发展中药材特色种植和蜜蜂养殖产业，但这并不是一件容易的事情。白天他需要奔走在烈日下的田间地头，挨家挨户走访动员，做手把手的培训指导，晚上还需要落实扶贫方案，帮助农户申请产业发展资金、对接产品销售市场，为当地的老百姓建立起一个完整的产业脱贫致富链条。

2018年，袁辉为洞子沟村争取到"闽宁示范村项目资金"150万元，当年，全村黄芪种植面积达到500亩，蜜蜂养殖规模200余箱。如今的洞子沟村，完成了由传统马铃薯种植向以马铃薯种植为主，与特色中药材种植和蜜蜂养殖相结合的产业转型。截至2019年年底，全村建档立卡贫困户年户均增收2万元，村集体经济收入突破10万元，累计实现脱贫32户154人。目前，全村已实现脱贫出列。

新时代的青年先锋队：用新思维为老乡带货

作为"后浪"的生俊，扶贫成绩也是一样的优秀。

2015年，刚满25岁的生俊成为云南省楚雄彝族自治州元谋县物茂乡芝麻村的一名驻村扶贫人。那时，芝麻村仍有贫困户84户324人，贫困户年人均纯收入仅2638元，是全县的贫困村。

芝麻村距乡政府所在地13千米，到物茂乡道路多为弹石路，交通不方便。一条盘山小路、一条车行土路，是迎接生俊和浦发楚雄扶贫工作队的"见面礼"。于是，初到芝麻村，生俊就和驻村扶贫队员们一起在当地政府、浦发银行楚雄分行多方助力下，帮助芝麻村铺设了第一条水泥路面，并带领村民走上了肉猪养殖和耐旱作物种植的致富之路。

2017年12月26日，芝麻村成功摘掉"贫困帽"；2018年，芝麻村委会村集体经济收入8.5万元，为2015年的4倍多。

同样奋战在扶贫一线的，还有位于山西省忻州市保德县窑圪台乡红花塔村、闫家坪村的一支平均年龄不到32岁的扶贫工作青年先锋队。这支由3个"80后"、3个"90后"组成的浦发青年扶贫队用他们新时代的新思维，为贫困乡村带去了很多新鲜的改变，包括为村子里的农家小米、农家土豆等农产品注册商标，并联合村合作社搭建线上农产品销售平台为农户直播带货，让直播的新工具成为了扶贫的新帮手，也将农民的"钱袋子"与市民的"饭桌子"紧密的连接在里一起。

据悉，自2019年开始结对帮扶红花塔村、闫家坪村至2020年5月末，在这支年轻扶贫先锋队的帮助下，两村共85户建档立卡贫困户已全部脱贫，并通过线上直播消费扶贫，实现土豆、小米等农产品销售累计19.6万元，两村农户户均增收6125元，户均年收入达到3.9万元。

从引进来，到送出去；从自己动手丰衣足食的解决温饱，到引入产业成为产业链的一环，再到为农作物打出新品牌，主动送出山，浦发银行的扶贫干部的扶贫方式各不相同，可聚焦的都是同一个目的——"脱贫奔小康的路上，一个都不能少"。

根据浦发银行数据显示，2016—2019年，浦发银行集团累计投入扶贫资金超过9000万元，通过派驻干部下乡、金融支持、带产助销等方式，共帮扶对象（村、镇、县）105个，地区覆盖26个省、市、自治区，到2020年5月，超过97%的结对帮扶对象实现脱贫。

从城市来，到农村去，浦发银行精准扶贫的实践如今仍在不断的深化过程中。

（原载《中国新闻周刊》 作者：夏天）

上海城投：精准扶贫　携手攻坚

在党的十九大报告中，习近平总书记明确指出，让贫困人口和贫困地区同全国一道进入全面小康社会是我们党的庄严承诺。要动员全党全国全社会力量，坚持精准扶贫、精准脱贫。在脱贫攻坚的关键时期，上海城投集团靶向发力，7月7—17日在结对帮扶的贵州省遵义市务川县3个贫困村开展为期11天的驻村扶贫、考察交流，对结对帮扶工作进行再落实、再部署、再推进，全力以赴，帮助结对贫困村冲刺好脱贫攻坚的"最后一公里"，进一步贯彻落实习近平总书记关于扶贫工作的重要讲话精神，贯彻落实市委市政府对于"百企帮百村"结对帮扶的工作要求。

深化认识再鼓干劲　凝聚力量再添信心

在决战决胜脱贫攻坚的关键时期，城投集团党委进一步深入学习贯彻习近平总书记关于扶贫开发的重要论述，深刻把握"要做到每个贫困村都有驻村工作队、每个贫困户都有帮扶责任人"的重要要求，将选派优秀干部驻村扶贫作为一项重要工作抓紧抓实抓好。

2020年7月，上海城投从集团本部及下属城投公路、城投水务、城投环境选派12名优秀青年干部，组成驻村工作队，赴务川县对口扶贫村开展为期一周的驻村锻炼，推动"一村一策"工作方案的进一步落实。

7月6日下午，集团召开优秀干部赴务川驻村行前动员会。会上宣布成立了城投集团对口扶贫驻村工作队、临时党支部，向驻村工作队布置工作任务，驻村工作队代表和派出单位代表作表态发言。集团党委副书记杨茂铎为驻村工作队授旗并作动员讲话。杨茂铎要求全体驻村干部要尽锐出征、全胜归来，有"吃苦就是吃补"的意识，"舍小家顾大家"的情怀，"挂职就是任职"的实干精神，切实把城投集团"大国企"的"大水准"发挥出来、把上海这座"大城市"的"大形象"展示出来，帮助对口贫困村如期高质量打赢脱贫攻坚战。

尽锐出战驻村帮扶　精准发力携手攻坚

7月7日，城投集团驻村工作队12名青年干部尽锐出征，4人一个小组，分赴贵州省遵义市务川自治县的泥高镇栗园村、黄都镇大竹村和大坪街道三坑村，全脱产驻村工作一周。

驻村期间，为熟悉了解村情民情，驻村干部主动将工作时间从"朝九晚五"调成"早八晚八"，把过"苦日子、穷日子、紧日子"当作一次对党性、思想和作风的锤炼。他们沉下身子，与村民同吃同住同劳动；迈开步子，跟随村干部走崎岖山路，到田间地头，一家一户走访，与村民促膝长谈，了解结对村的脱贫情况；敞开心扉，和结对的贫困村村民座谈交流，听取贫困户的所思、所忧、所盼，为村民脱贫想法子、谋路子。在村干部的带领下，驻村干部实地查看、走访城投集团的产业帮扶项目，了解扶贫资金使用、工程建设、项目成效等情况，听取村民的想法和心声，为结对村的产业项目进一步完善出谋划策。

考察项目巩固成果　精准帮扶确保实效

产业扶贫是乡村振兴的基础和关键，因地制宜地引导和扶持适合本地的特色产业，是实现由"输血"救济到"造血"自救的重要依托。自2018年集团与务川县开展结对帮扶以来，集团党委就高度重视产业扶贫这项工作，将制订结对产业帮扶项目提上重要议事日程。在做了大量的村情摸底、实地走访调研的基础上，集团党委研究决定，落实237.6万元帮扶资金，因企、因地制宜，将直属的城投公路、城投水务、城投环境作为"一对一"结对帮扶的主力军和关键力量，在帮扶村扶持培育特色产业，为农户增收加码，帮助结对贫困村焕发出崭新的面貌。

为考察产业扶贫项目的实际成效，及时补短板、强弱项、提质量，确保帮扶资金发挥最大的帮扶效益，帮助贫困村攻克最后的"贫困堡垒"。7月15日、16日，城投集团党委书记、董事长蒋曙杰，党委副书记杨茂铎专程带队赴务川县考察扶贫项目的建设情况。蒋曙杰一行先后到黄都镇大竹村、泥高镇栗园村、大坪街道三坑村，实地考察养蜂、产业路建设项目，中药材种植基地项目，以及太阳能路灯、产业道路硬化项目。在实地察看过程中，蒋曙杰一行就扶贫项目的建设、推进情况及取得的成效，与当地村干部、村民进行了深入交流，听取当地村民的感受和建议，形成改进现有扶贫项目方案和追加扶贫资金的思路，为确保贫困村高质量如期脱贫摘帽再添一把力。

强化沟通真情联系　扶贫扶志提振信心

"小康不小康，关键看老乡。"开展扶贫工作，就是要站在群众的角度上思考问题、解决问题，换位思考、将心比心，将获得群众的满意度作为开展扶贫工作的根本出发点和落脚点。在结对帮扶务川县的3个贫困村期间，集团扶贫工作组一直和结对村保持密切联系，了解村民需求，全力保障精准扶贫项目、措施落实落地。

为进一步访民情、听民声、解民忧，蒋曙杰、杨茂铎等来到结对帮扶村，走访慰问贫困户家庭。"现在家里一年收入多少""还有什么困难""身体怎么样"，每到一户，蒋曙杰、杨茂铎一行都会关心贫困户的家庭、生活及身体情况，认真倾听他们目前存在的困难，以及对未来生活的打算，以"拉家常"的方式，向他们解读国家精准扶贫的相关政策，提升村民对扶贫政策的理解。

"我们年纪大了，晚上出门怕磕着碰着，村里现在有了路灯，晚上也敢出

门了。""现在村里修上了水泥路,再也不会满脚土、满脚泥了。""农闲的时候我就去中药材基地做点事,家里一年收入增加了不少,生活比以前有盼头了。"村民们笑逐颜开,脸上洋溢着幸福的笑容。面对面的交谈,心贴心的交流,不知不觉拉近了彼此间的距离。在和村民交谈期间,蒋曙杰一行也向村民传递勤劳致富、劳动光荣的理念,鼓励他们坚定信心、积极面对生活的困难,用双手创造美好生活,争取早日脱贫。

在大坪街道三坑村,蒋曙杰、杨茂铎一行走访了88岁高龄的仡佬族老军人、老党员卢调德。88岁高龄的卢老依旧精神矍铄,容光焕发,和蒋曙杰一行回忆起自己在革命战场上浴血奋战的峥嵘岁月,1959年退伍以后和村民们一起种田搞生产、建设家乡的历历往事,不禁感慨国家的蓬勃发展,感激党和政府的好政策和对老同志的关怀。

精准扶贫教育先行　情系学子筑梦未来

治贫先治愚,扶贫先扶智。习近平总书记多次强调教育扶贫的重要意义。教育是阻断贫困代际传递的根本之策,补齐贫困地区的教育短板是帮助贫困地区从根本上实现脱贫攻坚的长远之策。自与务川县结对扶贫以来,上海城

扶贫先扶智

投集团就有序推进"逐梦计划"助学行动。精准帮扶 22 名家庭尚未脱贫的大一在读学生,为他们定制爱心助学银行卡,每年资助一笔学习费用。2019 年 6 月,集团在上海中心举办"感恩奋进,助学圆梦"主题班会,务川中学百余位学子登顶上海中心俯瞰城市风貌,走出深山,看到了书本以外的世界。在全国第 6 个"扶贫日"、第 27 个"国际消除贫困日"之际,上海城投集团出资捐赠电脑、篮球等一批文体用品,助力结对村文体事业的发展。

为进一步促进务川县教育教学事业的发展,城投集团在务川中学开展"上海城投(集团)有限公司—贵州省务川中学捐赠活动"。7 月 16 日上午,一场简朴而充满爱意的捐赠活动在务川中学多功能厅举行。蒋曙杰、杨茂铎和务川县领导、务川扶贫办和务川中学有关负责人出席活动。活动中,在城投集团和务川县领导的见证下,城投资产集团向务川中学捐赠一批总价值 10 万元的阅卷扫描仪、油印机和电脑等教学用品,并寄语务川学子珍惜当下、自强不息、志存高远,不负韶华,努力成为可堪大用、能担重任的新时代奋斗者。务川中学校长表达了对城投资产的感谢,学生代表发表感言。

在随后开展的仡佬族民族特色表演环节中，蒋曙杰、杨茂铎一行与务川中学学生进行了互动。蒋曙杰充分肯定了此次爱心公益项目的重要意义，认为教育是务川县全面脱贫以及继续发展的光明所在，通过教育挽救贫困、改变命运、取得发展，是一条最实在、最坚实、最有效的道路。

交流座谈凝聚合力　共话成果共谋愿景

随着为期 11 天的驻村扶贫、考察交流工作接近尾声，为加强总结、交流，共商扶贫思路，共谋未来发展，坚定决战信心，坚决做到决战决胜，7月 16 日，城投集团与务川县政府召开对口帮扶工作座谈会。城投集团党委书记、董事长蒋曙杰，城投集团党委副书记杨茂铎，务川县委副书记、县长肖扬，县委常委、县政府常务副县长易贤出席座谈会。县委常委、副县长翁晔主持会议。在会上，城投集团对口帮扶的大坪街道、黄都镇、泥高镇主要领导就脱贫工作做了情况报告，并向城投集团下属的城投水务、城投公路、城投环境、城投资产赠送锦旗。城投集团的驻村干部代表进行了发言交流。为开拓脱贫新路径，帮助结对村的农副产品解决销路问题，增强脱贫致富的内生动力，座谈会上，杨茂铎代表城投集团与务川县政府签订了消费扶贫协议。

蒋曙杰指出，为全力做好对口帮扶工作，去年 3 月，集团党委在实地考察调研的基础上，研究提出了"八个一"举措，制订了"一村一策"帮扶方案。一年多来，在务川县县委、县政府的领导和关心下，城投集团在结对村顺利落实扶贫项目，并开展了爱心公益项目、结对助学等帮扶活动。为进一步巩固脱贫成果，集团党委将按照"中央要求、当地所需、上海所能"的原

则,与务川县委、县政府携手,在对口帮扶项目上再发力,实现对口村贫困大学生结对帮困全覆盖,并进一步扩大产业扶贫、消费扶贫力度,为如期实现脱贫目标、实现全面小康贡献力量。

蒋曙杰表示,城投集团将继续在三个方面着力,深化对口帮扶工作。一是强化党建引领,把脱贫攻坚各项工作落到实处。把党的政策宣传好,把党的各项决策部署落到实处,让贫困群众有实实在在的获得感。二是细化"一村一策",推动精准扶贫成效持续有力。城投下属的3家结对企业要积极选派优秀干部对接帮扶工作,进一步做细做实"一村一策"帮扶方案,让扶贫产业成为政府所需、群众所盼、可持续的项目。三是强化教育扶贫,切实巩固脱贫攻坚成果。3家对口企业要全面排摸对口帮扶村贫困大学生,确保结对帮困一个都不能漏。要积极发动党员干部主动结对,从经济上、思想上、学习上关心帮助贫困大学生成长,想尽一切办法,确保贫困学生无后顾无忧,健康成长、学有所长。

沪黔两地相隔千里,党和国家坚决打赢打好脱贫攻坚战的伟大事业,把上海城投与贵州务川紧紧连在了一起,让两地之间架起了"友谊桥""连心桥"。跨越山海的情谊,弥足珍贵。上海城投集团自与贵州省遵义市务川县开展村企结对精准扶贫行动以来,双方携手奋进,共同谱写脱贫攻坚的奋进之曲,取得了累累硕果。当前,脱贫攻坚战已到了决战决胜、全面收官的关键阶段,上海城投集团将以更强的责任担当、更加饱满的激情、更加奋发有为的精神状态,做好精准扶贫各项工作,坚定信心,扎实行动,全力以赴,帮助结对村高质量如期走出贫困村行列。

上海国资经营：立愚公移山志
助精准扶贫行

2020年是我国脱贫攻坚战的决胜之年，习近平总书记多次强调："如期打赢脱贫攻坚战，这在中华民族几千年历史发展上将是首次整体消除绝对贫困现象，让我们一起来完成这项对中华民族、对整个人类都具有重大意义的伟业。"我国即将实现全面脱贫，这是对全球扶贫减贫事业的庄严承诺。

自2018年开始，在市国资委和上海国际集团的统一部署下，集团旗下全资子公司上海国资经营深入开展"双一百"村企结对精准扶贫行动，结对云南省文山州丘北县出水寨村，切实助力国家战略。

出水寨村隶属云南省文山州丘北县曰者镇，属于石山区、半石山区，属深度贫困村。土地面积61平方千米，海拔1680米，年平均气温14.5℃，全村有耕地面积21205亩，人均耕地面积1.89亩。全村有农户1007户4228人，居住着汉、彝、苗3个民族，其中农业人口3802人，劳动力2980人。2017年年末，农民人均纯收入为4473元，建档立卡贫困户196户1006人，增收方式单一、病困、未成年子女多是贫困家庭较为共性的问题。

与云南省众多贫困村一样，这里的扶贫工作面临的一个重大难题是，贫困村落的经济基础是传统的种植业，创收增收速度不容乐观，如何让这些贫困地区的人口更快、更好、更稳地脱贫呢？上海国资经营把视野投向当地的文化资源，试图帮助这些沉默的资源闪光，扶贫先扶志，将文化禀赋转化为扶贫发展的潜能。

结缘出水寨：扶贫先扶志

基于对出水寨村情的认识，上海国资经营对出水寨的帮扶主要围绕"扶

扶贫先扶智

贫必须先扶志""扶贫与扶志扶智相结合"的理念来开展，并落实为爱心衣橱、爱心书屋、爱心超市、教育扶贫、消费扶贫、创业培训、党建联建等项目。其中包括直接向村民采购羊肚菌、沃柑、雪莲果、干蕨菜、小花豆等农特产品，特别是疫情期间积极采购滞销农特产品，有效推动当地脱贫攻坚和疫情防控"两手抓""两不误"，帮助当地建档立卡户贫困村民拓展销售渠道，增收创收。2018—2020年，共开展8期消费扶贫，惠及众多贫困村民。"爱心超市"项目也是改变直接发放物资的常见做法，转而鼓励村民参与社会活动累计积分，凭积分兑换扶贫物资，以此激发村民的内生动力。

在大众创业、万众创新的时代背景下，鼓励出水寨村当地民众拓宽脱贫思路，利用电商渠道经营当地农特产品，根据当地民众缺乏电子商务相关专业技能的短板，资助当地民众参与电子商务培训课程，开展创业技能培训，助力其开展业务。

在教育扶贫方面，上海国资经营在当地设立奖助学金，激励当地学生努力学习，从教育上为村落的可持续发展助力，共160人次获得奖助学金，并将公司职工捐赠的800多本图书，组成了村小学的"爱心书屋"，缓解了小学课外读本匮乏的困难。

遗美创新篇：文化展自信

除了继续深入在出水寨村的帮扶工作，上海国资经营发起"文化遗美"非遗走访项目，以"双一百"扶贫行动为支点，以云南省多民族聚居地为地域核心，探索非遗传承，发现文化遗美，推动地区新生，既在扶贫层面促进

产业发展与村民增收，又在文化层面扶助非遗保护与技艺传承，试图将帮扶的视野逐步扩大到整个丘北县，甚至整个滇东南乃至更大的范围。

中国的贫困地区多处在文化富饶与经济贫困的矛盾中，丘北也不例外。丘北县居住有汉、壮、苗、彝、瑶、白、回7个主体民族，少数民族人口约30万人，占总人口六成以上。多元的民族结构，使当地有着丰富多彩的非遗，表现为不同的语言、习俗、服饰、舞蹈、音乐、手工艺等。

上海国资经营于2019年6—9月先后走访了位于丘北县官寨乡的省级水竹伞制作技艺非遗传承人张荣华和位于丘北县曰者镇的县级银器制作技艺非遗传承人姚信，一系列的非遗走访、采购、展览等探索与扶持，让更多人了解和关注丘北县的非遗，进而去了解此地的自然人文之美，探索文化扶贫的可行路径。

2019年10月17日，"国家扶贫日"当天，《21世纪经济报道》也发布特刊，对上海国资经营的文化扶贫成果进行了整版专题报道，一经报道，引起广泛的社会反响，被网易等媒体平台多次转载，并且借助于媒体的力量引发公众和相关产业人士对于非遗文化、传承人和产品的认知与关注，非遗传承人姚信顺利找到接班人。

上海国资经营也凭借文化扶贫的创新模式和公益实践在2019年度中国企业公民评选中获评"年度优秀公益创新企业"。发现文化遗美，推动地区新生，既在扶贫层面促进产业发展与村民增收，又在文化层面扶助非遗保护与技艺传承，寻求非遗人文价值与商业价值的创新结合，始终致

力于成为"文化自信"的践行者。

文化扶贫　开花结果

2020年5月16日，云南省人民政府发布通知，正式批准上海国资经营公司对口帮扶贫困村所在的丘北县退出贫困序列，脱贫攻坚战取得决定性胜利。上海国资经营依托"扶贫+非遗"的文化扶贫创新模式，因村制宜、精准施策，通过系列性具体帮扶行动，激发当地民众的内生动力，切实助力精准扶贫行动。

作为上海国际集团重要子公司，一直以来上海国资经营按照集团双轮驱动战略，全力推动公司高质量发展，提升发展软实力。未来，上海国资经营将继续践行企业公民责任，展现国有企业担当，一以贯之推进帮扶行动，帮助出水寨村巩固脱贫成果，有效衔接后续乡村振兴战略，为全面建成小康社会勠力同心，携手奋进。

上海建工房产:"玥公益"
——汇聚爱的力量

一本本爱心书籍、一件件暖心衣物、一段段美好祝福……过去一年,上海建工房产"玥公益"活动先后远赴江西上饶鄱阳县珠田小学和贵州咸宁县斗古中学,为贫困山区的孩子们送去了急需的各类爱心物品,以海玥的名义汇聚爱的力量,以国企的责任点亮梦想之光。

让"爱的元素"注入海玥品牌。海玥一向以科技住宅闻名行业,是建工房产旗下著名品牌,曾获"2019中国房地产住宅项目品牌价值TOP10"等荣誉称号,一路走来,成就了数万人的安居梦。建工房产为扩大向社会公众、业主、公司员工传递国企的爱心文化,借助于海玥品牌的社会影响力,于2019年4月正式启动"玥公益"活动,从此"爱的元素"成为海玥品牌的重要组成,并把"关注社会、为心筑家、为爱追梦"十二个字视为公司己任。

让上海与江西孩子共闻书香。2019年11月中旬,首届"玥公益"——童书乐捐活动在上海海玥瑄邸营销中心发起,项目参与方人员纷纷响应童书捐赠倡议,首批募得童书500余本。海玥瑄邸营销中心建成了建工房产第一座"海玥书屋",陆续向全国各个营销中心推广,它们既是周边社区、看房业主

孩子们汲取知识、以书会友的小天地，也是童书乐捐活动的捐赠点。带着上海建工人"爱心"的500余本童书和书柜一起被送至江西上饶鄱阳县珠田小学，将陪伴这些渴望知识的孩子们畅游在书的海洋中，丰盈内心，探索未知。

让海玥成为爱心汇聚的枢纽。"玥公益"还与建工房产旗下物业的"真心站"做大做深"远疆送真心"公益活动。不仅号召管辖的社区、员工为贫困地区的孩子，募集了各类书籍、衣物等5000余件，还捐赠部分适合中学生使用的新书籍和学习用品，连同有爱心人士的寄语和签名将一同送达贵州咸宁县斗古中学。当孩子们手捧这些爱心物品时，"玥公益"的温暖也在孩子们心中播下爱的种子，成为汇聚爱心的枢纽！

2019年，"玥公益"已扬帆起航，2020年，"玥公益"将继续乘风破浪，启动新一轮活动计划，将为受疫情影响的贫困地区孩子继续捐赠新的一批衣物和书籍，让这份爱的力量继续点亮孩子们的梦想之光。

临港集团：乘风破浪，2020级"临港杉树班"再次招生

目前在我国偏远贫困地区，高中生教育费用几乎占了贫困家庭总收入的全部，部分学业优异的初中毕业生在九年义务教育结束之后，因无法承担高昂的高中费用而面临"读书难"的困境，能否继续高中学业成为他们生命的转折点。

为了支持这群特困、特优孩子们重返校园，安心读完高中进入大学，拥有"通过知识改变命运"的机会，上海临港公益基金会自2018年成立起即启动了临港杉树高中助学项目，已资助186万元在贵州遵义五中、云南文山州一中、山东平邑一中3所高中设立1个2018级"临港杉树班"和3个2019级"临港杉树班"，共招收临港杉树生186名。

今年，基金会将继续在贵州遵义五中、云南文山州一中、山东平邑一中、山东菏泽一中（新增）4所重点高中设立4个2020级"临港杉树班"，计划招收210名家庭贫困且品学兼优的初中毕业生。目前2020级"临港杉树班"招生工作

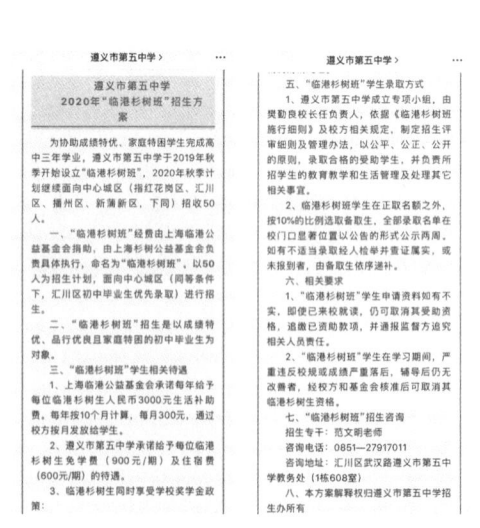

贵州遵义五中通过微信公众号发布2020级"临港杉树班"招生简章

已正式启动,招生简章已陆续通过校方招生渠道正式发布。

进入"临港杉树班"的学生将免收高中3年学费和住宿费,并由临港公益基金会出资补贴3年生活费300元/月,生活费按每年10个月发放,每月定期拨付至学生校园卡。

"临港杉树班"将由校领导担任项目牵头人、优秀教师担任班主任,同期配备临港公益志愿者与临港杉树生开展"一对二"结对帮扶,定期开展一对一面谈、家访、主题班会、信件交流等,在目标设定、学习方法、心理解压等方面给予指引和陪伴,助力他们顺利完成高中进入大学。

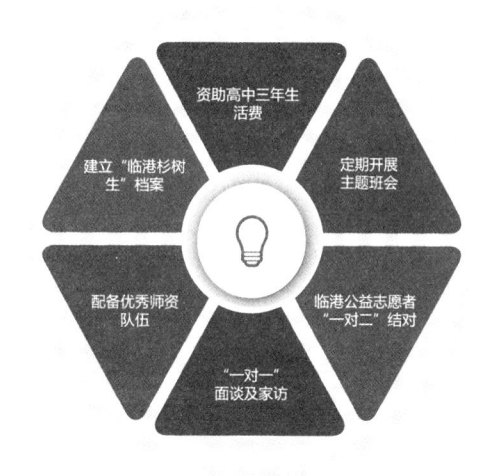

临港杉树高中助学项目内容

未来,针对顺利进入大学的临港杉树生,临港公益基金会还将邀请临港园区企业高管担任其职业导师,并提供实践和就业机会,帮助临港杉树生拥有可持续的职业发展能力。

我们期待,每一个临港杉树生都能够拥有杉树一般的顽强生命力,向下

深深扎根，向上蓬勃生长，在前行的道路上乘风破浪、光彩绽放。

上海市政总院：播撒种子收获希望

上海市政工程设计研究总院（集团）有限公司注重履行社会责任，积极开展扶贫帮困结对等工作。2008年2月，上海市政总院通过中国青少年基金会，向云南省会泽县大桥乡者米村捐赠45万元建设希望小学，命名为"上海市政工程设计研究总院希望小学"。十余年来，上海市政总院持续开展对口援建帮扶，不断促进学校教育教学水平提升。

持续开展捐赠，建好希望小学软硬件

上海市政总院始终关心希望小学的建设，每年向希望小学捐款捐物，党政工团领导都高度重视希望小学建设，每年都安排有关领导亲赴云南参加捐赠仪式。

十余年来，通过每年8万元左右的实物捐赠，先后为希望小学建立起电脑室、图书馆、鼓号队，不断丰富希望小学的硬件设施，为孩子们的成长创造条件；为全校学生捐赠校服、书包，提升学校形象，增强学生自信；为全校学生捐赠学习用品，帮助困难学生解决求学压力；为学校捐赠风琴和体育用品，丰富全校师生体育文化生活，为学校开拓了音乐课。2013年，上海市政总院还根据校方需求，在捐赠8万元学习用品的基础上，追加出资30万元为希望小学修建道路，改善了希望小学的环境。

在上海市政总院和当地政府的共同努力下，上海市政总院希望小学已成为会泽县硬件和软件最好的小学之一，吸引了周边村庄的学龄儿童"舍近求远"到上海市政总院希望小学上学。这几年，当地附近先后有两所小学因故关闭，周边学生都汇集到上海市政总院希望小学，在校学生总数增加至600名，以成为当地基础教育事业的骨干力量。

持续关心帮扶，打开在校师生新视野

上海市政总院始终关心希望小学师生的成长，持续开展"放飞梦想，扬帆起航——云南希望小学夏令营"，安排优秀师生代表来沪开展为期一周的夏令营活动。

自2010年起，上海市政总院在每年暑假都会定期举行"云南希望小学夏令营"，至今已累计举办9期。每期夏令营都邀请经学校选拔的10名优秀学生代表和2名优秀教师代表参加，让师生们领略上海国际大都市的风貌，开阔视野，增长见闻。

上海市政总院有关领导每年都会亲切接待来沪参加夏令营的师生，向他们赠送学习用品，勉励他们勤奋学习、全面成长，并安排团委主办相关活动，组织青年志愿者全程做好组织和服务工作。夏令营期间，上海市政

总院精心安排各种活动，既有对复旦大学、上海交通大学、同济大学等知名高校的参观，在他们心中树立起对高等学府的追求；也有参观东方明珠、野生动物园、上海科技馆、自然博物馆、四行仓库等名胜场馆，增进对上海这座国际化大都市的了解；更结合上海市政总院的特色，为他们精心设计"绘出我心中的上海""小小建筑师""揭秘桥梁""水从哪儿来"等特色课程，增进他们对上海市政总院的认同感与归属感，在他们心中播下梦想。

播撒种子，收获希望。在各方共同努力下，上海市政总院希望小学已成为当地硬件和软件最好的小学之一，教学质量不断提升，已有 40 余位上海市政总院希望小学的毕业生考入武汉大学等高等院校，实现了他们的理想。上海市政总院希望小学也先后荣获"文明校园""安全校园""先进单位"等荣誉称号。

上海仪电:"富口袋"又"富脑袋"助力教育扶贫

2020年是决战决胜脱贫攻坚年,上海仪电(集团)有限公司(简称"上海仪电")不忘初心、积极作为,努力克服疫情影响,持续推进履责实践,助力精准扶贫,尤其在教育扶贫领域创新帮扶方式,为提升脱贫质量贡献应有的力量。

在"百企帮百村"结对帮扶工作中,上海仪电下属的上海仪电信息网络有限公司(简称"仪电信息网络")对口帮扶云南省楚雄州插甸镇上沽良村。3年时间里,仪电信息网络积极落实帮扶资金、捐赠帮扶物资,并通过产业扶贫、"云品进企"消费扶贫等举措帮助当地实现可持续发展。在此基础上,仪电信息网络充分发挥自身"从事智慧教育业务的信息化服务提供商"优势,以信息化助力智慧扶贫,为上沽良村的学校制作相应课件,涵盖英语字母、宇宙探索、人类简史、海洋科普及科学实验等学习领域,共计5套课程。在积极探索与当地党建联建的方式中,还捐赠自制课件《习近平新时代中国特色社会主

义思想三十讲》全套课程。同时，仪电信息网络在自有的"白玉兰远程教育网"平台开设"白玉兰在线智慧扶贫"专页，内容包含"农业养殖""学生教育"及"党建"类课程，并根据上沽良村的需求捐赠 4 台笔记本电脑设备，提前将"白玉兰在线智慧扶贫"页面置入捐赠的笔记本电脑中，便于村民、学生及党员进行在线学习。截至目前，仪电信息网络为当地党员干部、村民及学生制作的课件已覆盖插甸镇上沽良村 354 户 1375 人和高桥镇小河村 261 户 1093 人，合计 615 户 2468 人，开始点亮"小村观世界"的希望。

为积极履行上市公司社会责任，上海仪电下属的华鑫证券有限责任公司（简称"华鑫证券"）自 2016 年 10 月结对帮扶贵州剑河县和河北崇礼县，通过产业扶贫、消费扶贫、教育扶贫、抗疫物资捐赠等多项举措已为结对县投入扶贫资金约 560 万元。在教育扶贫中，华鑫证券积极探索教育帮扶的新模式和新举措，2018 年开始与上海师范大学教育发展基金会合作，借助于上海的优质教育资源，每年出资 50 万元为结对贫困县的乡村中小学教师提供培训，帮助他们提升教学理论和实践水平。截至 2019 年年底，已陆续以送教下乡、来沪培训等多种方式为百余名教师开展培训，并赢得对口贫困县的一致好评，为贫困县教育工作者和学生打开一扇面向外界更宽广的"窗户"。

"治贫先治愚，扶贫先扶智"，教育扶贫是打赢脱贫攻坚战的重要举措之一。为稳固帮扶成果，上海仪电将继续结合自身优势，积极承担帮扶职责，切实履行国企担当，推动结对帮扶地区加快教育事业发展，助力当地既"富口袋"又"富脑袋"！

上汽集团：飞 Young 青春行圆梦小心愿

为积极响应中央精准扶贫的要求，2018年，上海市启动了"百企帮百村"计划，在上汽集团的统一部署下，延锋对口支援云南宣威市热水镇得德村。得德村是热水镇下辖的22个行政村之一，地处山区，村落大，自然村之间居住散，产业比较单一，基础设施较为落后，文化教育设施不足。延锋围绕"两转三带"要求，开展产业扶贫，在得德村投入50万试点建盖大棚种植百合花10亩，带动贫困户增收；开展消费扶贫，为近千名员工购买云南扶贫农产品春节慰问大礼包。此外，2019年，延锋精心组织了一次公益助学活动，与得德村完全小学师生开展深入交流。

习近平总书记强调，扶贫先扶志，扶贫必扶智。在对口扶贫过程中，我们感到教育是阻隔贫困代际传递的最好手段，而教育扶贫不仅仅是给予物质上的资助，还要带给这些山里孩子崭新的精神世界。为此，延锋团员青年开展了"飞Young青春行，圆梦小心愿"公益助学活动，通过多样化的课程帮助得德村的小学生们开阔视野，尽早树立远大志向。为开展好此次助学活动，延锋面向各直属公司招募了6名"90后"青年志愿者，并组织青年志愿者结合当地学生需求的角度，设计了音乐、美术、计算机以及汽车发展史等突出体验和开阔视野类的课程。在为期5天的支教助学活动期间，志愿者们为三至六年级近300位同学进行了

体验式授课。

在结营仪式上，志愿者们结合庆祝中华人民共和国成立70周年，组织了"我和我的祖国"快闪及题为"共绘美好汽车生活"的大型团队拓展活动，带领小朋友们感受了团队协作的意义。不仅如此，活动还面向学校全体学生收集心愿卡。得德的小朋友们将他们对生活的热爱、对外面世界的向往，郑重地写在了卡片上。他们中有的想要一双旱冰鞋，有的想了解汽车的制造过程，这些心愿卡由志愿者带回上海，最终，359个愿望全部由延锋员工认领。

通过体验式教学的开展，孩子们拓宽了眼界、增长了见识；通过参与团队拓展活动，志愿者们团队合作意识也得到了提升。在几天的助学过程中，志愿者与学生们陪伴式的交流，更是在山区孩子的心间种进了梦想的种子，为孩子们打开了一个更加立体和色彩斑斓的外部世界。

年轻的志愿者们也在活动中收获颇丰，进一步提升了服务社会的能力，也收获了幸福与成长，责任与担当，更懂得珍惜当下的幸福生活。来自延锋汽车内饰的志愿者张吉祥说，"此次筑梦之行，让我感受深刻。学校硬件设施虽然齐全，但是教师资源比较匮乏，小朋友对第二课堂充满好奇，充满渴望；我们通过授课并与他们互动，为他们打开了一个充满信息化的多彩世界，在他们心中埋下一颗梦想的种子。鼓励他们刻苦学习，追逐自己心中的梦想，是我们此行的重要意义。"

支教活动虽然短暂，但志愿者们回沪后仍一直与当地小学生

保持联系，为他们解答学习与生活中的困惑，帮助他们筑梦圆梦。得德小学有个小学生读四年级，家境不太好，家里有弟弟和妹妹，父母是地道的山区农民。她本人有点自卑和内向，但很懂事，也很刻苦，给志愿者张吉祥留下了深刻印象，他们彼此互留了联系方式，约定保持联络。有一次她给张吉祥发信息说："老师，你认为是城市好，还是农村好？"看到这条信息后我们的志愿者突然愣住了，他担心如果回答城市好，小朋友会不会进行比较而产生自卑感；如果回答农村好，小朋友会不会满足于现状。于是张吉祥结合自身的经历就给她写道："其实啊，老师觉得城市有城市的好，农村也有农村的好，只是各有不同。大的城市可以给我们提供好的学习和工作的机会，也可以给我们提供很多成长的平台；农村也不错，老师我就是在农村长大的孩子。你现在努力学习知识，了解更广阔的世界，到时候可以自由地选择自己的未来的道路，加油哦！"不一会儿，小朋友回复了一个笑脸和一句话："好！老师，我不会辜负你对我的期望！"

未来，与得德村的助学工作还将继续，延锋将进一步拓展形式，邀请沪内小学师资参与助学活动，与当地小学开展交流、提供指导，帮助提升教育质量。同时，也考虑结合现有的平台和资源，有机会邀请当地师生来上海参观体验，用真心传递爱心，为当地孩子"点亮"美好未来。

上汽集团：让梦想从这里启航

"搭乘不止三种交通工具，经历12个多小时的翻山越岭，奔波2300多千米，最终到达海拔2000多米的云南宣威市松林完小，在支教时看到孩子们的充满童真笑脸后，一切的辛苦付出都是值得的"上乘志愿者原梦回忆到当初支教时的点点滴滴，也正如志愿者的名字一样，希望通过对松林完小的支教活动，做一些力所能及的事，帮助到这些偏远地区的孩子们，让他们感受到社会的关爱，感受到上乘人的温暖，"你们的梦想和心愿，我们一起来圆！"

习近平总书记强调，扶贫要与扶智扶志相结合。2019年4月，上汽乘用车公司的志愿者带着上汽人的责任与担当，跋山涉水来到对口扶贫的云南宣威松林村开展支教活动，帮助大山里的孩子们实现最美最纯真的梦想。

只为遇见你们的笑脸

在与当地扶贫办的交流沟通中得知，云南宣威市松林完小是当地方圆百里唯一的小学，就读着500余位学生，因教学设备经费投入有限，造成基础设施、电脑等现代化多媒体教学设备的缺乏，已经严重

影响了教学质量。公司对接需求后，紧急拉动资源，准备了65台电脑及200余套图书、文具用品等，帮助学校有效改善教学设施，为学生营造了良好的学习氛围，拓展了学习视野和途径。在此期间，上汽乘用车公司的工程师们已连续花了几天时间对这批电脑进行软硬件升级，并为孩子们安装了教学软件。犹记得电脑送去的那天，孩子们高兴得手舞足蹈，挤作一团，用充满童真的眼神，望着这些工程师哥哥姐姐们。工程师们耐心地教孩子们使用，他们用稚气的声音表达着喜悦，"我一定会好好珍惜这些电脑""我要用电脑多看看外面的世界，跟爸爸妈妈讲""我要学习很多很多知识，长大后要改变家乡，报效祖国"。

只为守护你们的梦想

在公司党委的号召下，青年党团员组成支教志愿团队，他们带着满腔激情来到松林完小，也为孩子们带来了精心准备的教学课程。在学校的各个角落都留下了志愿者和孩子们的身影，他们在课堂上一起学习交流；在树荫下一起席地而坐，讲述汽车发展的故事；在操场上一起嬉戏游戏，留下了许多美好的回忆。

"读书破万卷，下笔如有神，我想去周游世界""我的梦想是成为一名科学家，长大了造会飞的汽车……"孩子们说道。志愿者田欢欢每当聊起支教助学的日子，总能滔滔不绝地讲起孩子们的梦想，孩子们对知识的渴望、对幸福生活的向往、对美好未来的憧憬，就是她坚持参与公益助学的最大动力。

只为点亮你们的心愿

支教活动结束后，志愿者带着孩子们的梦想和心愿回到了公司，在公司党委的发动下，开展了公益图书捐赠活动，在为期4天的活动中，成功为松林完小筹集学习物资700余件，包括教辅书、教科书、课外读物、练习本、文具等，员工纷纷表示"希望尽自己的一些绵薄之力，帮助孩子们丰富阅读知识，扩展认知结构"。公司团委将承接该项活动，作为公司一项长期性的社会公益活动，持续开展下去，更好地发挥广大团员青年的生力军作用，为精准帮扶贡献青春力量。

3年来，上汽乘用车公司通过多次实地走访调研，了解当地资源特点和实际需求，制订了三年的扶贫工作计划，累计投入150余万元基础设施建设资金，用于修建乡村道路、实施硬化、亮化工程等，极大方便了村民的安全出行；建设容积为600立方米的冷库，用于存储该村的农副产品，有效解决松林村建档立卡贫困户20人的就业问题。2018年年底，全村人均年收入4120元，2020年5月松林村已如期实现脱贫，全村人均年收入达到6673元。

上汽乘用车公司将继续围绕"两转三带"的要求加大帮扶力度，确保对口村脱贫不返贫，扶贫先扶智，进一步体现国有企业的担当与社会责任。公司将继续深化拓展教育帮扶形式，安排更多青年党团员参与接力助学支教活动，将支教助学项目做成精品、做成品牌，与当地学校老师开展交流和指导，帮助提升教育质量，同时对学业优秀的贫困生设立奖学金或助学金，激发学习热情，解决贫困生读书后顾之忧，让每一个孩子能安心读书，健康成长，向着自己美好的梦想启航。

脱贫攻坚，我们一起拼，一定赢！

上药信谊：结缘云南弥渡 勇担责任　践行美丽约定

根据习近平总书记对精准扶贫工作开展的总体要求，和上海市政府"双一百"村企结对工作部署，上药信谊有幸与弥渡县石甲村结对，共同打赢这场脱贫攻坚战。短短的3年，在上实、上药的指导下，上药信谊与弥渡石甲缔结了一段非凡的革命友谊。

自2018年以来，上药信谊围绕石甲村整体脱贫需求和"三带两转"的总体要求，因地制宜地制订了科学且完善的脱贫工作方案。经过3年的努力，目前石甲村已实现全面脱贫。

一根主线贯穿始终

上药信谊党委携手石甲村党总支，以党建和文化建设为主线，共同探索并形成党员管理机制。为此，上药信谊党委先后与石甲村开展了6次党建联建实地工作会议，专门对结对帮扶工作进行探讨与推进。

去年，上药信谊党委提出了"点亮微心愿&为爱西行——梦享计划"，联动团委、工会共献爱心。上药信谊团委组织青年帮助石甲学生完成了86个微心愿，捐赠学习用品16套，运动器械76套，课外书籍28套，工会还组织全体员工开展了冬衣捐赠的活动，共捐赠御寒衣物2301件。

两个抓手齐头并进

在上药信谊党委的支持和帮助下,石甲村党总支将以金点子工程项目为抓手,充分发挥党员带头作用,让党员在脱贫攻坚中作好表率。石甲村 36 名党员中的 32 名党员贡献了 80 条金点子,在长期在外务工的流动党员 14 人中,有 11 名贡献了 20 条金点子。从这些金点子中,石甲村评出了 7 条利于村内发展的优秀金点子提案并制订了相应的改善计划。

以"最美村官、最美村民"评选工作为抓手,上药信谊党委协助石甲村党总支共同挖掘石甲村干部、村民的闪光事迹,发挥榜样的力量。2019 年石甲村共评选出 10 位最美村民和 2 位最美村官。由上药信谊进行了表彰和奖励。今年的"七一"党的生日活动上,石甲村党总支对本年度的 3 名最美村官和 9 名最美村民进行了表彰。

三个目标逐步实现

以"助推贫困村形成脱贫、振兴的内生机制"为目标,以"帮扶贫困村完成脱贫出列、防止返贫和全面脱贫"为目标,以"共同推进扶贫项目落实,做好风险控制、确保扶贫效果"为目标,上药信谊党委充分发挥自身红旗党组织经验优势,开展村企结对精准脱贫帮扶工作。

针对三户九口贫困户的帮扶脱贫,上药信谊以基层党组织与石甲党组织双方支部共同结对的形式进行,每个支部结对一户,针对不同的情况,"一户一策"精准扶贫。目前,三户九口已实现脱贫目标。

信谊帮助石甲村党总支培养了两名"文明督导员",希望强化石甲村党员干部及村民"脱贫靠自身、发展靠自己"的理念。2019 年，信谊邀请了石甲村文明督导员及相关村干部代表一行 6 人来沪交流，让他们在开拓视野的同时，感受来自企业帮扶共建的最大诚意。

"四个一同"携手共进

上药信谊援建石甲村，共同搭建红旗党建阵地，"四个一同"携手共进：一同学习党的革命精神，跟党走、听党话，共同努力完成革命事业；一同展示党组织的优秀形象和党员的先进事迹，共同努力凝聚党组织和党员的智慧和力量；一同开展民俗文化活动，继承和弘扬传统文化精髓；一同学习新的生活本领和新的工作技能，携手共进，实现乡村振兴。

为此，信谊出资 13.88 万元在石甲村建立了一个 60 平方米的红旗党建活动中心和一个 200 平方米的彝族文化打歌场，目前项目已竣工并正式启用。党员们有了可以集中召开会议、开展活动的场地，石甲村党总支也完成了党支部规范化达标的建设要求。打歌场的建成使用，对传承民俗文化，丰富村民业务生活起到了很好的作用。

"五个健康"温暖人心

上药信谊立足行业，发挥自身优势，为贫困村送上"五个健康"，即："一个健康理念""一批信谊良药""一批健康设备""一个药品专柜""一批最美村医"。

2019 年年底，信谊邀请了当地县医院的全科医生小分队去石甲村义诊，受益村民达百人，收到了良好的效果。同时，信谊的社区健康科普员也在当地举行了两场大型的健康科普讲座，传播慢性病的保健常识，共计 100 多名村民参与听讲。

六大机制良性循环

为了更好地完成扶贫工作，上药信谊党委制定了六大机制，即平台机制、

帮扶机制、本质机制、文明机制、文化机制和带动机制等。围绕着这六大机制，上药信谊党委将机制与帮扶项目进行联动，助推脱贫攻坚工作形成良性循环发展动力。截至目前，信谊出资援建了标准卫生室、红旗党建活动中心，并向爱心超市捐助物资10万元，向贫困学生资助13.4万元，此外，还援建了一条主干道，这条以"上药信谊"命名的道路长4.3千米，为当地居民的出行带来了极大的便利。信谊还出资建造了两个卫生厕所，投入费用10.5万元。

今年6月初，在验收调研过程中，信谊发现石甲村大甲板村缺少卫生厕所，故决定资助大甲板村再建设一处卫生厕所。

脱贫摘帽不是终点，而是新生活、新奋斗的起点。在3年时间里，上海医药集团党委副书记赵勇，上实集团总裁、上海医药董事长周军等同志先后远赴石甲村，为扶贫工作提出了诸多指导性的建议，鼓励大家为"健康中国"贡献力量。

信谊作为百年药企，在做好药的同时，自始至终肩负着为民族崛起、为百姓服务的大义。我们有幸能够和石甲村结识这样一段缘分，能够和全国人民一起投入这场声势浩大的脱贫攻坚战之中，并努力让曾经的贫困村奔跑在可持续发展的康庄大道上，这就是我们对"信谊"这两个字的内涵最深刻的诠释！

上海地铁：他带着初心和使命行走在村头巷尾、田间地头……

——记维保工务分公司支部书记顾平派驻奉贤拾村村支援扶贫工作

"春种一粒粟，秋收万颗子"。秋风习习，稻香四溢，1.5万斤新收获的大米满载着丰收的喜悦，端上了上海地铁维保工务分公司职工们的餐桌。眼下，成片的稻谷已进入收割期。村民开着收稻机在金灿灿的稻浪中纵横驰骋，将饱满的稻谷尽收其中。

这是工务分公司积极响应"村企结对"号召，从奉贤区四团镇拾村村采购回来的稻米，煮出的米饭香、糯、吃口好，职工们赞不绝口。

这也是工务分公司综合大修部党支部书记顾平被选派到奉贤担任驻村指导员的第一个秋天。他始终秉持着地铁工务人的"真"与"实"，紧紧围绕脱贫攻坚这个中心任务，用实实在在的服务，让村民有了更多的获得感与幸福感。

根据《中共上海市委组织部上海市农业农村委员会关于选派优秀干部支持本市经济相对薄弱村发展工作的通知》以及《市选派驻村指导员管理工作办法》等文件要求，2019年7月顾平响应号召，踏上了在四团镇拾村村为期一年半的"助"村之路。

5个多月来，他带着

一个党员的初心和使命行走在村头巷尾、田间地头……

扎根现场，"面对面"取代"键对键"

"电脑上村民的资料过于片面，还是想去现场走一走。"就如同地铁工务的工作，通过跑现场得来的资料往往更具体、更准确。

进驻村以来，为了摸清拾村村的现状和困难，顾平坚持把倾听群众心声作为自己的首要工作来做。他邀请村干部和村民小组长、党代表到村委会，了解发展计划，掌握村里的基本情况。

同时，他还实地走访了不同层次的村民群众，倾听他们真正想要什么、盼什么。从拾村村共有25个村民小组，村民1111户，在动态调整中精准识别，发掘今后工作的着力点与突破口。

化解纠纷，办公室就是调解室

"有爱心人士租用闲置房屋养了上百条宠物狗影响居民正常生活。"

"台风天刮断了一棵树，阻碍我们出行。"

顾平虽居住在奉贤，但仍需驱车30多千米才能抵达拾村村，但在为群众做实事方面他丝毫没有端出"指导员"的架子，也没有"外来者"的隔阂。

他把自己的办公室当做调解室。村民们反映的问题纷繁芜杂，既有拆违遗留、垃圾分类等"时事热点"，还有家庭不睦、邻里纠纷等"家长里短"，对此顾平都会仔细记录下群众的需求，并向他们宣讲相关政策。对于情况复

守望相助　携手小康

杂的，顾平都会主动与村班子条线人员共同去现场查看，成立专项工作小组，结合拾村村实际情况制订适用的处置措施。

4个月来，累计受理投诉、纠纷70多件，得到了老百姓的广泛认可。

问计企业，打响拾村文化品牌

为了进一步提高村党支部的凝聚力和战斗力，顾平协助村书记规范了各项工作程序，带头学习重要讲话精神与各类文件，将党的建设融入各项重要工作建设中去。顾平一直坚信乡村振兴离不开产业兴旺，也离不开文化振兴。为此他多次向上级党委反映拾村发展需求，寻求支持。

9月，工务分公司应邀参加了四团镇拾村村委举办的"拾村新米道"十家村·新大米产品发布会，认购1.5万斤新大米，助力村民财富增收；同时还在党建联建、民生问题、美丽乡村文化等方面商讨脱贫攻坚的良方，为全力打响拾村文化品牌贡献力量。

驻村更驻心，"地铁人"摇身一变成为驻村指导员。调动的是岗位，变化的是工作内容，但是全心全意为人民服务，时刻将群众利益摆在心上的态度不会改变。这是中国共产党人的一面旗帜，这种精神源远流长，历久弥新。

隧道股份：上海隧道扶贫路上的五颗红心

"其作始也简，其将毕也必巨。"在2020年3月决战决胜脱贫攻坚座谈会上，习近平总书记引用了这样一句古语来形容脱贫攻坚发起最后冲锋的重要意义。党的十八大以来，在党中央、国务院的领导部署下，全国掀起向贫困决战的热潮。东西部扶贫协作、村企结对、干部下沉挂钩，一系列扶贫举措落地。而这其中，沪滇扶贫协作备受瞩目，2018年9月，上海市国资委下发《关于开展"双一百"村企结对精准扶贫行动的通知》，作为上海国企，隧道股份下属上海隧道工程有限公司率先响应，依托昆明分公司迅速行动起来。

为做好结对帮扶工作，隧道股份上海隧道党委多次到结对村组进行实地走访调研，提出了"真心实意帮扶，真金白银投入"的总基调。并根据每个村组特点精准施策，制订了"精准扶贫总体规划实施方案"，从集体经济、技能培训、劳动力转移、公共设施筹建等诸多方面进行具体帮扶，在实际结对中，又凝练出五颗"红心"切实推动扶贫工作干出实效。

抓住核心，集体经济强起来

"绿水金山就是金山银山"，良好的生态环境不仅是栖息宜居的要求，也是脱贫致富的基础。松棵村、落水洞村地处寻甸县联合乡山区，两村海拔均在 2400 米以上，年平均气温 12.5℃，独特的气候环境是中药材的理想种植地。

精准扶贫，重在"精准"，落水洞村当地村干部根据这一思路萌发了种植重楼的设想，但当地农户既缺种植经验，也缺销售渠道，有心尝试，却无力开展。根据这一情况，上海隧道在一村一方案中对集体经济进行资金扶持助力重楼种植专业合作社的建立，依托合作社，让重楼种植先行先试，再逐步推广到农户，当地村民在传统的玉米、马铃薯种植外，也将多一条脱贫致富的路径。

增强信心，致富之志立起来

扶贫工作是一项系统性工作，增强贫困人口脱贫致富的意识和信心也十分重要。为此，上海隧道昆明分公司紧紧抓住"立志"这个牛鼻子，针对不同年龄群体采用不同方式激发群众脱贫的内生动力。

一是针对贫困家庭学生设立奖学金，鼓励青年学生他们继续用心学习。二是设立"精准扶贫阳光互助点"委托村支书聘用了帮扶人员，每个月分别到低保户、五保户、贫困党员、伤残人士等家里开展互助活动，从理发、清扫卫生、协助干农活、陪伴聊天等方式，减轻老年人的身体负担，舒缓困难群众的压力，让他们树立脱贫致富的斗志。

不忘初心，联建共建快起来

党建引领，多措并举是沪滇扶贫协作的初衷，在上海驻昆办的组织领导下，驻滇沪企组成"多位一体"党建联盟，上海隧道昆明分公司作为其中成员，积极参与联建共建活动，2019年11月，在驻昆办牵头下，昆明分公司还参与到武定县高桥镇树沟村扶贫工作当中，在了解到当地群众物资采购距离远，缺乏就近采买的地点后，多位一体党建联建单位成员提出了捐建爱心超市的设想，经过多方准备，2019年12月25日爱心超市正式营业，在启动仪式上，昆明分公司党总支书记吴伟代表公司向超市管理方现场捐赠了1万元。

"党建搭台、扶贫唱戏、群众受益"。通过联建单位成员的共同努力，各类扶贫设想逐一落地，党建联建成员单位间交流也更加密切，各项工作进展步伐明显加快。

专注细心，帮扶措施多起来

决战脱贫攻坚时间紧，任务重，结对帮扶措施多一点，致富脚步也就快一点。为此，上海隧道从群众生产生活中的细节着手，促就业、美村貌、带

产业、拓销售。

一是组织专业技能培训，对结对村的青壮年劳动力进行专业技能培训，并积极联系有关单位吸纳青壮年就业；二是捐资进行村容村貌美化，营造致富氛围，结合当地民族风情，在显眼位置制作了多幅群众喜闻可见的宣传墙绘壁画，为群众致富脱贫加油助威；三是在大力推动以重楼为主的特色种植业外，进一步推动当地农副产品向深加工迈进，目前正积极协助落水洞村争取火腿加工厂项目；四是利用公司平台，定点采购农副产品，拓宽农户的销售渠道。截至目前，上海隧道捐赠扶贫资金108.85万元，物资折款107.34万元（其中消费扶贫占79.82万元），帮困助学36人次，帮困慰问274人次。从资金使用到产业规划，再到产品销售，上海隧道用一份细心助力群众致富路越走越宽。

下定决心，帮扶支教动起来

"穷不读书穷根难断，富不读书富不长久"，这句俗语在云南广大山区广泛流传。教育是阻断贫困代际传播的重要手段。2018年9月起，一群身着蓝色外套的身影出现在了法安村小学的课堂里，他们带着从未走出大山的孩子们学英语、学绘画、学工程知识，参观动物园。"老师，你带来的盾构机模型好厉害啊，希望我以后也能去开这样厉害的大家伙"，一个孩子充满期待地说。"加油！你可以的，老师相信你，老师也将继续努力，带你们去看更精彩的世界！"蓝色身影坚定地说。

这群蓝色身影就是飞跃2000多千米，又在山路中行进4个小时后来到法安的上海隧道支教队员。在前期充分调研的基础上，上海隧道选择了法安村小学作为教育

扶贫的基地，精心选拔优秀的青年干部到法安村开展支教工作，为确保教育扶贫能连贯有序，支教队员下定决心，全脱产参与支教，支教队员到来后开新课、拓宽学校课程资源，丰富孩子们的精神文化生活。

截至目前，上海隧道累计派遣支教队伍 6 批次，支教青年干部 30 人次开授 36 堂课。待新冠疫情更加稳定后，支教工作将继续展开。

山高路长帮扶情，上隧寻甸一水间——这是印在上海隧道消费扶贫采购的矿泉水上的一句话，短短一句话确实最真实的写照。扶贫带来了合作交流，更带来了感动和温暖。在决胜脱贫攻坚之际，隧道股份上海隧道的五颗红心依然发挥着独特光芒。

爱心助农

机场集团：以"造血式"就业扶贫提升对口帮扶实效

基本情况

南华县地处滇中高原，位于云南省楚雄州西部。全县国土面积2343平方千米，辖10个乡镇128个村（社区），常住人口24.36万人，少数民族人口占44.64%，是国家扶贫开发工作重点县、云南省革命老区县。2014年6月建档立卡时，全县有2个贫困乡镇、20个贫困行政村、6941户26261名贫困人口，贫困发生率达14.77%。

上海机场集团全面落实党中央、国务院关于深入推进东西部扶贫协作的战略部署，认真贯彻上海市国资委"百企帮百村"精神，以"三带两转"为主要内容制订南华县贫困村帮扶方案。上海机场在上海市慈善基金会注资1000万元经费用于南华县专项项目扶贫，并与南华县签署了"百企帮百村"合作协议，同时，派驻一位党支部书记挂职南华全力抓好帮扶工作；以"助学、助教、奖学、奖教"为基础进行教育帮扶，目前共为432名贫困生和10名教师实施了帮扶；利用上海机场国际通道的优势在两场设立广告牌对南华县大力宣传；设立107个公益岗位全面提升村容村貌整洁度；安排下属13家基层党组织与南华县开展党建联建；招聘93名劳务员工到上海机场工作，并出经费帮助他们提升职业技能。到2020年6月，南华县贫困发生率从2014年的14.77%降至0.66%。两年多来，上海机场动真情、扶真贫、真扶贫，全方位、多领域精准帮扶，助推南华县脱贫奔小康，帮扶工作得到当地党委、政府高度赞赏，赢得了南华人民的一致好评。

守望相助　携手小康

经验做法

由于南华县山区面积达 96%，且有 3 个乡镇属国家自然生态保护区，轻重工业发展受限，但劳动力资源十分丰富，外出务工是当地村民增收的有效途径，受交通、环境等因素影响，村民外出务工资源极少，务工增收成为村民的一大难题。上海机场经过多次调研，以劳务输出为切入点，对标"带人"要求，把"劳务协作"作为重点帮扶项目之一，精准施策，多措并举，促进农村劳动力转移，圆了百姓的务工增收梦。机场先后选拔了三批建档立卡贫困户到机场从事机坪护卫、飞机监护、消防救援、停车收费、机场保洁等工作，通过拓宽劳动力转移就业渠道助力脱贫；同时，与上海市浦东新区电视开放大学和上海启航学校合作，组织 45 名员工参加学历继续教育和劳动技能培训，增强南华员工的主动意识，改变就业观念，实现由"输血"到"造血"的转变。

"劳务协作"有效解决了当地村民外出务工的困难，促进了当地群众增收脱贫，涌现出了许多通过外出务工实现脱贫的典型人物。龙川镇斗华村委会大李家村贫困户李小龙家共 4 口人，家庭经济收入来源少，生活困难，前几年李小龙读大学，父亲常年患病。脱贫攻坚战打响后，2014 年 3 月，李小龙一家被纳入了建档立卡贫困户，2019 年达到"两不愁三保障"脱贫出列。

据村民介绍，当时李小龙一家的生活水平在村里算是最困难、最"老火"的一家，但是一家人不等、不靠、不要，借助于党和政府的好政策，勤劳踏实肯干，努力克服困难。根据沪滇协作有关框架协议，按照"百企帮百村"的总体要求，2019 年 3 月 25 日，南华县首批 35 名到上海机场务工人员正式签约，作为建档立卡贫困家庭的李小龙也一同到了上海浦东国际机场从事飞机监护工作，通过自身的勤奋努力和辛勤工作，不仅工作表现得到了所在单位的认可，同时也取得了丰厚的工资收入，目前，李小龙和其他一同到机场工作的员工，月平均工资扣除五险一金外均在6500元以上，年纯收入从外出务工前的四五千元增加至现在的八九万元。

"没有出去打工以前，全家人一年到头靠仅有的5亩田地种玉米、烤烟，很长一段时间家里经济收入十分拮据，有时候更是连种地的种子、农药都买不起，现在想想那种日子都还害怕。在外面打工虽然也很辛苦，但和在家里相比，已经轻松多了，最主要的是收入增加了，日子也越过越好了。"李小龙说："以前敢都不敢想能够告别黑黢黢的老房子，告别靠'天'吃饭的日子，虽然一路走来不容易，但是住上了宽敞漂亮的新房子，吃不愁、穿不愁，摘掉了'贫困户'的帽子，心里美美的。"

工作启示

李小龙家只是上海机场"劳务协作"促进村民脱贫致富的一个典型，贫困户张国洪也是第一批被招聘到机场的员工，在机场工作中体会到机场的真帮实扶后，动员其弟弟张国海参加第三批招聘，经过选拔后也被机场录用了。像这样的例子还很多，其实被机场录用的110名南华籍员工，每个员工的背后都有一个生动的故事。在"百企帮百村"精准扶贫的路上，李小龙、张国洪等建档立卡贫困户脱贫致富的过程和积累，促进了贫困村脱贫退出、贫困县脱贫摘帽。

久事公交:"四个确保"聚力促进脱贫攻坚

上海久事公共交通集团有限公司是上海市公交行业的骨干企业,运营总体规模约占市公交市场份额的 50.58%。集团党委坚决贯彻中央精准扶贫战略决策和市国资委"百企帮扶百村"工作要求,主动承担国企社会责任。2018年 12 月与广南县那洒镇魁母甲村签订"双一百"村企结对精准扶贫协议,以"三带两转",即带人、带物、带产业、转观念、转村貌为核心,制订帮扶工作方案,努力实现贫困群众生产生活条件明显改善,扶贫对象自我发展能力明显增强的目标。

摸清扶贫底数,确保项目"靶向定位"

久事公交党委认真履行结对帮扶责任,成立以集团党委副书记为组长的工作小组,并研究制订精准扶贫项目清单、实施方案,通过实地调研,详细排摸村内基本情况、致贫原因和帮扶需求。针对魁母甲村基础设施建设严重滞后、因病因残致贫人口较大、产业带动发展程度较弱和贫困户内生动力严重不足等问题,瞄准真正的贫穷对象,有效地解决贫困村的脱贫和发展问题,筹集扶贫资金,真正做到扶贫资金和捐赠物资"一项目一方案"精准施策,对帮扶项目建设进行定向跟踪,确保高质量完成。

久事公交党委在前期调研

和资金到位的基础上,通过村民对脱贫轻重缓急的需求,重点解决村容村貌、村民就业和产业脱贫等问题。

紧盯村民需求,确保扶志难题破解

魁母甲村小学位于村委会,学生主要来自董窝、威乍、九单地、那坡、鱼塘5个村组,由于当地基础设施落后,只有一条村间土路相连接且有村河阻隔,尤其是雨季水位上涨时,学生涉水过河存在较大安全隐患。久事公交在村企结对走访调研中聚焦群众急难愁问题,首先提出投入15万元,修建一条沙石路替代原先的土路,解决周边120余名适龄儿童上学难的问题,在各方协调配合下短短3个月内就完工了从那坡与威乍交界处到魁母甲小学间长约4.5千米的"求学路"。同时购买42盏照明路灯照亮魁甲母村周边夜路,让村民夜晚安心出行。

转变种植观念,确保产业良性发展

久事公交党委在推动当地农业发展上,针对转变农民长期以来种植玉米、水稻的陈旧观念,通过与魁母甲村两委班子观摩典型、学习先进对照发现,传统种植经济效益低、商业化推广难,要选一条适合的发展之路,彻底改变当前种植产业。魁母甲村通过召开党员和村民代表会进行广泛征求意见,结合村内土质、水源等情况,最后选择发展百香果种植产业。选用村内开拓意识强的致富带头大学生,制订了发展规划,明确具体目标和实施措施,

并建立资金使用考核考评机制，带动了周围农户种植积极性。2019年年底率先带动了当地建档立卡贫困户181户开展了种植，发展百香果种植300余亩。

创优工作机制，确保就业渠道拓宽

在解决村民就业问题上，针对全村建档立卡贫困户335户1524人的就业问题，久事公交党委和村委采用盘活闲置土地的方式和合理土地流传的方式吸纳劳动力就业。一方面，对规划项目区内无劳动能力种地的农户，采取协商方式，以年亩转租费300元，把土地流转出来，用于发展种植产业；另一方面，对有劳力而不愿土地转租的农户，通过地块调整，从而实现流转。这样的安排既确保剩余劳动力有活干，又促进土地流转户增收，其中涉及建档立卡贫困户土地流转47户，建档立卡劳动力基地务工124人，最后引导剩余劳动力通过参加劳务技能培训，外出打工，有效解决了土地流转户的再就业问题，形成良性循环。同时，也使百香果种植土地从300亩稳步扩展至900余亩。

久事公交集团党委将一如既往按照习近平总书记重要讲话精神，聚焦脱贫标准，强化工作措施，加强与结对帮扶村的沟通，做到真扶贫、扶真贫、真脱贫，为结对帮扶村改变村容村貌、改善生活水平作出应有贡献，助力广南县脱贫攻坚任务圆满完成。

绿地集团西北事业部：
发挥企业力量　助力脱贫攻坚

2020年是全面打赢脱贫攻坚战的收官之年。在现行标准下，2020年农村贫困人口如期全部脱贫，是党中央向全国人民的郑重承诺。

近年来，绿地集团围绕精准扶贫战略核心，积极发挥政府、企业和社会等多方面协同作用，实现"输血式"扶贫向"造血式"脱贫的转变，助力贫困地区产业创新发展，创造就业岗位，让贫困主体融入市场。绿地集团西北事业部牢记社会使命，积极投身社会公益，立足精准扶贫，与西北地区多地市进行对接，参与到精准扶贫工作中。

产业扶贫，变输血为造血

2018年2月2日，绿地（延川）梁家河产业投资有限公司正式揭牌，同时绿地集团与延安市延川县签署了产业扶贫协议。根据协议，绿地与延川结成对口帮扶对子，以产业扶贫为切入，在红色旅游、基础设施建设、金融产业等领域与延川县积极合作，与延川县扶贫公司合作，成立合资公司，作为平台长期支持延川县产业扶贫。

协议签订后，西北区域管理总部成立了延川项目产业扶贫专项工作推进组，由事业部总经理担任组长，由财务管理中心、产业管理中心、综合管理

中心、投资发展中心、陕北区域公司参与,抽调专人负责产业扶贫工作推进事宜,多次赴延川考察了文化旅游、农副产品加工、电商扶贫等二十余个项目。同时,绿地梁家河集团有限公司已经正式成立,注册资金5亿元,重点在农产品加工销售、文化旅游、金融等领域开展合作。6月11日,梁家河原生态特产首发仪式在绿地G-Super上海杨浦紫荆店举行,这也是梁家河农产品首次进入全国商超系统。目前,梁家河特产已经进驻G-super全国83家门店,设立了"绿地直采·梁家河原生态产品"专柜,两年来共采购农副产品种类10余种(主要为陈醋、小米、苹果等),进货金额近50万元。

1500个岗位,送到百姓"家门口"

6月16日,绿地集团西北事业部为山西决战决胜脱贫攻坚工作再添一把"新柴"——举办"决战决胜、脱贫攻坚"2020年度公益扶贫计划发布暨阳曲现场招聘会。现场,绿地集团西北事业部协调旗下相关企业,针对贫困地区劳动力精准筛选出1500个就业岗位,不远千里送到了贫困群众的"家门口"。在招聘会现场,临县白文镇圐圙村村民刘富强成功应聘,成为绿地太原新里城项目的渠道专员。还有很多和刘富强一样的应聘者,他们一边寻找着最中意的工作,一边感受着绿地集团带给他们的踏实和温暖。在脱贫攻坚路上,不仅有政府的"兜底"保障,还有责任企业的"贴心"送"饭碗"。

当天的招聘会现场,吸引了来自临县、隰县等山西多个深度贫困县的求职者前来应聘。一上午,招聘会现场达成就业意向76人。其中,高中及以下文化程度32人,建档立卡贫困人员15人。与以往不同的是,这次招聘会同步启动的还有线上招聘。省人力资源市场通过山西人才网和官方微信设置专区同步发布就业岗位

信息，为不在现场的求职者及时了解招聘信息提供方便。截至当天下午 5 时，山西人才网线上招聘浏览量 10014 人次、山西省人力资源市场微信平台浏览量 2064 人次。

在捧稳了"饭碗"的同时，如何持续稳定百姓对未来生活的信心？在当天活动的现场，绿地集团拿出了"百企千岗促就业"公益扶贫计划，与山西省就业服务局、山西日报报业集团签署三方战略合作协议。该协议以全省已脱贫和即将脱贫的县（区）为重点，连续 3 年专门面向建档立卡贫困户、困难就业群体、农村劳动力提供就业岗位，助力山西决战决胜脱贫攻坚目标任务完成和乡亲们脱贫后稳得住。

助贫帮困　彰显国企担当

近年来，绿地集团西北事业部积极参与到各项公益扶贫事业中。主要包括：出资扶贫产业园设备、坚持数年向山阳中学捐款、志丹少年儿童足球训练基地项目捐款、重阳节慰问老红军活动、敬老院慰问等扶贫活动，累计进行各类捐款捐物近 400 万元。连续 9 年对商洛市山阳中学的品学兼优的贫困学子送去慰问金，帮助他们顺利完成学业。9 年来累计捐赠 35 万元，资助了近百位品学兼优的特困生，很多孩子都在资助下考入了西安交通大学、中国矿业大学、西北农林科技大学等重点大学。

与西安市鄠邑区、延川县、宁陕县、周至县等地进行对接，参与到产业帮扶工作中。其中，2017 年对宁陕县兴隆村进行了定点产业帮扶，向当地蜂农捐赠养蜂设备 8 万多元。据当地政府反馈，绿地援助的设备到位后，每年

增产1万斤,每年增收20万—30万元。为了帮助贫困群众打开销路,绿地西北还组织员工帮助贫困群众建羊圈、购买当地的土特产,如苹果、葡萄等,累计帮助近千人。除此之外,还积极参与到陕西广播电视台、西安广播电视台等主流媒体组织的义卖活动中,所购买的公益产品,全部捐赠到贫困地区,累计捐赠近10万元。

百联集团：充分发挥零售优势爱心助农脱贫攻坚

为了响应市委、市国资委打赢脱贫攻坚战号召，百联集团利用零售渠道优势，开展精准扶贫，助力贫困地区脱贫攻坚。

云南永仁扶贫产品入驻百联 LEME 生活鲜超

百联集团与云南省楚雄州永仁县开展"百企帮百村"，云南省楚雄州永仁县素有"中国松露名县"之称，盛产优质松茸产品。这次 LEME 生活鲜超引入的优质松茸系列产品均为野生、纯天然的康养好产品。这些野生菌的销售渠道决定着当地贫困户的经济收入，承载着贫困农民脱贫致富的希望。由于客观条件所限，商品种类较少，而且商品营销宣传等方面都难以满足常规经营的要求，所以渠道一直难以打开。为了能让扶贫商品尽快上架销售，集团旗下百联股份食品超市部克服了时间紧、任务重等困难，开辟门店合同信息、单品信息新增的"绿色通道"，把好食品安全质检资质审核关，同时在营销推广、宣传物料制作等方面提供全力支持，顺利完成了"永品入沪、消费扶贫"的首次尝试。

开展助力云南扶贫项目主题活动，惠及企业职工

2019年12月，集团工会安排旗下联华股份专程赴云南，深入生产基地挑选农副产品，指导兴红农业供销合作社进行质量检测、分拣包装、物流运输，

共采购了10吨椪柑、2.5吨核桃，把椪柑与核桃及时发给集团广大职工，职工们纷纷点赞。活动期间，共使用工会经费1940100元，惠及26522名职工，既为国家的扶贫工作贡献了力量，又为广大百联职工增加了福利。

把金山特色农产品引入超市销售

2017年至今，百联旗下联华股份与云南、贵州、四川、安徽4个地区，采用"农超对接"的方式，采购商品7个，采购量288吨，金额243万元。联华超市与金山区农委开展农超对接以来已有多个项目对接成功，把金山特色农产品引入超市销售，给顾客带来了更多的选择，也为上海本地农产品开拓了市场。先后与金山区供销社、上海银龙果蔬专业合作社、上海联中食用菌专业合作社等，销售金山特产葡萄、蟠桃、蘑菇等，截至2020年6月，采购量共661吨，合计金额1124.6万元。

爱心助农"红洋葱销售"

2018年5月起新洋葱开始大量上市，伴随着全国各地洋葱上市量的增多，供应面愈加宽松。得知这一情况后，集团旗下联华股份抱着"爱心扶贫、消费助农"的理念，与政府合力，一起拓展销路，助力大凉山的洋葱销售。为了号召市民积极购买，世纪联华、联华超市、华联超市在卖场的果蔬区专门设置了"公益助农爱心洋葱"销售区域，在收购价格基础上只加运费及人工成本作为定价基础向市民推广，得到了广大人民群众的一致好评，大家争相购买，5月9—21日短短的两周时间共销售了82吨，树立了良好的联华形象。

晓曦红宜昌蜜橘香飘申城

从2013年起，华联吉买盛第一次参加湖北宜昌柑橘节，与晓曦红柑橘专业合作社达成合作意向，并于同年11月15日启动湖北三大名果"晓曦红宜昌蜜橘"上海推介月活动。湖北三大名果之一——晓曦红，果面光洁、果色鲜亮、果皮细薄、果肉脆嫩、爽口化渣、风味浓郁、香气怡人，可溶固形物达到 12.5%，是蜜柑中的上品。2020 年是吉买盛与晓曦红合作的第八个年头，晓曦红也成为吉买盛特有的水果知名品牌，2013—19 年销售达 464 万元。

百联中环举办农产品推介会，聚人气、得双赢

2019 年 6 月，百联中环购物广场举办了黔菜入沪产销对接专场推介活动。活动期间，共有产自贵州省的蔬菜、畜牧、茶叶、粮油等 30 多类特色农产品参加展示，贵州蔬菜注重自然生长规律，不打农药、不施化肥，生长周期一般为 3 个月以上，较长的生长周期和传统的耕作模式保证了贵州蔬菜营养更丰富、食用更安全、口感更香甜，深得消费者喜爱。推介活动吸引了不少市民和流通企业代表现场观摩并购买，与此同时，前来体验的消费者也让广场客流在短时间内明显提升，为商场销售增长也起到了积极作用。

百联金山持之以恒开展帮扶，形式多、效果好

百联金山购物中心与山阳镇的向阳村、海尚居委会、三岛龙洲居委会、吕巷镇白漾村结对共建扶贫，2014 年至今，总计慰问贫困户 65 人次。近年来，根据市委市府要求，金山区积极推动落实与云南省普洱市宁洱县、墨江

县、景东县、镇沅县等结对四县携手奔小康工作。金山购物中心积极响应政府号召，2019年10月，在第六个"国家扶贫日"期间，主动免费承办了云南普洱特色商品金山展销会，全力推动金山区"人人可为人人愿为"的消费扶贫新格局。同时，公司将贯彻落实打造夜间经济的工作要求及与农村结对帮扶紧密结合，多次与金山区、山阳镇相关部门沟通联系，充分利用夜市的资源渠道，主动对接相关村镇贫困农户，免费提供夜市摊位，供其售卖自种瓜果蔬菜，为其脱贫提供了更多途径，真正实现互利互惠、合作共赢。

衡山集团：助力云龙县脱贫

2019年3月27日上午，云南省大理州云龙县政协主席张国雄率团来到衡山集团，对接村企精准扶贫结对帮扶工作。在衡山厅召开的座谈会上，集团副总裁、工会主席熊凯与云龙县副县长董立强代表双方签订村企结对帮扶协议，并就推进村企帮扶工作进行深入沟通交流。集团党委委员、资产部部长陈姝娜，组织人事部副部长王飞鸣，团委书记袁璐等出席会议。会议由集团党政办主任朱茜主持。

为贯彻落实上海市《关于开展"双一百"村企结对精准扶贫行动的通知》精神，按照市国资委的统一部署要求，集团党委领导高度重视，于去年11月下旬委派考察小组，走访指定集团精准扶贫帮困点——云南省大理州云龙县民建乡岔花村，实地考察了解当地经济状况以及扶贫的具体需求。年底，结合双方实际和特点，细化制订了《村企结对帮扶三年工作方案》，明确了工作目标、主要任务、组织保障，明确了结对帮扶主要围绕"三带两转"，即带

人、带物、带产业，转观念和转村貌，开展项目帮扶和党建联建，积极助力对口地区打赢脱贫攻坚战。

会上，云龙县委常委、县委宣传部部长张伯川介绍了云龙县县情以及脱贫攻坚行动工作开展情况。云龙县位于大理、保山、怒江 3 州市结合部，总面积 4400.95 平方千米，最高海拔 3663 米，最低海拔 730 米，是大理州面积最大的县。全县有 4 个深度贫困乡镇、47 个贫困村（其中 24 个深度贫困村）。此次与衡山集团结对的岔花村，位于大理、保山、怒江三地州交界处，山高坡陡，土地贫瘠，地势偏远，交通不便。全村国土面积 63.88 平方公里，最高海拔 1977.3 米，最低海拔 730 米，有农户 560 户 1981 人。全村有建档立卡贫困户 168 户 705 人，其中未脱贫 70 户 284 人。目前综合贫困发生率 14.3%。张国雄表示，感谢衡山集团对云龙县结对帮扶工作的大力支持，希望今后加强互动交流，推动帮扶合作深入开展。

熊凯表示，集团党委班子要深刻认识精准扶贫行动的重大意义：一是提高站位，做实市委和市国资委精准扶贫要求；二是确保实效，坚持村企联建，因地制宜，互惠双赢；三是统筹协调，找准帮扶途径，更好地结合集团资源优势，以更加务实的作风，把帮扶工作具体化、项目化，努力助推云龙县地方经济取得更大发展。

据悉，衡山集团通过消费扶贫，购买当地茶叶等产品，扶持发展壮大当地特色农副产品，帮助贫困村实现产业增收。

华虹集团:"云南美食节"奏响精准扶贫新乐章

本周,一场好玩、好吃又有特别意义的"云南风情美食节"活动在华虹创新园、华虹科技园三大园区餐厅精彩呈献。

作为华虹集团对口帮扶行动方案的重要组成部分,"云南风情美食节"活动开幕的当天,云南省大理州漾濞彝族自治县县委常委、县人民政府副县长胡漪和贫困村的代表一起来到活动现场,与华虹科技领导及锦绣申江的员工们共同见证了这一华彩篇章的开启。

本次美食节活动,华虹两大园区的员工们在餐厅品尝到了用云南当地新鲜原生态食材烹饪的特色佳肴,体验到了纯正的云南风味美食,特色美食也引发了餐厅长长的排队队伍。

员工们在餐厅门口的许愿墙上亲手写下了对云南贫困村的祝福与心愿,

汇聚成秋日里的"爱心"暖流。

3家餐厅的服务人员穿上了颇具民族特色的服装，戴上纯银的头饰；餐厅里点缀了云南特有的装饰小品，让就餐员工感受到了浓浓的民族风情。短短几天的美食节活动，在网上也掀起了热烈的讨论，好评如潮。本次2019年云南风情美食节活动，旨在让更多大山深处的绿色生态产品走向上海人民的餐桌，积极推进消费扶贫，切实帮扶贫困村的特色产业，帮助贫困山区的人们早日脱贫。同时，希望扩大扶贫工作影响力，让更多的企业及爱心人士参与到精准扶贫行动中来。

锦江国际集团：探索消费扶贫新模式 助力遵菜喀果入校园

锦江国际集团上海高校后勤服务股份有限公司为全市63所高校、80万名大学生、388个学生食堂提供农副产品供应服务，同时，公司在全市高校开设了80余家教育连锁超市，每年为全市高校供应6万多吨农副产品和3亿多元的学习生活用品，是"农校对接"的重要平台。公司积极响应落实党中央和市委、市政府号召和部署，将"农校对接"和"精准扶贫"相结合，发挥高校联办后勤平台的作用，积极探索"消费扶贫"新模式。在沪遵和沪喀两地党委、政府支持下，助力遵义地区道真、桐梓、绥阳等县的农产品进入学校食堂，将喀什地区叶城核桃、泽普红枣等优质"新疆好味道"带进校园，让上海对口支援的贵州遵义和新疆喀什的优质农副产品和水果进入上海大学生的"菜篮子"和"果盘子"，助力遵义和喀什农民脱贫致富。

2018年2月，在上海市商务委"沪遵精准扶贫"农产品产销对接工作座谈会上，公司结识了上海市援黔干部、人称"卖菜书记"的挂职道真县委副书记周灵，帮助他采购了一车当地滞销的儿菜，解决了道真蔬菜滞销的燃眉之急。通过几次对接，公司及时总结经验，对蔬菜的规格大小、包装要求、运输规范制定了基本标准，指导农户对标上海标准，提升种植、收购和分

栋水平。针对当地物流配送基础薄弱等问题，公司统筹学校订单，由当地农民合作社统一对接建档立卡贫困户，直送公司冷链物流基地，再由公司安排高后配货物流统一配送到校。同时，公司还组织上海大学等几所高校的大厨们烹饪出各种类型的菜品，原生态的口味得到了学生们的青睐，并逐步将南瓜、白菜、花菜等纳入采购范围。在运作4个月形成基本稳定的模式后，2018年暑假，公司组织上海各高校后勤负责人前往贵州遵义道真县考察当地蔬菜产业发展情况，并和县政府签约了产销对接协议。2018年9月一开学，第一批32所高校师生就吃上了遵义产的"扶贫菜"，并提出了"111"校园消费扶贫方案，倡导上海高校每一位大学生一年消费一公斤扶贫菜，得到了高校师生的支持。

同时，2018年9月，上海市国资委援疆干部正为"喀什味道如何出疆"而发愁。公司得知情况后主动对接，经积极筹备，在上海市对口支援新疆工作前方指挥部、市教委和锦江国际集团的支持下，由公司联合华东师范大学举办的"上海高校精准扶贫助力喀什脱贫攻坚"系列活动于2018年12月21日正式启动，拉开了喀什农产品进校园活动的序幕，将优质"新疆好味道"带进校园。驻沪中央及上海主流媒体对此进行了专题报道。依托公司服务平台，已在上海高校举行近百场"新疆优质产品进校园"集中巡展和专场推介销售活动，引进34个援疆商品在80余家教育超

市门店陈列推广销售,助力脱贫攻坚。

2019年2月22—24日,公司组织了复旦大学等12所高校的后勤负责人,并选派副总经理耿政松作为专业公益大使,参加了东方卫视《我们在行动》精准扶贫公益活动,进行了为期3天的节目拍摄。本站《我们在行动》以打造道真蔬菜品牌为主线,深入三桥镇接龙村和夏家沟村,为扶贫村提供指导,组织了道真蔬菜专场订货会,公司大厨现场烹饪了宝塔炒腊肉、百花酿圆椒、湘味三色花菜等源自道真食材的特色美食,各高校积极举牌,踊跃下单,并多次加单,订单总数达988吨,充分展现了上海高校参与"消费扶贫"的积极态度。

2019年9月6日,公司组织上海交通大学等11所高校的后勤负责人,并选派公司工会主席乐文欣作为专业公益大使,前往喀什地区的莎车、叶城、泽普、巴楚四县的农产品基地考察,并应邀参加了东方卫视《我们在行动》第四季精准扶贫公益活动。深入走访多名农户家,实地考察村民的农业种植情况,组织莎车站订货会。11所高校带头举牌,莎车县巴旦木及上海对口四县优质农产品收获了1亿元的订购销量,创下前三季节目的历史新高,得到了中央援疆办的肯定,"国家援疆"网站在头条进行了推广介绍。

公司采取统一订单,合作社绑定建档立卡贫困户,物流专车到沪,公司配货平台统一配送到校的方式,摸索出"遵菜和喀果入校园"的"消费扶贫"新模式。截至2019年年底,包括白菜、冬瓜、卷心菜、南瓜、花菜、香菇、青椒、西兰花、紫甘蓝、南瓜等22个品种的遵菜已经进入上海45所高校。2019年共消费850吨,总价值约500万元,帮助了当地近600家贫困户。2019年以来,高校食堂和教育超市共销售援疆商品1400万元,既将消费扶贫工作落到实处,又丰富了学生食堂的蔬菜品种,取得了较好的经济和社会效益。同时，高校参与消费扶贫对促进大学生更好地了解国情，体现大学的社会责任，也发挥了很好的作用。

在国家脱贫攻坚战略的指引下，上海高校后勤服务股份有限公司把打赢脱贫攻坚战作为国企的社会责任和使命担当，依托高校联办高校后勤配货平台，发挥教育连锁超市门店的渠道优势，探索和形成了较为完善的政府部门支持、公司平台运作、高校联动响应的校园消费扶贫新模式，用实际行动助力脱贫攻坚。

久事体育资产：聚焦村情民需 强化精准扶贫着力点

上海久事体育资产经营有限公司成立于 1994 年，是上海久事集团所属三级公司，对上海体育场、上海国际网球中心、上海东亚大厦等资产进行管理，公司党总支下设党支部 3 个，正式党员 31 名。

携手奔小康是东西部扶贫协作大格局中非常重要的一部分，为响应"双一百"村企结对精准扶贫行动，2018 年年底，资产公司与云南省文山州广南县篆角乡干坝村这个深度贫困村结对帮扶，聚焦村情民需、强化精准扶贫着力点，持续发挥爱心扶贫、产业扶贫、观念扶贫、项目扶贫作用，带动公司各企业、各相关方共同参与扶贫攻坚，推动"三带两转"扶贫项目落地落实。

心系远亲，完善"补血"措施

资产公司以 1+N 党建联建形式，推动各个党支部分别与若干村组党小组结对。上海和云南虽远隔千里，但资产公司一直情系干坝村，以主题党日活动为载体，引导党员群众人人参与、人人献爱心，捐赠衣物、被服等。2019 年以来捐赠衣物、被服等 997 件，发放到干坝村 18 个小组，近 200 户受到帮扶，御寒衣物暖人心。为改善特困群众的生活条件，资产公司提供 4 万元资金资助，购置家电用品（电视机、电磁灶、电饭锅），帮助干坝村部分少数民族群众改善生活条件。目前干坝村委会已召开村"两委"干部、驻村工作队员会议讨论，决定购买电视机、床、衣柜等发放到急需的家庭，采购电视机 10 台、电磁灶 10 套、电饭锅 10 套、床 50 套。提供 12 万元资金帮助干坝村建设爱心超市，改变了简单送钱送物的帮扶方式，旨在建立"勤劳换积分、积分换物品"正向激励机制，营造良好社会效果，成为汇聚社会帮扶力量中

守望相助　携手小康

转站，激发群众内生动力的加油站。

改善村貌，体现"输血"成效

如期打赢脱贫攻坚战，必须注重长效机制建设，资产公司提供 16 万元资金，用于改善松猫堡、新发寨两个村小组村内道路建设。松猫堡、新发寨两个村寨村内道路硬化项目建设，推动基础设施建设作用明显，村寨"转村貌"换新颜。提供 21 万元资金，用于帮助部分危房户进行房屋改造。干坝村结合实际，对享受政府政策补助 3 万元仍无能力建房的，用该项资金增加一定补助，共计补助 19 户。16 户贫困群众已经完成建房并迁入新居，3 户改造（安装门窗，建设厨房、厕所等功能性设施），助力改善住房问题，不断增强群众获得感、幸福感、安全感。

以买促帮，拓展"造血"功能

资产公司以高度的政治担当和社会责任感，两次赶赴云南省广南县干坝村，进行实地调查研究，了解掌握第一手资料。调研发现，干坝村境内盛产野生菌菇牛肝菌、鸡枞菌、木耳等，这些野生菌菇无公害、无污染，味道鲜美，营养丰富，设想开发利用干坝村潜在资源优势，将当地野生菌菇进行加工包装，可以推动干坝村绿色农特产品产业的发展。让干坝村这个贫困地区的农特产品走出大山，是一项实实在在、针对性很强的扶贫措施，既贯彻了村企结对精准扶贫行动"带物"的要求，也提升了对口帮扶地区"造血"能力。

购买扶贫产品，将扶贫行为与消费行为相结合，是一种新型扶贫模式，不仅能够帮助干坝村发展绿色农特产品产业，也能直接增加村民和村集体的收入，尤其是带动建档立卡贫困户增收。2019年6月，资产公司在久事体育工会及兄弟单位工会的大力支持下，牵头开展"以买促帮、以购代捐"消费扶贫活动，委托干坝村委会采购当地牛肝菌292盒（800克/盒）、黑木耳11盒（800克/盒），共计303盒，以此增加当地农户、贫困户收入。6月23日，该批农特产品运抵资产公司，随即发放到各采购单位职工手中，广受好评。

接下来，资产公司将更用心用情地做好村企结对工作，不断深化各领域合作，强化党建引领，细化方案，加强干部的能力培训，特别是提升干部组织群众脱贫的能力，开阔视野，带动村民增加自我改变现状的动能和意愿，转变发展观念落后的局面，加大对基础设施建设投入，在国庆前夕，资产公司还将再次牵头开展"以买促帮"消费扶贫活动，推动精准帮扶成效持续发力，让扶贫项目成为政府所需、群众所盼，并可持续发展。

国盛集团：架起精准扶贫的"村企之桥"

上海国盛（集团）有限公司是上海市国有资本投资运营平台之一，在努力发挥平台优势，发展经营业务的同时，积极响应国家脱贫攻坚战略，在落实上海市委、市政府城乡结对农村综合帮扶和"百企帮百村"村企精准帮扶行动中，坚持将履行国企社会责任和服务经济发展相结合，把扶贫、扶志与扶智相结合，全面精准发力，增强造血功能，融入国家战略，助力乡村振兴，架起了精准扶贫的"村企之桥"。

基本情况

为进一步创新帮扶模式，促进沪滇产业扶贫协作，助力对口地区打赢脱贫攻坚战，按照上海市委、市政府关于"百企帮百村"帮扶行动的总体部署，从2018年度开始，国盛集团对口云南省大理州南涧县开展为期5年的精准帮扶。

南涧县位于大理州南端，无量山下、澜沧江畔，1965年成立彝族自治县，素有"中国民间跳菜艺术之乡"的美誉。全县国土面积1738.82平方千米，山区面积占99.3%，辖8个乡镇、81个村（社区），总人口22.77万人。南涧县的高原特色生态农业产业以"一片烟、一杯茶、一个核桃、一头牛、一只鸡、一棵药"的"六个一"产业为主，但由于山区多、道路远，是国家扶贫开发重点县、云南省88个贫困县、61个滇西边境山区少数民族集中连片特困地区县之一。全县有4个贫困乡镇，68个贫困村（其中深度贫困村51个），建档立卡贫困户14463户56705人，约占全县农业户籍人口的1/3，2014年贫困发生率高达28.05%，属大理州最高。全县贫困面广点多，致贫原因多样，深度贫困村占大理州的 1/3，深度贫困问题突出。

产业振兴

近年来，南涧县坚持贯彻落实习近平总书记关于扶贫工作的重要论述，坚持以脱贫攻坚工作统揽全县经济社会发展全局，以高度的政治自觉和责任担当，以空前的投入力度和工作举措，举全县之力打响了一场规模宏大、范围广泛、措施精准、影响深远、全民参与、深得民心的精准脱贫之战。投入各级各类资金 4 亿多元，围绕"六个一"主导产业提升工程，抓好产业扶贫和就业扶贫政策落实，保持行业扶贫政策精准到户到人，强化政策落实，强弱补短抓实脱贫攻坚成果巩固。

一是坚持"产业+扶贫"，实施产业振兴工程。实施 10 万亩无量山森林蔬菜和特色水果提升工程、乡村文旅产业提升工程，按照"3 品 3 企 3 加 3 有"的模式，着力构建"企业+专业合作社+建档立卡户"利益双绑机制，促进贫困户持续增收。

二是坚持"产业+金融"，实行扶贫小额信贷政策。通过"五个转变"推进扶贫小额贷款落地，确保符合贷款条件且有贷款意愿的建档立卡贫困户能贷尽贷，目前，贷款余额 2.54 亿元。

三是以就业为导向，实施精准培训项目。建立"企业订单、培训机构列单、培训对象选单、政府买单"的培训机制，采取政府引导、社会参与、市场运作的培训模式，瞄准市场用工需求大、就业稳定、收入较高的职业（工种），围绕市场需求和劳动者意愿实施精准培训，在全县 80 个村（社区）大规模开展农业、林业等职能部门引导性培训，确保有培训意愿的贫困劳动力 100% 参加培训。2019 年完成新增转移就业人员 8199 人。加大乡村公益性岗位开发力度，开发 2095 个岗位，让贫困群众就近就地就业。

四是结合产业发展，积极创建生产基地。结合茶叶、核桃、无量山乌骨鸡等产业发展需求，积极创建扶贫车间，认定扶贫车间 14 个，吸纳就业 1559 人，其中建档立卡贫困劳动力 489 人。加强与县内高速公路和铁路等重点工程、中小企业用工对接，开展劳动力就业需求和县内企业用工需求，全力做好招聘信息发布、外出务工组织、外出务工人员车辆保障等服务工作。

五是坚持扶志扶智，激发群众脱贫内生动力。坚持"扶贫先扶志"，强化对贫困群众的感恩奋进教育力度，激发贫困群众内生动力，增强脱贫和防止返贫的主动性积极性。积极探索采取以工代赈方式，组织贫困劳动力参与扶贫项目建设。推行帮扶政策和贫困群众参与情况挂钩，积极推广"爱心超市"，引导群众克服"等靠要"思想。

结对帮扶

从2018年开始，国盛集团积极发挥在资金、市场、管理、信息、人才、技术、服务等方面的资源和经验优势，主要围绕"三带两转"，即带人、带物、带产业，转观念和转村貌，促进南涧县"六个一"产业发展、农村基础设施建设和生态环境保护等，双方签订《"双一百"村企精准帮扶协议》，确保对口帮扶取得实效。

一是建立机制，结起帮扶连心桥。为有序推进南涧县脱贫攻坚，国盛集团与南涧县建立了党政主要领导牵头的联席会议制度，牵头抓总体谋划、统筹协调、有序推进结对精准帮扶工作落实。双方建立了定期互访机制，国盛集团主要领导每年带队到南涧县和对口帮扶贫困村现场调研，召开现场座谈会，研究解决当地的困难和问题。南涧县主要领导赴上海学习调研由国盛集团投资建设的乡村振兴示范点，为南涧县巩固发展脱贫攻坚成果开拓视野。

二是落实责任，筑起帮扶共建桥。为落实精准帮扶责任，国盛集团明确下属3家企业与南涧县下辖3个贫困村精准扶贫结对，每年拨付帮扶资金30万元，累计已拨付90万元，为3个贫困村修建农村道路，建立"爱心超市"。每年采购当地农特产品50多万元，资助参加全国农特产品洽谈会，通过消费扶贫拓展南涧县"六个一"农特产品销售渠道，筑起精准帮扶村企共建桥。

三是提升品位，铺就乡村振兴路。扶贫更要扶智，国盛集团委派多名青年骨干赴南涧县和3个贫困村开展"盛公益"支教活动。为拓展当地农特产品销售渠道，国盛集团与建设银行上海市分行合作，协助云南当地扶贫商户免费入驻"善融平台——国盛集团扶贫馆"，精准链接 2600 万个会员、5 万多商户，建立产品销售长效机制。下一步，国盛集团按照"产业＋基金＋基地＋智库"的模式，将乡村振兴示范点的成功经验向南涧延伸，从乡村振兴人才培养做起，有力推动当地乡村振兴。

取得的成效

近 3 年来，南涧县按照"一片烟产业形成品牌、一杯茶产业整体提升、一个核桃产业提质增效、一只鸡产业发展强劲、一头牛产业不断壮大、一棵药产业蓬勃发展"的高原特色产业发展思路，加快农业产业化发展进程。2019 年，全县完成生产总值 72.08 亿元，同比增长 10.1%，城镇常住居民人均可支配收入 3.52 万元，同比增长 7.8%，农村常住居民人均可支配收入 1.02 万元，同比增长 10.1%。2019 年 2 月，南涧县接受了云南省"脱贫摘帽"第三方专项评估检查，取得了综合贫困发生率 1.32%、错退率和漏评率为零、群众认可度 93.84% 的成绩，实现了南涧提前一年脱贫摘帽。

贫困县摘帽后，国盛集团将按照摘帽不摘责任、摘帽不摘政策、摘帽不摘帮扶、摘帽不摘监管"四个不摘"要求，进一步深入学习贯彻习近平总书记关于脱贫攻坚的重要论述，丰富对口帮扶内涵，增强对口帮扶力度，巩固南涧县脱贫攻坚成果，助力乡村振兴升级发展。

上海建科集团：践行消费扶贫助力脱贫攻坚

2018年，上海建科集团积极响应上海市国资系统"百企帮百村"村企结对帮扶工作部署，与云南省大理州云龙县团结乡丰收村、关坪乡胜利村结成帮扶关系。如何充分利用当地的资源条件，结合上海建科集团的实际，帮助村民尽快脱贫摘帽，是上海建科集团开展结对帮扶工作的重点方向。

在经过实地走访，全面考察了帮扶村的实际情况基础上，上海建科集团积极与云龙县丰农商贸有限责任公司接洽，详细了解当地农副产品生产销售情况。丰农公司总经理介绍："云龙山高、林深、土净、水清，农产品生态、环保、安全、健康，产品深受消费者欢迎。"丰农公司整合了云龙70多家企业、合作社和上千户群众的特色食品、中药材、五谷粗粮、茶系列产品和诺邓火腿系列产品等100多个云龙高原特色农产品，统一向消费者宣传、展示、推介、销售。上海建科集团决定从消费扶贫角度入手，将其作为助力脱贫攻坚的有效举措和帮扶工作的重要内容，充分挖掘集团内部的消费能力，研究制订实际举措。虽然丰农公司建立了"电子商务＋实体店＋农特产品＋生产者＋消费者"的运营模式，在上海成立了分公司，积极促进云龙产品入沪，但是，针对企业集团大规模消费扶贫的个性化采购需求，丰农公司缺少相关操作经验。为此，上海建科集团先后多次与云龙县委、县政府相关领

导和部门对接沟通，在集团内部进行云龙县主要的农副土特产品展示，激发消费需求，同时，着力研究解决高原特色农产品采购和精准配送的难题。

上海建科集团与丰农公司一道想办法改进农产品销售方式，先后多次与云龙县相关农产品公司和网络销售平台共同协商，帮助建立健全云龙县特色产品全国化市场销售机制。特别是优化提货方式和提货流程，解决员工分散全国各地的采购和配送难题，进一步畅通异地提货的渠道，提升售后服务和提货效率，使整个销售流程做到可复制，真正开通了生产者与消费者之间的"直通车"，大大促进了当地产品的推广和销售。在上海建科集团工会牵头下，通过集中采购丰农公司组织当地公司出品的火腿、杂粮等农特产品，作为职工节假日福利发放，直接带动当地建档立卡贫困群众农产品的生产和销售。据统计，2019年中秋节前，上海建科集团完成了每份200元，共计6665份的农产品采购任务，直接消费金额达到133万余元，有效引导员工后续持续自发采购，有力促进贫困户增收。消费扶贫让群众有了"钱"途，从而创新了村民脱贫致富奔小康的方式，也为云龙县在今年年初顺利脱贫摘帽贡献了力量。

上海建科集团通过消费扶贫方式，提升对口帮扶地区特色产品认知度和品牌形象，激发对口帮扶地区产业发展、增强脱贫的内生动力，体现了国有企业的责任担当。

上海申通地铁集团：精准扶贫展现社会责任　村企共建驶向幸福生活

上海地铁维护保障有限公司是上海申通地铁集团有限公司下属的轨道交通设施设备专业维护保障单位。主要承担着上海轨道交通车辆、供电、触网、通信、信号、桥隧、线路结构等专业设施设备的维护保障任务，以及物资采购和后勤保障工作。公司拥有员工8380名，分布在全网络27座基地。

为贯彻落实上海市国资企业"百企帮百村"帮扶工作要求，助力对口地区打赢脱贫攻坚战，自2018年至今，上海地铁维护保障有限公司在申通地铁集团党委的指导下，开展了一系列扶贫帮困专项工作，为上海国企承担社会责任、助力脱贫攻坚的事业作出贡献。

百企帮百村　沪黔一家亲

为贯彻落实上海市国资企业"百企帮百村"帮扶工作要求，促进沪黔产业扶贫协作，助力对口地区打赢脱贫攻坚战，上海地铁维护保障有限公司根据申通地铁集团工作要求，于2018年年底组成调研组，由党委领导带队，至习水县隆兴镇新光村实地走访，现场考察葡萄及猕猴桃种植园、养牛场、白茶种植基地等当地重点扶贫产业，并与村干部及相关人员进行座谈交流，为后续帮扶打下了扎实的基础。在掌握

情况的基础上，公司召开党委会，审议并通过扶贫事项议题。

2019年3月，在申通地铁集团党委副书记葛世平、习水县委副书记宋聚宗等领导的共同见证下，维保公司向习水县隆兴镇新光村签署《村企结对帮扶协议书》，捐赠扶贫资金30万元，并与当地白茶企业签署消费扶贫销售协议。截至2019年年底，扶贫资金用于新光村肉牛养殖场建设，进一步扩大产能，带动当地农户脱贫。经过双方共同努力，维保公司对口帮扶隆兴镇新光村养牛场建设项目，匹配资金30万元，用于购买能繁母牛24头，购买饲料30吨，目前项目已验收项目带动贫困户15户，每户每年分红1200元，连续分红3年。

村企喜结对　驻村献真情

根据上级党委精神，维保公司在上级党委的支持下，选派工务分公司综合大修部党支部书记顾平至对口的奉贤区四团镇拾村村担任驻村指导员，为期一年半。

进驻村以来，为了摸清拾村村的现状和困难，顾平坚持把倾听群众心声作为自己的首要工作来做。他实地走访了不同层次的村民群众，从拾村村共有25个村民小组，村民1111户，在动态调整中精准识别，形成"文化助村"的扶贫方向。一年来，顾平累计受理投诉、纠纷70多件，得到了老百姓的广泛认可。

2020年年初，在突发疫情防控中，顾平积极协调资源，帮助拾村村渡过难关。申通地铁集团领导带队慰问，并捐赠疫情防控物资。防护服、84消毒液、防护眼镜、防护手套、酒精、喷壶、方便面等防疫物资帮助拾村村进一步加强疫情防护工作。维保工务分公司参加四团镇拾村村委举办的新大米产品发布会，认购1.5万斤新大米，约15万元，助力村民财富增收。双方在党建联建、民生问题、美丽乡村文化等方面商讨脱贫攻坚的良方，为全力打响拾村文化品牌贡献力量。

除拾村村外，维保公司还根据上级要求，与奉贤区青村镇开展了"乡村振兴，奉贤有约"的结对帮扶，共计采购黄桃等水果8000余箱，作为职工福利发放给每一位员工，共计扶贫资金投入80万元左右。

帮扶在路上　巩固好成果

2020年，对维保公司而言，精准扶贫依旧在路上。维保公司根据市国资委"百企帮百村"帮扶等工作要求，积极响应申通地铁集团党委要求，深入学习贯彻习近平总书记关于扶贫工作的重要论述，认真贯彻落实习近平总书记在解决"两不愁三保障"突出问题座谈会上的重要讲话精神，全力以赴助力对口地区，打赢打好脱贫攻坚战。公司将不断发挥国企党建优势，全面落实帮扶协议，继续保持村企结对关系，夯实工作成效。

在2020—2022年的新一轮扶贫周期中，公司将继续配合贵州习水、上海奉贤做好结对帮扶工作。如：与习水县隆兴镇共同推进消费扶贫，为扶贫产品进入上海市场搭建平台，作为企业员工福利用品，拓宽销路，增加营收，持续协助对口帮扶地区进一步巩固脱贫成果。与奉贤区继续做好农产品采购、村企文化共建等工作。维保公司也将通过帮扶合作，发挥优势互补，深化党建联建。因地制宜开展交流学习，虚心向当地干部群众学习，努力在艰苦环境中锤炼党性、增长才干，将农村脱贫攻坚与企业改革发展紧密结合，把中国特色扶贫开发的经验做法，把双方之间的思考和实践，进一步升华提炼，共谋未来发展。

市供销社：党团扶在难处聚焦精准扶贫

大理州是我国唯一的白族自治州，作为集民族、山区、贫困、偏远"四位一体"的国家级贫困县，云龙县有4个深度贫困乡。上海市供销合作总社直属企业上海市农业生产资料有限公司对口帮扶云南省大理白族自治州云龙县漕涧镇铁厂村和鹿山村。在两地政府部门的指导下实施"双一百"村企结对，通过实地调研和座谈形式，深入了解村情和贫情，制订结对帮扶方案（2018—2020年）。完成精准扶贫项目共6个，建档立卡贫困户受益101户。通过产业扶贫和带动消费384227元。今年5月16日，云龙县实现脱贫摘帽。

贫困地区生态资源向产业价值转变，"硬骨头"变成了"金扁担"

铁厂村是国家级贫困村，2018年10月，建档立卡231户，879人尚未脱贫，占乡村人口1/3。鹿山村是白族聚集区，2018年10月，建档立册147户，617人尚未脱贫或返贫，占乡村人口19%。冰冻三尺，非一日之寒；破冰之功，非一春之暖。在脱贫攻坚政策的帮扶下，公司向结对帮扶对象专业合作社捐赠款项，由村集体经济组织取得稳定分红，定向开展帮扶；合作社向贫困户租地，利用当地生态资源种植高原五谷杂粮（苞谷、黑苦荞、大麦、小红豆等）；还吸纳一批有劳动能力的贫困户到扶贫车间打工，增加了一份非

农收入。在云龙县委、县政府的关心支持下，完成了绿色食品监制和品牌包装，带动地区其他农特产品（诺邓火腿、野生木耳、野生香菌、薄皮核桃等），销往贵州、四川、湖南、上海、福建、广东，把扶贫产品做优，探索出"上海国企+本土企业+合作社+贫困户"的消费扶贫模式。其中：上海采购农特产品总额的5%定向返还铁厂村和鹿山村，用于铁厂村和鹿山村未脱户。通过沪滇两地不断创新，当地一步一个台阶，产业链"抱团发展"，将"硬骨头"转变成了"金扁担"。

统筹谋划　党团扶在难处助力完成微心愿

两个村扶贫任务重、时间紧，公司与镇相关部门衔接，认真听取群众呼声诉求，在扶智和济困方面，千方百计增强群众的获得感。

济困方面：2018年11月，公司党委书记带队实地考察，了解民生状况，走访了当地部分建档立卡贫困老人，要求对特殊帮扶对象加强关心，体现党组织在对口帮扶中的作用。孤老困难帮扶计划，对象包括50岁以上，没有配偶或丧偶的建档立卡贫困户、无人赡养的建档立卡贫困老人、残疾人和大病患者精准帮扶。

扶智方面：铁厂村、鹿山村当地平均受教育年限为

5.8 年，远低于云南省和全国水平，以铁厂村为例，缺技术 82 户，327 人，占贫困人口 37.5%，劳动力素质低。扶贫必扶智，从智力扶贫上促进当地转观念转理念，助学计划帮助普通高中以上教育对象，确保贫困户子女不因贫困而辍学。采用救济性一次性现金资助，在高中、大专就读的建档立卡贫困户子女，在智力上提供帮助，共有 7 人资助对象完成微心愿。

咬定目标不松劲　帮助养殖户合法合规转产

2019 年，公司与鹿山村签订了捐赠协议，用于养殖户购买豪猪种猪、修建猪房、及养殖培训教材。2020 年 4 月，根据《中华人民共和国野生动物保护法》第三次修正的相关规定，全面禁止非法野生动物交易、革除滥食野生动物陋习、切实保障人民群众生命健康安全的决定的实施情况。豪猪属于国家三级野生动物，经与镇扶贫办、受赠村委会协商，一致同意，针对原协议约定事项与法律法规禁止性规定相关内容进行重新调整：一是终止豪猪养殖项目；二是帮助鹿山村养殖户合法合规转产，有发展条件的脱贫监测户、未脱户、特殊贫困户发展产业目标不变，捐赠对象共 25 户。

上海新工联：沪滇携手天灯村对口扶贫见真情

根据沪合组办（2018）38号《关于开展"双一百"村企结对精准扶贫行动的通知》有关文件精神要求，上海市生产服务联社安排上海新工联（集团）有限公司（以下简称新工联集团）与云南省大理州云龙县苗尾傈僳族乡天灯村结对，自2018年10月以来，新工联集团先后4次深入天灯村进行考察调研与工作对接，落实相应工作。

云龙天灯村基本情况

天灯村是隶属云龙县的一个"深度贫困村"。该村为"直过"民族（从奴隶社会直接过渡到社会主义社会），有25个村民小组，现有农户803户，人口2350人，傈僳族占73%，另有少部分汉族、白族等人口。全村贫困建档立卡222户686人，经过历年攻坚，截至2019年，脱贫退出93户，未脱贫129户。

天灯村存在的主要困难有三点，一是"弱"在基础设施，水电路等基础设施薄弱；二是"难"在产业增收，无企业主体，村民自主进行种养殖业，依靠气候"吃饭"，生产不稳定，销售渠道不畅通；三是"短"在住房保障，

目前住房安全状况差，危房多，改造资金缺乏，改造任务十分繁重，提升居住环境资金缺乏。

帮扶举措

一是加强党建交流，促进志智双扶。

2018年12月，上海市生产服务合作联社指派新工联集团与天灯村已经签订了《"村企联建"扶贫帮扶协议书》与《"双一百"村企结对党建协议书》，交流党建工作经验，共享党建工作信息，通过党建联建相互学习，相互促进，调动起党员们脱贫致富的积极性。2019年3月，云龙县党政代表团一行来到新工联集团，相互交流了扶贫工作中的进展与难点，进一步明确了下一步的扶贫工作方向。扶智重在教育，为改善天灯村教育设施建设，新工联集团通过云龙县慈善会捐助爱心专款4万元，以帮助天灯村完小置办智能化网络化教学硬件设施。2020年6月，新工联集团本部党支部书记俞骏一行5人代表市联社，前往云南省云龙县天灯村开展党建联建活动，相互交流党建经验。

二是支持消费扶贫，实现长期造血。

为帮助对口扶贫地区的农产品拓展销售渠道，实现增产增收，上海市生产服务联社安排新工联集团工会代办，分两批采购对口地区农特产品，用于系统职工福利及慰问。2019年9月，上海市生产服务联社、上海市工业合作联社以及上海市城镇工业合作联社共同发动系统内各工会，采购对口地区特色农产品山鸡、党参573份，总金额11.46万元，进行销售扶贫。同年12月，上海市生产服务联社再次采购对口地区五谷杂粮、火腿等农特产品561份，

总金额16.83万元,助力当地贫困户增产增收。2020年新增30万元用于产业扶植、生活和居住环境的改善等。

三是组织专项捐赠,解决难点痛点。

2019年年初,新工联集团通过云龙县慈善会向天灯村捐助6万元,用于扶持危房改造资金存在缺口的6位困难村民改善居住环境。同年9月,上海市生产服务联社在庆祝中华人民共和国成立70周年表彰暨职工歌咏活动之际,发出爱心捐款倡议,募集了47048.8元的爱心捐款;同时,在上海市生产服务联社党政的支持下,上海市生产服务联社、城镇工业合作联社和工业合作联社3家联社单位各捐赠10万元,共计34.7万元,用于帮助天灯村居民提升人居环境。2020年已新增4万元捐款用于维护"爱心超市"的正常运营。

四是结合企业平台,助推"云品"入沪。

2019年8月与10月,新工联集团通过下属子公司上海轻工国际展览有限公司举办的消费品展以及珠宝展两个展会,为对口的云龙县当地企业免费提供11个展位用于推广云龙县特色产品,以支持当地产业,促进产品销售。

帮扶成效

天灯村在国家扶贫开发系统人口动态后认定的建档立卡贫困户总数为217户676人,2014—2018年稳定脱贫93户296人;2019年脱贫117户364人(含返贫户

脱贫 2 户 5 人），累计脱贫 208 户 65 人，剩余未脱贫 9 户 21 人（其中补录至 2018 年新识别户 1 户 4 人，新识别贫困户当年不能脱贫退出），贫困发生率 1.1%，"两不愁、三保障"实现了清零，根据贫困发生率低于 3% 的要求，达到退出标准。经过多方的共同努力，天灯村集体经济收入持续增收，基础设施得到改善，困难群众居住环境功能得到了提升，2020 年 5 月，云南省政府发布通知确认，天灯村与云龙县全县一道推出深度贫困村序列，一举摘掉了深度贫困村帽子。

长江联合：多措并举攻克脱贫堡垒

戈寒村，山多石多，土地瘠薄缺水，人居环境较差，有的家庭还处于深度贫困状态。扶贫工作开展伊始，基础设施公司便组成工作专班，深入乡村一线，走村串户，了解全村情况，理清脱贫帮扶工作思路，紧紧围绕当地村情、贫情及帮扶需求，找准帮扶工作切入点和载体，积极整合人力、财力、物力，凝聚力量、创新方式、加大力度，切实落实帮扶项目，多措并举，助推云南省丘北县戈寒村实现脱贫，提升当地村民生活满意度和幸福感。

完善村容村貌，提升人居环境

新建戈寒村综合性文化活动场地 700 余平方米，实施入场路硬化 108 米、场地平整 312 平方米、场地硬化 624 平方米、挡墙建设 36.06 方、亮化场地安装太阳能灯 10 盏、建设 88 平方米的花台、安装文化宣传栏 15 平方米。与村委会集体商议，公司筹措 12 万元的物资，在戈寒村设立爱心超市，通过社会募集、自费采购、农户提供土特产品等渠道组织货源，用"幸福

超市"的运作方式，带动村民农副产品销售。利用村委会现有的活动室，改造一个面积为60平方米的阅览室增设网络电视机1台、查阅资料电脑1台、配备各类农业技术图书525册、阅读书桌10套，做到扶贫又扶智。

开展爱心助学，助力学童圆梦

在摸清戈寒村留守儿童入学情况的基础上，以激励、引导为导向，设立留守儿童助学基金，用于家庭处于低保线下的留守儿童生活学习补助金、品学兼优的留守儿童奖学金，助力留守儿童学习成长，圆梦学习、追梦未来。由村委会与戈寒中学共同协商确定60名贫困学生，公司资助每生每年1000元，2019年完成资助40个奖学、助学名额，2020年完成资助20个奖学、助学名额。公司工会组织职工开展"我奉献、我快乐"爱心一日捐活动，面向全体职工筹集善款，与戈寒村两名高中生结对帮扶，每季度支付1250元补贴学费、生活费，直至他们高中毕业。

配齐设施设备，支持产业扶贫

为戈寒村卫生室配备医疗办公设备1套、配置电脑2台、办公桌椅4套、打印机1台、2000元办公耗材。引导257户档卡户通过土地流转、参与务工、参与管理三种方式，与戈寒同诚种植农民专业合作社及云南安达食品有限责任公司合作，种植蔬菜200亩，公司支持补助资金12万元，用于土地流转、种子、花费、农药费用。发起消费扶贫倡议，在长江联合集团工会及下属子公司工会的支持下，采购了一批丘北县优质滞销农特产品，助力当地贫困群众脱贫增收致富，也缓解了新冠肺炎疫情影响期间，因物流不畅、市场消费降低，导致丘北县及戈寒村部分农产品滞销的问题。

取得的工作成效

一是村级设施更加完善。

满足村级活动开展，丰富村民业余活动。通过对原戈寒镇政府大楼门口约700平方米活动场地的改造，为村级活动开展提供了基本保障，并通过完善村容村貌，结合县委、村委基础设施改建项目，找准发力点，携手开展村容村貌改建工程，提升了人居环境。

村容村貌有较大改观。激励当地村民通过清理入户庭院、垃圾集中归置等自治行为兑换所需物资，从而可解决"脏、乱、差"问题，营造整洁生活环境。

群众文化素质明显提高。戈寒村广大人民群众因受多年小农思想的影响，人民群众普遍存在科技技术知识匮乏的情况。设立爱心阅览室，配备相关图书充实当地学童或村民的业余生活，使广大群众丰富了知识、开拓了眼界。

二是爱心助学初获成效。

2020年年初，公司收到来自戈寒村贫困学生的感谢信，信件中充满了对求学机会的珍惜和对生活未来的希望，是对公司爱心助学扶贫项目的充分肯定。

三是医疗卫生条件得到了改善。

为原戈寒镇撤镇并镇后保留的卫生院配备相关医疗办公设施设备，确保全村村民就医时能及时享受健康扶贫相关政策，协助推进村卫生所规范化建设，提高医疗耗材配置率，保障村民基础医疗，提高健康水平。

四是助力农户增收致富。

通过冬农开发种植蔬菜，提高土地利用率，改善土壤结构，为戈寒坝子200亩土地提供转换改善土壤的有利时机，助推戈寒村实现脱贫任务，提升当地村民生活满意度和幸福感。

五是消费拉动提升农民生产积极性。

2019—2020年，长江联合集团及下属分、子公司共采购丘北县特色农产品7万余元，积极解决羊肚菌、沃柑、雪莲果、蔬菜等优质农产品的滞销问题。同时，以购代捐的创新扶贫模式，调动了贫困群众发展生产的积极性，推动形成新型帮扶协作关系。完成了戈寒村实现脱贫的目标任务。

中国太保：一个苹果跨越 2000 公里从田间直送上海的故事

这是一场特殊的新年音乐会。

1月6日晚，在上海交响乐团音乐厅，中国太保2018"乐行天下"新年音乐会欢乐奏响，享有"中国第一棒"美誉的陈燮阳率领上海交响乐团的演奏家们，为现场观众献上了一台精彩纷呈的交响音乐会。而在音乐会结束后，来宾们都收到一份"神秘"的新年礼物——"马耳峪村的苹果"，这份礼物跨越了近2000千米的路程，历经采摘、挑选、包装、运输，最终来到了当晚的每一位来宾手中。

音乐会现场向嘉宾赠送并宣传推广销售苹果的消息传到马耳峪村后，全体村民都振奋了。

马耳峪村地处甘肃省天水市甘谷县八里湾乡，这里四面环山，四季干旱少雨。全村共316户1575人，2014年初次建档立卡141户，贫困人口616人，截至2017年12月，未脱贫户只剩30户，142人。从2012年起，中国太保寿险甘肃分公司就根据省委、省政府的部署，承担起了马耳峪村的帮扶任务，6年来持续投入资金对村里进行苹果、花椒产业扶持，还通过道路硬化、危房改造、捐资助学、走访慰问贫困户等多种形式展开帮扶。

就在这场音乐会开始前和演出间隙，走廊里一位身披"甘肃甘谷县马耳峪村太保驻村第一书记"绶带的"推销员"正卖力地推销着来自大西北的苹果。原来，他就是中国太保派驻马耳峪村的第一书记牛成红。牛成红是中国太保寿险甘肃分公司的一名中层干部，2017年9月，根据甘肃省委要求，省级帮扶单位选派优秀党员干部任驻村第一书记，牛成红被选派到分公司对口联系村马耳峪村任第一书记兼驻村队长。10月18日，他履新赴任开始了第一书记的工作。

"相比中支'一把手',这个驻村书记不好当啊!要吃透国家政策,向文化水平整体偏低的村民做好政策的宣传和沟通,只是扶贫工作的开始。"虽然就任仅仅几个月,但是谈起"两不愁三保障""六个精准"政策,牛成红已了然于胸。但他却说,扶贫不能停留在嘴上,一定要帮村民做实事。怎么干呢?牛成红挨家入户了解到,苹果和花椒近几年是村里的主要农作物,村民经济情况比以前有了好转,但是由于地处偏远,缺乏市场营销手段,每年苹果销售很成问题,苹果增产但不增收的现实是村民们的痛处,也成为甘肃分公司助力脱贫攻坚的一桩大事。

2017年11月,中国太保集团在村里考察、调研时,详细了解了村里的发展情况和脱贫进展,并鼓励村民通过互联网平台拓宽销售渠道。此后不久,中国太保帮助村里建立"马耳峪农民供销互助合作社"微店,并决定在2018年1月6日举行的"乐行天下"新年音乐会上,现场推广马耳峪村苹果。

据了解,过去马耳峪村的苹果,只能以低价处理给附近的罐头厂或是收购商,即使在苹果丰收年,也无法实现农民效益增收,至于走进大上海,卖给上海的中高端客户,更是村民们想都不敢想的事情。此次通过"乐行天下"新年音乐会的宣传推广销售活动,让马耳峪村的苹果跨越万水千山,从马耳峪村的田间地头直送到沪上市民手中。演出当晚,观众在线成交133单,总购买量达1300多斤,奏响了马耳峪苹果走出山沟的第一声。

近年来,中国太保提高政治站位,抓实精准扶贫,聚焦重点贫困地区和建档立卡贫困户,将扶贫与扶志、扶智相结合,持续投入定点帮扶,将扶贫力量转化成个人成长和家庭乃至县、乡、村脱贫的内生动力。截至2017年12月,中国太保通过驻村帮扶、选派第一书记等形式,累计选派127名优秀干部深入新疆、云南、甘肃等19个省、市、自治区开展驻村帮扶工作,其中有33人担任驻村第一书记。他们入户走访摸清一手资料,寻找贫困根源和解决贫困问题的线索,因地制宜发展产业,助力稳定脱贫,带领广大村民走上共同富裕之路。

(原载《上观新闻》2018年1月9日)

中国太保：从产品到商品 从商品到产业 架起消费扶贫"彩虹"桥

消费扶贫是社会力量参与脱贫攻坚的重要力量。然而，在脱贫攻坚决战决胜之年，突如其来的新冠肺炎疫情导致物流运输受阻，一些贫困地区农产品运不出去，出现滞销现象，成为农户的燃眉之急。

为降低疫情防控对农产品销售带来的影响，中国太保自建的"彩虹"精准扶贫公益平台克服运输、仓储等多重困难，打通供需两端。新疆喀什的野蘑菇、灰枣、罗布麻茶，内蒙古察哈尔右翼后旗的旱地杂粮、红土豆，察哈尔右翼中旗的藜麦、土鸡蛋，甘肃的苹果，上海金山的大米……品种多样的特色农产品通过"彩虹"平台销售到全国各地，既解决了广大农户的燃眉之急，也切实守护了百姓的"米袋子""菜篮子""果盘子"。

消弭物流生产痛点，连接供需两端

《金融时报》记者从中国太保了解到，自2017年11月上线至2020年4月22日，"彩虹"平台累计上线全国23省309款农副产品，广大员工通过以购代捐、以买代帮的方式，累计实现帮扶金额逾2693万元，精准触达2.47万建档立卡贫困户。

为确保精准扶贫，"彩虹"平台上线之初，便采用了可追溯、可定位的消费扶贫模式，确保扶贫到户、受益到人。2019年，针对"三区三州"深度贫困地区和结对帮扶的"两镇三村"，"彩虹"平台采取了倾斜性政策，优先上线当地特色农副产品，加强产品开发和产销对接，优化订单式管理流程。

在新疆喀什地区，为保证当地建档立卡贫困户生产的农副产品能走出南疆，"彩虹"平台专门开辟了喀什地区扶贫产品销售专栏，按照"一县一品"

发展模式，上线销售当地建档立卡贫困户的特色农产品，并提供产品原产地质量保证。当年，"彩虹"平台喀什农副产品的销售额超过400万元。"自从在'彩虹'平台线上销售，我们的灰枣卖到了全国各地。不愁销路，今后我更要努力靠科学技术把灰枣园管理好，让自己的收入一年比一年高。"新疆喀什巴楚县多来提巴格乡玛依仓村村民艾力·吾斯曼说。

在消费扶贫过程中，要畅通流通环节，更要消弭生产环节的痛点、难点，推动贫困地区的产品和服务融入消费市场。中央电视台电影频道公益项目"脱贫攻坚战——星光行动"的明星产品——"哈尼原蜜·岩蜂蜜"就是这样诞生的。

据介绍，云南江城哈尼族彝族自治县特产岩蜂蜜，由生长在深山峡谷中岩石上的蜜蜂采集而成，被人们称为悬崖上的"软黄金"。但是，野生蜂巢不易分离提取蜂蜜原液，一直无法打开销路。

中国太保获悉后，委派专业人员多次实地走访与考察，启动专项扶贫资金，帮助当地蜂农修建厂房、购买相关设备，并联系国际蜂蜜委员会为这款岩蜂蜜进行全方位的数据检测。与此同时，"彩虹"平台为岩蜂蜜提供了产品包装设计和品牌商标设计，"哈尼原蜜·岩蜂蜜"就此诞生。2018年9月，"脱贫攻坚战——星光行动"第三站在江城哈尼族彝族自治县启动，"哈尼原蜜·岩蜂蜜"销量突破4万份，成为该公益项目中的明星产品。

提升贫困地区产品质量培养"造血"机能

3月底，国家发改委印发《消费扶贫助力决战决胜脱贫攻坚2020年行动方案》，联合27个部门和单位开展30项具体行动，提出要进一步扩大对贫困地区产品和服务的消费规模，同时，也要进一步提升贫困地区产品和旅游等服务供给质量。在以往的消费扶贫中，也出现过采购的产品"有品不优""有产无量"等问题，直接影响了消费者再次购买的热情。

新疆喀什巴楚县拥有优越的自然条件和种植留香瓜的传统，但由于农民分散种植，品控、收储等技术落后，加之冷链、物流等产业配套奇缺，导致留香瓜只能在当地低价交易。2018年，中国太保决定扶持当地留香瓜产业，重构商品的流通环节，从种植、仓储、销售等多环节，帮助瓜农打造产品品牌。

为提升瓜农种植积极性和留香瓜品质，"彩虹"平台采用订单式管理方式，提前数月将订单下给当地龙头企业，并提出符合市场要求的交付标准，倒逼当地转变产业形态，帮助瓜农改变落后的耕种习惯，从分散型种植变为集中连片种植，从原来不整蔓、不疏瓜、不翻面的粗放种植变为标准化田间管理，不但实现了丰产丰收，留香瓜的市场收购价也较2017年翻了两倍多。2019年7月，"彩虹"平台正式开售留香瓜，一个月内就销售了80吨，实现帮扶金额逾200万元，直接带动巴楚县643户建档立卡户有效增收。

"推动消费扶贫不仅要给贫困地区'输血''活血'，更要培养其自身'造血'机能。"据中国太保相关负责人介绍，"彩虹"平台正持续培育和孵化，引导贫困地区生产和提供更优质的产品和服务，实现从产品到商品、从商品到产业的良性循环。

4月初，国务院扶贫办印发的《关于开展消费扶贫行动的通知》提出，2020年，通过政府采购、扶贫协作、经营主体参与、社会组织参与等四种模式，销售扶贫产品金额达到1000亿元以上。而这千亿元的市场，也正在等待质量过硬的扶贫产品。

（原载《金融时报》2020年4月29日）

上海蔬菜集团：助力消费扶贫

在脱贫攻坚道路上，上海蔬菜集团始终坚决贯彻落实党中央脱贫攻坚战略部署，积极响应上海市委、市政府的号召，全力投入上海市扶贫工作。2019年，蔬菜集团累计销售帮扶地区农产品约12.5万吨，销售额近8亿元。消费扶贫是上海市扶贫工作中体现"当地所需、上海所能"的重要切入点，在上海市合作交流办公室、上海市商务委员会、上海市国资委等部门的指导下，蔬菜集团通过创新创立"云品进社区，万家帮万户"系列活动和"百县百品"项目，充分发挥蔬菜集团大市场、大流通、大平台的功能优势，以"改造生产链、畅通消费链、提升价值链"为总体思路，持续开展产销对接与消费扶贫工作，帮助对口帮扶地区农产品尤其是疫情期间进入上海市场，助力更多建档立卡贫困户增产增收。

万家帮万户，扶贫礼包进社区

如何深化和拓展上海购物品牌，让云南、遵义等贫困地区高原农特产品从田头直抵申城市民餐桌，在市民奉献一次公益爱心的同时，也收获一份来自田边菜园的自然馈赠？2018年年初，在上海市对口支援与合作交流工作领导小组办公室的倡导下，蔬菜集团携手阿基米德、安信农保等专业力量，通过爱心大礼包定制、高端社区公益推广、线上订货和线下配送相结合等形式，面向全市开展"云品进社区，万家帮万户"大型精准扶贫行动，让贫困地区的建档立卡农户的优质农产品能够走出来、传出去、保品质。

活动号召广大社区居民以家庭消费方式，通过购买爱心扶贫年度大礼包，帮助帮扶地区贫困户的农特产品实现从田头到餐桌的流通，在实现公益爱心奉献的同时，也能体验到云南等对口帮扶地区的优质原生态食材。爱心扶贫年度大礼包以年为单位，包含12份特色礼包，订购后每个月送达1份，包含了贫困地区时令、健康、有机的特色农产品。依据上海地区的消费水平和消费需求，爱心扶贫年度大礼包定价为3000元——国家2017年贫困线约等于3000元，所以每卖出一份定价3000元的"爱心扶贫年度大礼包"，就能精准帮助一个建档立卡贫困户脱贫。

蔬菜集团作为这项活动的主办单位之一，认真履行国有企业的社会责任，发挥集团大市场、大流通、大平台的优势，帮助对口帮扶地区农产品畅通入沪的各个环节。在产品选择方面，集团定期组成帮扶工作小组，跋山涉水深入云南对口州市贫困县贫困村，走村入户挑选农特产品。在套餐定制方面，集团依据上海市民的消费偏好，结合不同消费群体的特点和需求，推出爱心扶贫大礼包年度套餐、月度套餐，精准关联云南省10个州市46个贫困县12800多名建档立卡贫困户。在物流配送方面，在市民通过网上和手机选订后，集团第一时间组织产品品控、分拣、包装、物流，严格按指定地址、约定时间，将爱心扶贫大礼包保质保量地送到每家每户市民家中。

为了广泛发动政府机关干部、社区居民、企业员工、社会组织人员等社会各界人士积极参与到消费扶贫中来，蔬菜集团通过开展"爱心扶贫，有你有我"大型精准扶贫行动启动大会和"云品进社区，万家帮万户"2018年精准扶贫走进各社区系列活动，推动活动在全市持续开展，实现16个区全覆盖，将"产销扶贫、消费扶贫、公益扶贫"推向深入，助力云贵等贫困地区建档立卡贫困户早日脱贫。

2018年，爱心扶贫大礼包销售额近1500万元，覆盖了云南13个地级州市、46个国家级贫困县、612家云南企业、4413个扶贫产品，惠及当地建档立卡户人数1.3万余人，得到了上海市政府及社会各界的充分肯定。10月17日，第五个国家扶贫日当天，在上海市对口支援与合作交流工作领导小组办公室组织的授牌仪式上，蔬菜集团"云品进社区、万家帮万户"扶贫活动入选2018年上海市精准扶贫十大典型案例。

扬帆再起航,"百县百品"树品牌

2019年,扶贫爱心接力的脚步持续前进,上海蔬菜集团通过创新创建"百县百品"项目,号召社会各界"以购代捐""以买代帮",更加广泛、更加深入地参与到消费扶贫中来。"百县百品"项目由市合作交流办、市商务委、市国资委等部门共同策划实施,按照改造生产链、畅通流通链、提升价值链的总体思路,从提升供给质量和水平的源头入手,通过分批遴选上海对口帮扶地区的100种特色鲜明、品质稳定、竞争力强、辨识度高的区域品牌农产品,稳定供应上海市场,形成上海消费者所熟悉认可的扶贫产品,既鼓起贫困户的"钱袋子",又丰富上海市民的"菜篮子",实现"上海所需,对口地区所能"的精准对接。

在上海市合作交流办带领下,"百县百品"项目于2019年8月正式启动,并在云品中心大宁音乐广场店设立战略指挥部。项目启动以来,各地政府积极推荐、上海援外干部积极对接、市场主体生产户踊跃参与。通过8月18日、9月21日、9月27日的3场选品活动,最终遴选出了94个贫困县的97种农产品入围,树立了对口帮扶地区区域农产品在上海市场的优质品牌形象。上海蔬菜集团在组织开展"百县百品"项目活动中,还积极发挥所属企业党组织和广大党员的作用,在组织好选品展示的同时,发动党员深入对口帮扶地区做好产销对接、产品孵化、打造品牌等一系列服务工作,确保"百县百品"相关工作扎实推进。

为进一步扩大"百县百品"产品的知名度和影响力,蔬菜集团结合10月17日扶贫日等主题活动,组织"百县百品"产品进党政机关、进企事业单位、进社会组织开展宣传推广,逐步在各区设立"百县百品"专柜。云品中心在"云品进社区,万家帮万户"系列活动热度的基础上,开展"百县百品进社区、千家万户助扶贫"上海对口帮扶地区优质农特产品走进社区等系列活动,持续在上海市各区大力推行"公益+消费"精准扶贫模式,促使更多社区、更多市民了解消费扶贫、参与消费扶贫。

在线下展销活动如火如荼的同时，应上海市合作交流办的要求和对口帮扶地区产品的迫切需求，云品中心运用线上营销思维，创建了"百县百品"线上微商城平台，社会各界都可以在微商城平台上了解"百县百品"项目、购买"百县百品"产品，通过消费扶贫贡献自己的一份爱心。"百县百品"微商城平台由此成为了上海市对口帮扶的重要窗口和抓手，进一步丰富了上海市民的菜篮子，对构建对口地区农产品流通全产业链起到了一定推动作用。

2019年，云品中心爱心扶贫大礼包销售额超2000万元，其中"百县百品"相关商品销售额在短短两个月内超200万元，直接帮扶建档立卡贫困户1.5万余人，将"精准扶贫"落到了实处，得到了上海市合作交流办和社会各界的充分肯定。2019年10月17日暨第六个国家扶贫日，上海蔬菜集团"'百县百品'树标杆——架设对口地区农产品入沪快捷通道"项目入选2019年上海市精准扶贫十大案例并受到表彰。

防疫勇前行，助力云品入沪来

2020年是极其特殊的一年，也是充满困难与挑战的一年。新冠疫情发生后，给农产品运输和销售带来了不同程度的影响，原本生产模式相对传统、产销信息不够畅通的云南贫困地区更是出现了滞销现象。在上海市合作交流办、市商务委的指导下，蔬菜集团在做好保障市场供应工作的同时不忘加强扶贫对接，得知这一情况后立即积极组织西郊国际、江桥、江杨等市场商户开展对口帮扶产销对接，助力大理和玉溪通海的大白菜，德宏盈江、芒市的土豆，昆明晋城的叶菜、豆类和萝卜，西双版纳的西瓜，玉溪新平的沃柑等蔬果纷纷进入上海市场。据统计，2020年1月至3月中旬，蔬菜集团累计帮助云南地区销售蚕豆、娃娃菜、豆王、西红柿等各类蔬菜2万吨，销售额9710万元；西瓜、苹果、沃柑等各类水果1143吨，销售额1057万元；曲靖、昆明、玉溪的白条猪肉130吨，销售额548万元。

2020年是全面建成小康社会和打赢脱贫攻坚战的收官之年，冲锋号已经吹响！蔬菜集团将坚决贯彻落实党中央和国务院战略部署，奋力打赢脱贫攻坚战，实现全面小康目标，继续深入开展消费扶贫模式创新，进一步加大产销对接力度，充分发挥大市场、大流通、大平台优势，用好线上、线下多种渠道，推动更多帮扶地区特色优质产品流通入沪，全力助力脱贫攻坚，为帮助上海市对口帮扶地区建档立卡贫困户脱贫致富、共同迈进小康社会作出更大的贡献，为打赢脱贫攻坚战贡献蔬菜集团的一份力量！

农工商超市集团：你"放心买"我"用心帮"

2020年3月，习近平总书记在决战决胜脱贫攻坚座谈会上发表了关于"开展消费扶贫行动"的重要讲话精神。2020年是全面建成小康社会目标实现之年，是全面打赢脱贫攻坚战收官之年。

光明食品集团作为以食品产业链为核心的现代都市产业集团，一直以来积极投身脱贫攻坚战役。农工商超市集团作为光明食品集团"终端活"的重要节点，对接上海对口支援地区农特产品销售，发挥主业平台优势，承担企业社会责任，为消费扶贫作出贡献。

"一颗核桃"的感谢信

2020年4月，集团收到一封来自上海市对口支援新疆工作前方指挥部叶城分指挥部的感谢信。新疆叶城县地处塔克拉玛干大沙漠的南部，被誉为中国的"核桃之乡"，同时，叶城也是国家级深度贫困县。

2019年，集团帮助叶城县拓展农特产品销售渠道，打通消费扶贫"最后一公里"。集团旗下商品事业部采购创新小组、门店销售等部门根据当地核桃等产品的特点，就产品的物流供应链、包装设计、商品上架等方面反复研究，改进产品包装，加快物流流程，并且动手整理素材、制作海报，使得叶城县优质农特产品顺利上架集团超市门店，丰富上海市民的选择。

上海援疆前方叶城分指挥部对农工商超市集团消费扶贫工作表示了认可与感谢，并希望继续深入双方交流工作，一起携手助力叶城人民实现脱贫增收，全面打赢脱贫攻坚战。

爱心认购200吨扶贫农产品

为深入推进消费扶贫工作和国际消费中心城市建设，作为首届"五五购物节"的专项活动之一，由上海市商务委、市合作交流办主办，杨浦区人民政府、光明食品集团支持，上海消费扶贫联盟承办的"'放心买，用心帮'——五五购物助扶贫"活动于2020年5月正式启动。

此次购物扶贫活动，农工商超市积极认购了包括新疆喀什的核桃、红枣、苹果，云南的小姜、紫米，西藏日喀则的青稞食品等总计约200吨的扶贫农产品，并围绕审批配送、陈列展示、营销策划等环节开展消费扶贫工作，为坚决夺取脱贫攻坚战全面胜利贡献力量。

在审批配送上，集团增加人力物力，开辟农产品绿色审批通道，在确保农产品质量安全的基础上加快产品出入库及配送环节，第一时间将对口帮扶地区的优质新鲜农产品送到消费者的手中。

在陈列展示上，集团以118旗舰店为主会场和超市门店为分会场，突出重点，设置醒目的"消费扶贫专区"，并通过布置、安排货架，集中销售集团精心挑选的帮扶农产品。

在营销策划上，集团在6月5日启动"农工商五五购物节助农活动"，同时通过线上销售平台开展为期半个月的推广活动，打造购物节知晓度与影响力。为了更好地促进产品销售，农工商超市还对线下销售门店的扶贫农产品进行特惠销售，开展"买就送"服务；并通过线上销售平台与"京东到家"积极合作，推出特色商品秒杀抢购活动。

遵义辣椒"红"遍上海

6月9日,上海市第三批援黔干部、遵义市商务局副局长徐剑锋、遵辣集团相关领导,前来农工商超市集团开展沪遵消费扶贫推介活动。

为了让更多黔北好货走出大山,走进上海市民的餐桌,此次沪遵消费扶贫推介会重点介绍了高品质遵义油辣椒产品。遵义居全国各大辣椒主产区之首,常年种植辣椒已突破200万亩,位居中国地级城市种植面积第一,产量占全国的12%;培育出50多个地方优质特色品种,组建了125个辣椒专业合作社。在遵义独特的土壤、水质、日照等自然条件作用下,遵义辣椒形成了品味温醇、香辣协调的特点。

这款由遵义辣椒产业集团生产的"遵辣青春系列油辣椒"产品精选高山种植的灯笼椒,天然压榨的非转基因菜籽油,搭配野区鲜香的花样佐料,历经九道妙制工序,口口健康又美味,是拌饭拌面的"好搭档"。

会上,农工商超市集团与遵义辣椒产业集团达成了相关合作意向,门店超市将通过线下布置主题堆场陈列,对扶贫产品提供线上线下交易平台,使产销双方实现无缝对接的优势,减少中间环节,降低成本,扩大销售渠道。

2020年是打赢脱贫攻坚战的收官之年,收官之年遭遇疫情影响,新冠肺炎疫情对贫困地区农产品销售和贫困群众增收带来了不利影响,各项工作任务更重、要求更高,但如期完成目标任务不能打任何折扣。农工商超市将继续响应政府号召,发挥光明食品集团的"终端活"平台优势,推动扶贫农产品能够走入更多市民的"菜篮子"和"饭桌子",努力将贫困地区"菜园子"与上海"菜篮子"紧密型对接,带动对口帮扶地区农民鼓起"钱袋子"。

托底民生

华虹集团：精准扶贫锦绣申江在行动

为积极响应上海市国资委"百企帮百村"结对扶贫行动，近日锦绣申江开展了一系列行动，这个寒冷的冬日被锦绣申江人的爱心环绕得格外温暖。

12月7日，发出扶贫倡议

华虹集团、锦绣申江文创园联合党总支在2018锦绣申江答谢会活动现场向所有园区企业发出倡议，号召有意愿、有资源的企业一起携手，共同加入云南省大理州漾濞县两个贫困村的精准扶贫行动，用大家的爱心和智慧，帮助贫困村早日完成脱贫！

12月10—13日，调研组展开实地调研

调研工作小组赴云南省大理州漾濞彝族自治县进行实地调研，沿途先后走访了华虹集团结对帮扶的两个贫困村——鸡街乡新寨村、龙潭乡富厂村，通过会议座谈、贫困户入户走访、产业基地调研等形式，深入了解了漾濞彝族自治县脱贫工作现状、贫困村的基本设施、当地特色产业、贫困户的实际脱贫需求，并着手思考未来如何结合实际情况，切实帮助贫困村早日脱贫。

12月13—21日，两批捐赠冬衣送至贫困村

12月13日，由华虹集团、兆君集团＆花诗歌、金桥企业社会责任促进会联合捐赠的首批冬衣运抵漾濞县两个对口贫困村，调研组进行了现场捐赠。12月21日，第二批捐赠的冬衣也启程发往云南大理州漾濞县贫困村。

近日，许多园区企业和合作伙伴纷纷向锦绣申江表达了加入精准扶贫行动的强烈意愿，他们希望共同帮助贫困村人民改善生活水平，提升当地特色产业发展。群星拱极，众川赴海，相信在众人的共同帮扶下，云南大理漾濞县的贫困村完成脱贫目标指日可待。

华谊集团：村企结对精准帮扶云南会泽县脱贫攻坚

习近平总书记说："脱贫、全面小康、现代化，一个民族也不能少"。携手奔小康是东西部扶贫协作大格局中非常重要的一部分，为了响应上海市开展"双一百"村企结对精准扶贫行动，上海华谊（集团）公司主动与云南省曲靖市会泽县火红乡阿拉米村、会泽县新街回族乡闸塘村、乐业镇鲁贝村3个深度贫困村开展村企结对精准帮扶。自2018年12月签订帮扶协议以来，华谊集团共投入帮扶资金518.68万元。帮扶项目于2019年10月11日批复下达，对口帮扶会泽县火红乡阿拉米村、新街回族乡闸塘村、乐业镇鲁贝村帮扶项目共计10个，其中产业发展1个、乡村建设8个、卫生建设1个。项目涵盖了贫困村基础设施建设，如通向村民住宅的道路硬化和亮化项目；村级组织设施建设以及为增强造血功能而实施的产业扶持项目等。华谊集团公司领导高度重视村企结对帮扶工作，责任部门负责人、联系人和会泽县、乡镇政府领导就开展精准扶贫工作情况深入贫困村调研考察，多次进行交流商讨落实脱贫项目，并跟踪项目落实施工情况，及时了解各村难点，谱写出了一曲动人的赞歌。

聚焦急难愁问题，改善贫困村基础设施

沪滇携手，同心共建。华谊集团按照"一不低于、二不愁、三保障"的基本脱贫目标，根据各贫困村提出的帮扶内容，精心制定"一村一企"帮扶方案，并积极加以推进。

阿拉米村隶属会泽县火红乡，距火红乡7公里，距县城90公里，下辖11个村民小组，共有农业人口619户2031人。截至2018年7月1日，尚有未

脱贫户281户1025人，贫困发生率为50.46%。全村经济收入主要依靠种植、养殖和外出务工。

要脱贫，先修路。华谊集团在村企结对帮扶走访调研中敏锐捕捉到群众的急切需求，聚焦于解决群众"急难愁"问题，捐助290万元，在阿拉米村建设3条村组道路硬化工程，建设盘山混凝土道路6公里，并在主干道路上安装太阳能照明路灯。2020年年初，火红乡克服新冠肺炎疫情影响，同时抓住雨季来临前的宝贵施工窗口，抢抓施工进度、确保工程质量，于5月底全部完成了道路建设。

对于当地村民来讲，"华谊路"是急需急盼的民生路、幸福路，也是实现乡村发展的经济之路、脱贫之路、致富之路，更是象征沪滇扶贫协作的友谊之路、连心之路。

增强村级组织功能，助力村民病有所医

新街回族乡闸塘村距会泽县城46公里。闸塘村国土面积13平方公里，平均海拔2300米。全村辖9个村民小组。有农户837户，总人口3067人，其中：回族等少数民族占总人口55.4%。2018年，全村未脱贫101户370人，贫困发生率为12.1%。

爱在华谊，国企担当。村委会、村党支部是带领村民脱

贫致富的最基层组织和战斗堡垒。然而，闸塘村却一直没有一个像样的村级组织活动场所，仅仅在村希望小学旁有一处临时搭建场所。为了增强闸塘村村级组织功能，华谊集团会同民盟云南省委员会，共同出资125万元，建设了一个乡村为民服务中心，在当地，村民们称为"同心工程、社区工程"。

一直以来，看病难是全村村民急需解决的一个大问题，建设一个村级卫生室，是全村村民的迫切需求。华谊集团又出资30万元，建设了一个占地面积200平方米、楼高2层的卫生室，并购置医疗电脑、打印机、病床、医用冰箱、健康体检仪等医疗基础设备。如今，村民们患病，再也不用跑远路了，再也不要小病拖成大病了。

增强造血功能　培养种植养殖产业发展

阿拉米村是会泽县最严重的贫困村之一，可耕种土地十分匮乏。授人以鱼不如授人以渔，但是山旮旯地里能发展什么产业？带着这个问题，华谊集团进行了深入的调研和走访。结合当地地理条件，出资50万元，在阿拉米村委小龙潭小组新建一个林地养鸡场，占地面积60亩，一批同时可以养殖山林走地鸡2万只，一年可养殖3批，共6万只，全年可为村民带来约30万元的收入。养鸡场将优先为贫困村民提供岗位，通过产业扶贫带动村民经济收入的增加，从而帮助贫困户从根本上脱贫。

华谊集团与会泽县开展"村企结对"帮扶近两年来结出了累累硕果。华谊集团"村企结对"的成功实践，既是国有企业体现自身担当和履行社会责任的积极行动，更是中国特色社会主义制度优越性的具体体现。

华谊集团：扶贫路上见真情 驻村干部"亚克西"

"访惠聚"驻村工作，任务繁重、使命光荣。华谊集团下属双钱新疆公司党委提高政治站位，响应新疆维吾尔自治区党委和政府号召，积极承担国有企业社会责任，挑选精兵强将近30人次，派出两个工作队，在喀什地区巴楚县阿瓦提镇塔勒克（3）村、库勒博依（16）村开展脱贫攻坚驻村工作；派出4名企业中层干部在喀什地区巴楚县、伽师县两个贫困乡及4个深度贫困村担任扶贫书记，开展扶贫帮困工作。

每一名驻村工作队员都经历着"从城市到艰苦环境、从企业到农村、从家庭生活到集体生活"三个转变的洗礼。他们在实践中学习，学会了双语交流、学会了整理内务、学会了洗衣做饭、学会了种菜，学到了党的扶贫、稳定、宗教政策知识。巴楚县阿瓦提镇塔勒克（3）村、库勒博依（16）村的队员们自己动手在村委会的菜地里精心栽种豆角、辣椒、西红柿、茄子、土豆等蔬菜，长势好、收获丰，既保证了队员们自食蔬菜的自给自足，更是为村民种植管理蔬菜起了示范带动作用。

驻村工作队总领队艾山·巴拉提，作为村里的"一把手"，自2020年新冠肺炎疫情发生以来，一手抓疫情防控，一手抓脱贫攻坚，一直在村里忙碌，没有时间回家，只能通过手机视频方式处理远在千里之外的家事。

驻村干部扎根脱贫攻坚第一

线，在困难群众最需要的时候，总能看到他们的身影，驻村工作队的队员们成了村民群众心目中最可爱的人。

工作队副队长刘善海从小事做起，热心服务，把入户走访、服务村民、解决困难诉求、加强民族团结作为加强干群关系的切入点。为缩小语言上交流、表达的差距和障碍，采取以心换心、真心相待的态度，购置些小礼物、糖果、慰问品，或是探亲时从库尔勒家里带来些鞋子、衣服送给村民，用最直接的行动、最真诚的肢体语言表达友好。入户时眼里有活，边干活边与村民拉家常，了解所思所想，与村民同吃、同住、同劳动、同学习，帮助他们解开思想疑虑、困惑，并切实解决实际问题，深受村民的爱戴。村民艾麦尔·艾外力年龄大，并且患有关节炎、腰脊椎风湿病、高血压等疾病，为了减轻艾麦尔·艾外力的病痛，刘善海主动到医院询问治疗方法，并从网上搜集治疗关节炎、腰脊椎风湿病、高血压病的方法，上门指导用药、按摩穴位、提醒注重饮食，有效的治疗方法和良好的饮食习惯，使得艾麦尔·艾外力的病情得到控制。村民和孩子不管是在村委会还是在路上，看到刘善海都会热情邀请他到家里做客。

队员库尔班·阿布力米提看到贫困户阿依努尔汗·库尔班在庭院建设中因年龄大、行动不便，无劳动力，无法购买材料施工建设，库尔班·阿不力米提便担负起规划、采购、施工多面手，对阿依努尔汗·库尔班庭院建设、改厨、

改厕、三新入户等进行逐一落实，缺劳动力自己上，缺资金自己垫，在最短的时间里完成庭院建设达标。库尔班·阿布力米提发挥沟通交流优势，竭尽全力为村民服务，多次捐资垫资帮扶有经济困难的村民，解决困难村民的燃眉之急，至今仍有万余元垫资在部分建档立卡贫困户家中应急周转使用。

队员阿布拉·艾木都看到村里孤寡老人、残疾人生活困难、衣着简陋，心痛不已。每次回家都要带回来百余件四季换洗的衣服，送给他们，时不时购买米、面、油接济困难村民，村民群众称之为好巴郎、好干部。扶贫第一书记王魏急村民之所急、想村民之所想，为提早解决好建档立卡贫困户"两不愁、三保障"方面突出问题与短板。诸如厕所不达标、厨房需改造、村民没电视机等问题，个人先期垫资近3万元对30余户贫困户解决了现实困难。扶贫第一书记欧阳立、殷兆军、买买提·亚森在3年的驻村工作中分别捐资捐物、垫资出资数万元，为贫困村民雪中送炭、解决难事。

3年来，驻村工作队深入开展"讲文明、树新风"活动，在总领队倡议和带领下，工作队员、扶贫书记每月从自己的工资里拿出100—200元，为自己的包户对象购买生活用品、洗漱用品（包括书包、笔、本子、牙膏、拖鞋、脸盆、洗发水等）言传身教、耐心引导、改变陋习，村民群众讲卫生、爱干净风气蔚然成风。

双钱新昆公司派出的驻村工作队队员是好样的，是昆仑大家庭、村民百姓中最可敬可爱的人。工作中的点点滴滴，融入了驻村队员对困难群众的深厚感情，他们用平凡的言行，正引领着村民群众在脱贫攻坚的道路上迈步向前。

交运集团：村企结对精准扶贫助力楚雄州牟定县

为贯彻落实党的十九大提出的要打好精准脱贫攻坚战的精神，充分发挥国有企业在助力脱贫攻坚中的作用，更好地履行企业社会责任，根据上海市对口支援与合作交流工作领导小组办公室《关于开展"双一百"村企结对精准扶贫行动的通知》的要求，以及上海市国资委的统筹安排，2019年7月22日—7月25日，由集团党委副书记、总裁朱戟敏带队，副总裁陈洪鹏，战略发展部总经理沈国兴，上海市运输工会副主席王勤，上海市轮渡有限公司党委书记、总经理吴昶礼，上海浦江游览集团有限公司党委书记王一，上海交运资产管理有限公司总经理夏坚随同赴云南省楚雄彝族自治州牟定县，与牟定县政府签署了精准扶贫战略合作协议，确定由集团向牟定县及3个村共提供180万元定点帮扶捐赠资金，用于产业帮扶和爱心帮扶项目，同时将积极开展贸易物流、"游运结合"等产业合作，以及爱心采购和党建联建工作。

集团代表团考察了负责对口帮扶的共和镇共丰村、凤屯镇新房村、新桥镇云龙村，了解村情贫情，调研帮扶工作，走访慰问了各村的建档立卡贫困户。

具体对口帮扶的上海市轮渡有限公司、上海浦江游览集团有限公司、上

海交运资产管理有限公司根据3月26—29日赴共和镇共丰村、凤屯镇新房村、新桥镇云龙村考察的情况，结合各村的发展需求，分别向对口帮扶的贫困村捐赠了爱心帮扶和产业帮扶资金，其中：上海市轮渡有限公司向对口帮扶的共和镇共丰村捐赠20万元帮扶资金，定点帮扶农光一体项目。上海浦江游览集团有限公司向对口帮扶的凤屯镇新房村捐赠20万元帮扶资金，用于部分村组道路硬化。上海交运资产管理有限公司向对口帮扶的新桥镇云龙村捐赠20万元帮扶资金：一是帮助云龙村建设爱心超市。云龙村贫困户通过公益劳动换取积分，用积分在爱心超市领取爱心帮扶生活物资。二是帮助云龙村为民基础设施的改善。

交运集团本次赴牟定县对口帮扶贫困村考察及签约之行，正式开启了为期3年的"双一百"村企结对精准扶贫工作，交运集团作为上海市地方国资骨干企业，将坚定不移地参与上海市精准扶贫行动，为共和镇共丰村、凤屯镇新房村、新桥镇云龙村实现脱贫目标作出贡献。

牟定县党政代表团到交运集团座谈交流

2018年7月，根据市国资委统筹安排，交运集团与云南省牟定县签署了精准扶贫战略合作协议，负责对口牟定县共和镇共丰村、新桥镇云龙村、凤屯镇新房村，启动了为期3年的结对帮扶工作。

2019年6月18日下午，牟定县党政代表团在县委书记李绍文带领下，到交运集团座谈交流。集团党委副书记、总裁朱戟敏参加了座谈。座谈会由集团副总裁陈洪鹏主持，副总裁董璐致欢迎辞。座谈会上，牟定县对口帮扶乡镇负责同志汇报了扶贫工作开展情况和下阶段工作设想。牟定县县委书记李绍文介绍了牟定县经济社会发展情况，感谢交运集团帮助牟定贫困地区实现脱贫，希望集团加大帮扶力度，加强产业扶贫、消费扶贫，支持牟定县新发展。

朱戟敏总裁表示，市国资委在决战决胜脱贫攻坚工作推进会上对下阶段企业助力脱贫攻坚工作进行了部署。交运集团将一如既往、坚定不移地参与精准扶贫行动，积极发挥企业优势，进一步落实好对口帮扶工作各项重点任务。

久事置业：多措并举扶贫不停歇立体攻坚脱贫不松劲

上海久事置业有限公司是上海久事集团旗下全资子公司，承担地产置业板块的功能性和市场化业务。自久事置业公司与云南省文山壮族苗族自治州广南县者太乡者太村签订村企帮扶协议以来，公司党委高度重视百企帮百村精准扶贫工作任务，两次前往者太村开展实地调研。针对者太村脱贫攻坚过程中的实际问题，制定"三带两转"9项帮扶措施，总计捐赠定项援助专款资金80余万元。

捐衣捐物解燃眉之急

习近平总书记指出，要着力解决"两不愁三保障"的突出问题。"不愁穿"是实现"两不愁"的一个重要标准。经过各方持续攻坚，者太村村民整体经济收入和村落居住环境有了明显改善，但村民的日常着装仍旧相对破旧、捉襟见肘，距离彻底实现"不愁穿"仍有距离。者太村地处群山之中，昼夜温差大、冬季温度较低。村民对于各类衣物，尤其是御寒衣服有着较大的需求。置业公司了解到这一情况后，没有采用简单直接的批量采购方式，而是在置业公司组织开展了"送温暖、献爱心，冬日里的阳光"捐衣物活动，依托公司各级党组织发动广大职工拿出家中的多余衣物捐赠给者太村的贫困群众。捐衣物活动受到了公司上下职工的积极响应，短短一周时间，置业公司职工为者太村募得各类衣物800余件，300公斤的衣物跨越千里，在春节之前抵达者太村，为者太村的冬天送上一份实在的温暖。

托底民生

帮困助学立兴邦之志

办好教育才能彻底斩断穷根，办好教育才能为乡村的未来打下基础。公司党委高度关注当地适龄儿童的义务教育情况，本着"用教育扶贫，靠希望脱贫"援助观念，专门设置"控辍保学"资助款项，为失学适龄儿童提供援助。2019年11月26日，者太乡中心学校进行了以"感恩 进取 乐观"为主题的"控辍保学"爱心活动，学校工作人员将资助款项发放到每一名贫困家庭孩童手中，让孩子们不因学费困难而失学。小小的善举未必能彻底改变贫困家庭孩童的求学处境，但却能在孩子心中埋下一颗小小的种子，让他们明白读书的重要性；小小的善举未必能改变他们所有人的命运，但至少在他们读书奋斗的路上为他们加油鼓劲、摇旗呐喊。

建路灯照亮奋进之路

长期以来，者太村都没有建立起完善的村级活动中心，村民文化活动的场地问题一直困扰着村镇领导和村民百姓。在此次脱贫攻坚中，置业公司调集资源、集中力量推动村级活动中心建设。经过施工方密集施工，目前，者太行政村活动中心正式揭牌投入使用。该活动中心除了具备满足村民日常

文化功能外，还在活动室内部专门设置党建廉政文化墙，为者太村基层党支部的战斗堡垒建设添砖加瓦。此外，夜间无路灯也是者太村"美丽乡村"建设长期存在的痛点。置业公司把解决者太村未哪基村小组的夜间照明问题列为"美丽乡村"建设的重点任务之一，援助者太村未哪基村小组太阳能路灯建设项目15万元，安装包括40盏路灯在内的整个照明系统，彻底点亮哪基村小组的夜间道路，为村民安全出行、工作生活提供便利。

久事置业在者太村一系列的帮扶行动取得了积极进展，者太村整体乡村面貌、村民生活水平有明显改善。近日，置业公司决定向者太村追加20.15万元捐赠资金，用于人居环境改善。目前，者太村的脱贫攻坚战已经进入决胜的关键阶段，在久事集团党委的领导下，置业公司党委将采取更加有力的措施，深入开展村企结对精准帮扶工作，切实提高人民的获得感、幸福感、安全感，坚决打赢者太村的脱贫攻坚战。

上海联合产权交易控股有限公司：
提高党建生活质量
精准扶贫迈向小康

上海联合产权交易控股有限公司党支部对口帮扶云南省大理州云龙县宝丰乡庄坪村。早在2019年1月控股公司党支部派一名支委与所党政办主任、工会主席袁海荣一起赴庄坪村实地考察村里的贫困状况，他们与贫困户亲切交谈、拉家常、问冷暖，详细了解村民生活情况及致贫原因，询问老弱病残人员的身体状况，子女就业情况，全年家庭收入，外出务工人员有无拖欠工资，生活中有无困难需要解决，嘱咐村民一定要注意身体，并宣传党的精准扶贫政策，积极为贫困户找致富的路子和帮扶措施，鼓励村民们坚定信心，克服困难，用自己勤劳的双手创造财富，改善生活条件、早日脱贫致富。

2019年3月，上海联合产权交易所与宝丰乡签署了《"双一百"村企结对精准扶贫项目资金协议书》，协议中所列资金全部用于帮助建档立卡贫困户和村里的一些基础设施建设。控股公司党支部设在北京，虽然与庄坪村远隔万里，但支部书记和全体党员都十分挂念贫困村民和脱贫工作的进展情况。他们经常通过微信互相交流了解情况，并组织全体党员捐款献爱心。截至目前，通过宝丰

走访贫困家庭

了解贫困户生活、生产情况

乡反馈回来的信息，庄坪村公共设施建设已基本竣工，建档立卡户已基本实现脱贫。

作为全国千千万万个党支部中的一员，控股公司党支部为打赢脱贫攻坚战贡献出自己的一份力量。支部全体党员在整个扶贫过程中也深受教育，大家的思想和先进性得到了一次洗礼，纷纷表态要立足岗位做好本职工作，为实现2020年全面脱贫奔小康再建新功，起到了党建与扶贫双赢的效果。

浦发银行：走进文山 希望在云端深处

山清水秀、云雾缭绕。这是记者对文山市德厚镇亚拉冲村的第一印象。在这个地势复杂、高海拔的小村落里，村民们坐在家门口悠闲地聊着家常，谈论着如何给翻新好的房屋进行打扫与通风。刚下班的果农拿着满满一箩筐的水果，告诉记者今年是丰收的一年。在外务工多年的返乡青年们感慨万分，因为他们曾经泥泞老旧的家乡，现如今已变成了更好的模样。

自2018年7月以来，上海市国资委、市工商联合发起百家市属国企与民企分别结对百余个贫困村，开展"双一百"村企结对精准扶贫行动，"百企帮百村"，为贫困地区带人、带物、带产业、转观念、转村貌，简称为"三带两转"模式。

早在2008年，浦发银行就与文山市的平坝镇、新街乡老寨村、新街乡垭口寨村等贫困村结对帮扶。作为"百企帮百村"的积极响应者和实践者，在"百企帮百村"的行动中，浦发银行又对接德厚镇亚拉冲村、东山乡南林村，以及薄竹镇五色冲村，充分发挥金融专长，系统化、体系化地精准帮扶贫困村，让乡村旧貌换新颜，从被动输血向主动造血转变。功夫不负有心人，今年5月17日，这些对口帮扶的贫困村全部脱贫出列，旧村换了新颜，村民的生活质量以及当地的产业发展也得到了显著的提升。

转村貌、农危改　村民的生活质量脱胎换骨

"曾经的亚拉冲村，道路高低不平，淤泥严重，村民出行很难，深一脚浅一脚的，出一趟门，要花上很多时间。"走在刚刚修建好的道路上，亚拉冲村总支书记袁永发感叹道。如今，亚拉冲村已大面积实现了道路硬化，村里的环境也随之焕然一新，出行方便了，村子里的欢声笑语也就多了起来。跟随着袁永发的脚步，记者步行的过程轻松惬意，时不时有路过的村民前来问好，给记者品尝刚刚采摘好的新鲜水果。

除了道路硬化，危房改造也是浦发对口帮扶亚拉冲村的一大工程。来到村民杨小深的家中，平整的庭院和新建的厨房让人难以相信这里曾是房屋安全等级不达标、人畜混居的危房。如今，文山贫困村的众多房屋都得到了改建。就像杨小深的家一样，他们重新规划后的房屋明显不再拥挤，客厅、卧室、厨房等区域都被有序安全的隔开。曾经摇摇欲坠的墙面和天花板，在更换横梁和楼板之后也达到了安全指标。在道路硬化之后，村民家的庭院也不再泥泞不堪，变成了干净平整的休闲之地。

这"向往的生活"离不开浦发银行的支持，道路硬化、危房改造、人畜分离、厕所革命等项目顺利推进，截至目前，浦发银行在文山州累计投入超过900万元帮扶资金，组织实施扶贫项目近20个，受益人口达1500余户6000余人。通过项目的持续推

进，村民关心的房屋安全、环境脏乱等问题在一定程度上得到了解决，贫困村的村容村貌也得到了美化。同时，浦发银行与当地政府紧密协作，开展厕所革命，致力解决"厕所少、卫生差"的问题，在更广维度上优化人居环境、缩小城乡生活差距。

带产业、转观念　贫困村有了可持续发展的力量

文山贫困村大多面临海拔高、耕地少等自然难题。为了助力当地种植业发展，让村民不再"靠天吃饭"，浦发银行帮助贫困村修建水窖、铺设道路，为产业扶贫打好基础。记者了解到，薄竹镇甲马石村已修建了2个100立方米水池，1个1500立方米容量的水院坝堤及多项配套设施。当地的村民告诉记者，新修好的水源设施，不仅让他们喝上了干净的水，还养活了他们的农田，也让村民们看到了充满希望的未来。

"一方水、一片地"带动了甲马石村的樱桃与玉米种植业，"带产业"收获了良好效果。"浦发给我们修好了房子，铺好了路，有了路，我们的农产品就能出山了，日子也会越来越红火。有了盼头，我们干活的动力就更足了，未来的美好生活，要靠我们自己去努力。"见面当天，当地村民刚刚完成辣椒采摘，脸上、脖子上都布满了豆大的汗珠。

如今，亚拉冲村的米辣已经成为小有名气的网红农产品了，种植户每到丰收季，都会收到来自全国各地的订单。在本次行程中，记者也走进了当地的辣椒田，看到成串的辣椒颜色亮眼，村民高效的完成筛选、采摘、打包等

一系列工作，整体过程干净且有序。正如村民所说，浦发银行的帮助，让文山贫困村有了发展的资源与平台，把村外的致富经验带到村里，也改变和带动了村民，加上村民们兢兢业业与自主脱贫的上进精神，贫困村不仅脱贫，更要致富奔小康，走上可持续发展的道路，指日可待。

随着时代的发展，守着老法子种地已落伍了，新农村离不开新技术，浦发银行联合云南农业大学，多次邀请种植和养殖方面的专家，在村里举办农业技术培训，手把手传授农业知识，让更多的新技术、新科技在这片土地上得到实践。扶贫先扶志，扶志又扶智。在脱贫攻坚的战斗中，离不开驻村工作队员及帮扶干部的辛勤付出。据了解，自2008年以来，浦发银行相继派出11名工作队员赴文山驻村开展扶贫工作。驻村干部深入村民家中走访，与贫困户进行交流，及时为贫困户解决实际困难。使贫困群众"等、靠、要"思想明显改变、内生动力得到有效激发。

"逐梦萤火虫"千人计划　提升贫困地区医疗水平

住房与就业都在"百企帮百村"的实践中得到了有效提升。那么，当地在提升医疗水平和能力方面又有哪些进步？

对此，浦发银行相关工作人员向记者介绍了于2016年7月启动的"逐梦萤火虫"西部儿科医护人员进修计划公益项目。文山市人民医院有2位参与该项目的医护人员，记者对他们进行了电话采访。

文山市人民医院位于文山县城南面,是周边村民获取医疗服务的主要地点,内部干净整洁,科室齐全,来自周边各地的病人们有序的在各个窗口排队等候。

"因为我们是综合医院,儿科的辅助医室相对较少,有时候小朋友做个B超,科室与科室之间也会因专业领域不同而遇到配合上的问题。浦发的逐梦萤火虫计划,让我有机会去上海市儿童医院进修,不仅帮助我在个人水平上得到了提升,也让我学会了很多管理方面的知识。"于2019年4月完成进修并返乡的田维波医生告诉记者。

在医疗行业内长期面临人才缺乏的儿科诊室,不仅需要更专业的医生,也需要有经验的管理者。浦发银行通过"逐梦萤火虫儿科医护人员进修计划",承担了田维波等来自中西部和贫困地区的医护人员的进修费用,还在住宿、交通等方面提供资助,为他们提供走出县城,前往一线城市的三甲医院进修培训的机会。

进修期间专业导师的指导,各个科室轮流的实操经验,每月的严格考核,让来自西部贫困地区的医护人员们学会了一个成熟科室的管理机制,以及如何与来自不同学科背景的同事们密切配合,为病患提供最大程度的帮助。

"能够参加逐梦萤火虫医护人员千人进修计划,我是幸运的,我们文山市也是幸运的。现在我们的诊疗计划变得更加周全,我也将我进修时所学到的知识,传递给我们科室的其他医生,更好地守护我们文山孩子的健康。"采访临近结束时,田维波医生笑着告诉记者。

现今,文山州居民生活质量不断提升,产业及医疗水平持续发展。在脱贫攻坚的路上,浦发银行以"带人、带物、带产业和转观念、转村貌"的三带两转的精准扶贫,履行作为企业公民的责任,以改善民生为目的、以产业扶贫为抓手、以扶智脱贫为重点,用行动实现着"奔小康的路上一个都不能少"的誓言。

上港集团：精准扶贫的"上港路径"

入户"致富路"修了、医疗"卫生所"建了、光伏"发电网"通了，村民们的"钱袋子"鼓了、"山里娃"脸上的笑容更加灿烂了……近年来，上港集团强化政治担当，坚决落实上级部署，积极承担企业社会责任，全力帮助对口地区打好打赢脱贫攻坚战。乌蒙逶迤，金沙江奔腾不息，在上港集团统一部署下，一项项支援项目落地生效，两名优秀干部赶赴乡村实地帮扶，在山高水长的云南省曲靖市会泽县矿山镇布卡村和马路乡半坡村，上港人用担当和实干展露新时代芳华，勾勒出精准扶贫的"上港路径"……

一条路：脱贫先修路，上港助力铺

怎样在异地做出符合上海国资企业品牌形象并让群众满意的惠民扶贫工程，在集团正确领导下，集团驻村干部着力把握"精准"二字，将其深化理解和践行为精于质量、行动准确。2019年上半年半坡村入户道路建设项目设立之初，集团成立了由集团分管领导牵头、相关职能部室负责人组成的工作小组，加强实地考察，研究形成可行性项目方案，并派出干部加以实施推进。落实过程中，驻村工作组认真领会上级和集团精神要求，加强同乡政府

职能部门的沟通联系，依靠村"两委"，会同乡、村两级制订具体实施方案，先后3次对拟建和完工道路进行现场测绘，有效把控了施工质量和进度。

在集团倾力支持及驻村干部的现场监督下，入户道路建设项目按照当地扶贫资金使用管理规定，由乡政府作为项目实施主体组织开展了招标评标、合同签订、验收付款及资料收集等工作，确保了各项程序规范、管理到位。项目推进中，驻村干部大力宣传党的方针政策和集团贯彻落实上海市"百企帮百村"工作部署情况，充分带动村党组织发挥示范引领作用，组织发动各村组居民对住宅沿线拟建道路基础进行平整铺垫，焕发群众脱贫内生动力，积极参与到利己利人的建设项目中来。

按照时间节点，这条全长 5.96 千米、平均宽度 3.55 米，分为 107 段的入户道路如期竣工并投入使用。广大村民用"幸福"二字，对这条直接惠及群众生产资料运输和生活出行的"致富路"表示高度认可和赞许。一位村民不禁感慨："以前出门就是沙石路，不但送货车没法开，步行也不安全，一到下雨天就泥泞不堪。如今，混凝土浇筑的水泥路直接铺到了家门口，真是太方便了，感谢上海港务集团。"

一个所：医疗有保障，看病不再难

卫生保健是村民的基本需求，但是宏大壮美的山水背后是迂回曲折的漫漫求医路。

"镇卫生院距离村子有 12 千米，坡高路陡，我们日常看病就医、娃娃疫苗接种都要走好长的山路，有些上了年纪腿脚不便的常常要走上大半天，非常不便。"如今，在布卡村，一个新落成的以白、绿为主色调，在周围民房中颇具辨识度的 2 层卫生所楼引人注目。"上海港干部来了以后，村里就有了这么好的卫生所，真是解除了后顾之忧。"一位村民激动不已地表示。"我是隔壁村的，带娃来打预防针顺便帮家里老人配药，这个卫生所方便了我们周边好几个村小组呢。"另一位村民动情地说。

为了建好卫生所，在集团的大力指导下，驻村工作组与县、镇政府相关

部门紧锣密鼓地进行协调，会同镇卫生院及村委，综合多方因素确定了建设用地的选址及建设框架。历经地质勘查、图纸核定、招投标等一系列规范流程后，上港援建卫生所项目于 2019 年 7 月下旬正式开工，11 月中旬顺利完工，当年 12 月初通过各方验收并投入使用。

这座两层结构的建筑包括疫苗接种室、诊疗室、村民医疗档案室、配药室等，并配套了电脑、打印机、配剂台及病床桌椅等医疗基础设备。该卫生所项目的实施较大改善了布卡及相邻村缺乏基本医疗设施，村民看病就医难的问题，得到了村民们由衷的感谢与称赞。

一张网：光伏来创收，扶贫新渠道

布卡村地势海拔较高，土地耕作粗放，村集体无经济来源，怎么办？集团驻村干部入驻后，积极落实集团村企对口帮扶协议，加强实地调研，指导开展工作，并主动钻研国家相关政策。经多方协调沟通，积极争取到了国家电网光伏发电扶贫政策的支持。

安装光伏发电初始设备需要一笔资金，对此，该干部所在的集团沪东公司及时伸出援手，按照有关党费使用规定，从专项党费中拨付一笔资金，专项用于扶持该光伏发电项目。

不久，在村民们的翘首以盼中，布卡村一张新建的光伏电网——20 千瓦装机容量的光伏发电项目安装到位。项目顺利通过了电力部门验收，并完成并网。依据国家电网有关政策及项目规模，这 20 千瓦装机容量所发的电量反馈电网的同时，还将持续 20 年使该村每年有 1.5 万元左右的集体经济收入。

"集体经济收入有了新来源,扶贫帮困拓展了新渠道",这笔实实在在落地的收入被广泛用于拓展有关经济产业,以及贫困党员群众的帮扶慰问。

一面旗:党建传经验,引领聚人心

会议桌椅、书柜等硬件整齐划一,电脑一体机、音控系统、投影仪等影像设备配备齐全,党建目视看板等标识铭牌醒目规范……在项目援建的同时,集团向两村党组织传送上海国企党建的好做法好经验,并协助完成了两个党员活动室的建设。

为促进村级党组织党员学习教育保质保量,让组织生活更有仪式感和庄重感,也为当地群众培训交流创设有利条件,集团提出为半坡村、布卡村建设党员活动室的设想,得到了村委及广大党员群众的热烈拥护。活动室建设参照集团党建目视管理的标准,听取党员意见建议,结合实际,因地制宜利用村委会现有场地加以实施。两位驻村干部积极讨论制订改建方案及具体内容,多方咨询联系当地有关设计制作单位,确定了网络采购加策划制作的方式,并订立工程项目合同,整个设计施工有条不紊,确保了施工质量以及设备设施的好用耐用。

步入村委会新建的党员活动室,只见正前方是醒目的"不忘初心、牢记使命"八个大字,内部整体布局合理,学习教育功能齐备。"党旗飘扬,初心闪耀",驻村干部针对乡村党员、入党积极分子的实际情况和学习需求,利用活动室多媒体平台,协同开展党建联建及主题党日活

动，组织村民党员、村民骨干观看"党的十九届四中全会精神宣讲""扶贫攻坚工作指导"等视频，在扶贫帮困过程中输出"上港党建标准"，帮助村党组织提升组织力，使联建帮扶走出了新路。

此外，集团为布卡村小学建设高三层、面积 800 余平方米的食宿楼，其中一层用于学生食堂、二层用于男生宿舍、三层用于女生宿舍。为两村小学添置电脑设备、办公桌椅、教学一体机、校园广播系统、实验柜、实验室仪器架等助学设施。为学生提供所需的学习用品及保暖可脱卸式冲锋衣、户外运动鞋、保温杯，供应在校日"营养早餐"，餐点品种有牛奶、鸡蛋、面包等；每年暑假安排优秀教师和品学兼优的学生到上海学习参观，开展"看海港"活动。村民们常用质朴的话语表达感激之情："感谢党的好政策，谢谢上港集团的关心帮助，一定教育娃娃好好学习，长大做个有出息的人……"

"肩担国企使命，千里帮扶情深"，2020 年是全面建成小康社会的决胜之年，上港集团严格贯彻习近平总书记重要指示精神，从实际出发，向实效聚焦，精准施策，确保各项扶贫项目高质量完成，大力改善乡村人居、医疗卫生和教育环境，也传递着世界第一大集装箱港口企业与会泽人民割不断的情谊。

上港集团在助力脱贫攻坚的道路上越走越宽广，定将循着精准扶贫的"上港路径"乘风破浪打赢脱贫攻坚战，帮助对口地区贫困群众同全国人民一道迈入全面小康社会。

上海城投：在脱贫攻坚一线锻炼青年干部　在精准扶贫前沿体现国企担当

坚决打赢脱贫攻坚、全面建成小康社会，是党对人民做出的庄严承诺。2020年是脱贫攻坚的关键之年，城投集团高度重视上海市国资委脱贫攻坚"百企帮百村"行动。城投集团2018年8月开启村企结对精准扶贫行动，迅速结对遵义市务川县3个贫困村，深入调研，制订了"一村一策"帮扶方案，落实资金稳步推进帮扶项目，确保了扶贫工作落到实处。

自帮扶方案确定以来，下属城投公路、城投水务、城投环境3家企业共计捐款237.6万元，打出精准扶贫有力"组合拳"，有力推进当地产业发展，为村集体经济加码，促进农户增收。截至目前，城投水务帮扶的黄都镇大竹村养蜂"甜蜜"产业及产业路建设项目，城投环境帮扶的大坪街道三坑村太阳能路灯及产业道路硬化项目，城投公路帮扶的泥高镇栗园村中药材基地项目三个项目已全部完工，覆盖农户400余户，合计1500余人。

2020年7月，按照决战决胜脱贫攻坚工作重点任务部署，在精准扶贫行动中选派优秀干部驻村锻炼，实现直接联系服务结对村全覆

盖。本次驻村锻炼共选派城投本部及下属城投公路、城投水务、城投环境的12位年轻干部，结合对口帮扶村镇，分别向贵州省遵义市务川自治县泥高镇栗园村、黄都镇大竹村、大坪街道三坑村等3个村，4人1村全脱产驻村工作一周时间。

自7月7日驻村干部正式入驻以来，服从结对村工作安排，实地查看帮扶项目成效，走访结对大学生家庭状况、学习情况，实地走访慰问建档立卡户，与村干部、村民召开座谈会，深入一线了解结对村情况，发挥企业优势和驻村干部集体智慧，为对口村产业发展出谋划策。

走村入寨心贴心，真情帮扶"零距离"

大竹驻村工作组7月8日抵达大竹村，驻村工作组驻村期间，服从结对村工作安排，实地查看帮扶项目成效，走访结对大学生家庭状况、学习情况，实地走访慰问建档立卡户，与村干部、村民召开座谈会、见面会、坝坝会，深入一线了解结对村情况，发挥企业优势和驻村干部集体智慧，为对口村产业发展出谋划策。

工作组先后参加了"黄都镇脱贫攻坚普查工作战前部署暨业务培训会"、大竹村村委会脱贫攻坚普查专项会，了解脱贫攻坚普查最新工作要求，跟随村干部走村下队，实地走访农户，与村民拉家常，了解他们贫困的原因、享受的扶贫政策、家庭的收入及支出情况。驻村工作组慰问了12户建档立卡户，与群众拉家常，帮助群众打扫卫生、整理环境。驻村工作组实地察看了城投水务集团帮扶的大竹村养蜂"甜蜜"产业及产业路建设项目，了解扶贫资金使用、工程建设等情况。蜜蜂产业在大竹村

已初具规模,共有蜂群 123 群,蜂棚 50 个,蜂箱 300 个,直接利益连接建档立卡户 25 户,许多村民通过"支部＋集体经济＋返乡能手＋建档立卡户"的方式,纷纷加入蜜蜂养殖产业。产业路位于大竹村山堡片区,是沟通大竹村杨家林组的三角坝河、三堡对门两个小组的交通要道,道路全长 732 米,方便 135 户群众生活出行,充分利用周边撂荒土地种植辣椒、花椒等经济作物。

城投水务在大竹村帮扶了 15 位大学生,驻村工作组通过实地走访、召开见面会等方式与在村的帮扶大学生建立联系,了解他们的学习情况、家庭状况,提供力所能及的帮助。举办一次爱心"扶智"捐书赠书仪式,向村委会捐赠党建工作制度等书籍,向村里的 10 户学生家庭捐赠了学习用品。

驻村工作组与镇、村两级干部开展座谈,了解大竹村自然资源,充分调研村民群众想法,为大竹村持续致富发展出谋划策,提出产业发展理念、企社联动新模式、健全组织建立新保障。

出谋划策助产业,排忧解难"暖心窝"

栗园村所在地海拔高 1420 米,原是集"民族、山区、贫困、偏远"为一体的国家扶贫攻坚重点村,域内有西南第一大草场——仡佬大草原。栗园村工作组以对口帮扶集团城投公路人员为主,工作组进驻后根据工作任务和现场情况,开展了入户走访、"捐智"助学、联建学习、帮扶项目调研等一系列活动。

工作组驻村第一天,正好赶上栗园村入户普查工作培训会,在经过短暂的培训会后,工作组成员兵分两路,在驻村帮扶干部的带领下,开展入户调查。栗园村共有"一般贫困户""低保户""危改户""教育政策享受户"等四类建档立卡户 133 户、共计 464

人，分布在区域面积 74 平方公里的范围内。半天时间，完成了 16 户入户走访工作，他们与村民促膝长谈，了解脱贫攻坚以来生活变化和下一步需求，对接好下一步帮扶政策。7 天时间，工作组与村民同吃、同住、同劳动，建立了深厚的情谊，每次走访都给工作组不一样的感触。

在栗园村村主任申伟立的带领下，工作组来到城投公路帮扶的泥高镇栗园村中药材基地项目。2018 年，在了解栗园村想借助于当地的地理优势建设一个中药材种植基地、却苦于缺少基本配套设施后，城投公路拨付援建资金，为栗园村集体资产投入基地建设，先后投入 80 万元，建设了管理房加仓储房、围栏、蓄水池等基础配套，项目的实施覆盖泥高镇栗园村贫困户 133 户、434 人。按照实际投入援建资金金额返还收益，返还收益资金由村集体用于全村民生事业和贫困户托底保障。

扶贫重在扶智。2019 年 11 月，城投公路集团为栗园村 5 位建档立卡的贫困大学生提供了学习资助。为了解大学生学习、生活情况，工作组组织召开了座谈会，针对大学生学习教育、职业规划等方面进行了咨询帮助。在了解到栗园村还有很多建档户有尚在上学的学生的时候，工作组第一时间对接村委，开展"小书包、大梦想"活动，为小朋友送上书包和文具，鼓励他们努力学习，用知识改变命运。

住在村部组员看到栗园村农家书屋的书架上稀少的几本书，村支书申学良说："农家书屋刚刚建成，由于书比较少，村里的年轻人都看不到想看的书籍，我们这里县城都是功能性书店，书籍的种类和数量都有限。"工作组的同志第一时间联系图书购买，购买了 200 多册，包括：历史、文化、养殖等专业书籍，填满栗园村"农家书屋"的书架。临时支部党小组还与村总支委员会开展了联组学习，双方开展了党建工作交流，了解了党建工作基本情况，为下一步持续支部党建联建奠定基础。

胸有脱贫攻坚志，笑看险阻似春风

时值脱贫攻坚进入决战决胜的关键时刻，7 月 8 日上午，工作组抵达大坪三坑村，正式开启了驻村扶贫行动的征程。

"有了路灯真好，走夜路再也不用手电筒了"，"有了路灯后晚上的村庄也有了人气，不再是黑灯瞎火了"，这是驻三坑村党小组在走访路灯沿路居民家中听到最多的声音，村里能安路灯、晚上能亮起来，是村民一直渴望的事情，城投环境投建的100盏路灯项目，照亮了村庄，也照亮了贫困村的"扶贫路"，更照亮了村民"奔小康"的希望。

三坑村村民王文每隔5天都要到三坑村三合组赶集，售卖自己养殖、种植的鸡、鸡蛋、猪肉、蔬菜等，而这也是他的唯一收入，在道路硬化前，他每次都要背着背篓走2小时的泥路。道路硬化后，他买了摩托车，每次赶集的通勤从2小时缩短到了半小时。城投环境投建的三坑村道路硬化项目惠及三坑村54户200余人，不仅方便了居民出行，间接助力改善了住房问题，同时也让种植生产道路连接上了主干道，助力三坑村村民"奔小康"跑出加速度。

从国际都市到贫困农村，饮食条件、住宿环境都发生了深刻变化。根据三坑村的安排，驻村干部住进了村委办公楼的三楼宿舍，常见的蚊子、苍蝇少了，不认识的蛇虫鼠蚁多了。他们每天与三坑村的村干部一起吃大锅饭，鱼肉不见了，豆腐、辣椒多了。为熟悉掌握村情民情，他们主动从工作"朝九晚五"到"早八晚八"，把过"苦日子、穷日子、紧日子"当作党性的培养、作风的磨炼和思想的锤炼。驻村后，为了尽快了解村情和前期帮扶项目的建设情况，驻村干部主动扑下身子，踏踏实实地履行一名村干部职责，跟随村委干部走访入户、实地调研、脱贫大普查等日常工作，为多户贫困农户送去米油等生活物资，宣传党的惠民政策，深入了解贫困家庭的困难和需求。

扶贫必先扶志，扶志必先扶智。7月14日，工作组在三坑完小开展了"国旗下的成长"主题活动，向贫困学生送上了爱心书包、学习文具以及体育活动用具；为三坑完小修补了荒废已久的篮球架，还为当天前后过生日的同学庆祝了生日，与全体小学生一同互动做游戏。并与王家福、王家好2个小朋友签订了助学帮扶协议，让孩子们感受到上海的温度与力量。在"扶智"的同时，三坑村驻村工作组还在一名抗美援朝老党员卢调德身上汲取红色力量，他带领大家重温入党誓言，共忆峥嵘岁月，接受心灵洗礼。

驻村工作已画上句号，但"山海"的情义仍会延续。此次驻村干部挂职锻炼，既是城投集团培养青年人才的全新尝试，更是城投集团服务国家战略、助力脱贫攻坚的有力举措，为推动结对村基层组织建设、培养锻炼年轻干部、促进结对村巩固脱贫攻坚成果提供了坚强的组织保证，体现出大型国有企业的责任担当。

上海电气：镇企两级联动助力乡村振兴

上海市农村综合帮扶和城乡党组织结对帮扶工作是上海电气为贯彻落实党中央、市委关于实施乡村振兴战略的工作部署的一项光荣的政治任务，也是国有企业履行社会责任的一次重要机会。

按照市帮扶办和市国资委的要求，上海电气集团与奉贤区庄行镇的16个经济薄弱村进行结对已有10余年，集团遴选了下属16家优秀企业与16个村进行一对一的结对，实现了100%全覆盖。集团下属各帮扶单位发挥优势、主动作为，围绕村级实事工程、扶贫帮困、技术支持、党建共建、精神文明等方面为庄行镇乡村振兴注入了强大动力，有效提升了群众满意度。同时，通过党组织联建联动，进一步固化交流、增进情谊，促使结对共建工作有力度、有温度、有深度。

2015—2019 年结对期内，集团层面每年支付 500 万元、结对企业每年每村 5 万元，助销农副产品 470 余万元，帮扶共计 4200 多万元，开展党建联建活动 60 余次，为"庄行镇大病救助专项基金"捐赠共计 113 万元，为圆梦行动捐赠 3 万元。

走好"两条路"，发展共促让农民得实惠

情系群众筑牢"暖心路"。自结对以来，不少结对单位在逢年过节走村入户开展慰问走访活动。如，上海机床厂每年春节期间，上门走访困难家庭，送上帮扶资金和慰问品；上海电气核电集团每年中秋时节慰问村内老党员和群众；上海发电机厂每年看望长浜村 60 周岁以上老人并送去中秋节慰问品；上海汽轮机厂每年给予张塘村 5 万元资金用于村内扶贫帮困，双方支部还开展了"互学 互帮 互助"活动，增进双方交流。

助销蜜梨拓宽"致富路"。近几年，庄行的梨农迎来了蜜梨大丰收，产量、质量双提高，然而销售难题接踵而至。集团结对单位与结对村联手，为农户销售农产品开辟了一条条"绿色通道"。每年，电气集团下属上海电气输配电集团、上海电气风电集团、上海电气电站工程、机电设计院、上海发电机厂、上海电机厂等 16 家单位及时帮助农户销售蜜梨，给梨农吃上"定心丸"，近年来累计助销各类农副产品价值 320 余万元。

落实"两个精准"，实事共办让乡村更和美

精准"配齐"改善民生。集团结对单位聚焦各村需求，借助于自身优势和特点，落实了不少实实在在看得见、摸得着的惠民帮扶项目。如新叶村在建立老年日间照料服务站时，上海电气置业公司主动为村里补助帮扶资金 15 万元，使村里的老人们能安心吃上免费午餐。

又如，海立集团为西校村"夕笑乐"睦邻点捐赠 5 台空调，为老年人营造舒适的就餐环境。上海电气输配电集团资助 11 万元为东风村小港滩桥进行维修并安装防护栏，确保村民出行安全，受到了村民们的一致"点赞"。

精准"支援"助推治理。围绕和美宅基建设、水环境治理、五违四必、美丽乡村建设等中心工作，集团结对单位积极参与村级社会治理。如上海电站辅机厂为芦泾村赞助5万元帮扶资金用于水环境治理。浦秀村结对单位上海三菱电梯公司捐助5万元用于"和美宅基"创建。长堤村、杨溇村、新叶村在获得资金援助后，纷纷加快和美宅基和基础设施建设，温暖的宅基睦邻点、环境优美的口袋公园、日渐清澈的河道等，让老百姓获得感节节攀升，这些都离不开结对单位的大力支持。

把握"两个聚焦"，组织共建让感情更深厚

聚焦"人才共育"联学联动。近年来，庄行镇先后组织机关、事业单位、园区、两新组织书记代表等赴电气集团党校参加联合培训会。组织镇"两新"党组织书记、企业负责人共40人赴上海电气集团考察学习，提升党建工作水平。先后选派3名年轻干部分别至上海电气临港重装备有限公司、上海电机厂有限公司、上海锅炉厂有限公司挂职学习，有效加强年轻干部队伍建设，提升年轻后备力量的经济工作能力。

聚焦"优势互补"共享共促。加强资源互补和共享，把党建优势转化为乡村发展优势。2014年，上海锅炉厂邀请长堤村"两委"班子成员去公司实

地参观，交流党建工作。长浜村全体班子成员于2015年、2016年连续两年到上海发电机厂参观党建品牌项目，学习企业党建先进思路和做法，切实提高村党建工作水平。2016年，上海汽轮机厂与张塘村开展了一场"友谊杯"足球赛，通过体育竞技，创新了结对帮扶的交流方式。2017年，汇安村牵头区域化党建单位开展以"心手相牵，传递微爱"为主题的爱心义卖活动，集优股份积极参与其中，为村妇儿帮扶基金捐赠善款。2017年，上海电气国贸一行至马路村结合庄行镇四大节庆、新农村建设等召开帮扶座谈会，加强学习交流活动。

新一轮结对帮扶工作过程中，上海电气集团继续下好帮扶工作的"绣花"功夫。一是强化党建共建不放松，双方围绕学习共建、资源共享、人才共育、治理共推、发展共促来固化结对，以党建引领进一步拓展帮扶受益面。二是抓牢精准帮扶不放松，以群众需求、群众呼声为导向，各企业要切实落实好每一分帮扶资金都用在最急需的事情上，帮扶帮到老百姓心坎里。三是落实项目化推进不放松，在民生实事、产业发展、美丽乡村建设、"三农"队伍建设等方面共同研究举措，形成长效机制，推动共建项目落地、落实，不断激发农村发展新活力。

上海电气：农村扶贫润民心 上海电气让生活更美好

一盏盏明亮的路灯，照亮了走向未来的"脚步"；一条条平整的水泥路，串联了小康大道的"孤岛"；一个个新增的岗位，承托了发家致富的"梦想"……上海电气集团与云南省3个贫困村进行定向精准扶贫，如今，这里已呈现一派生机勃勃的发展景象，农民生活变得更加美好。

上海电气集团贯彻落实上海市《关于开展"双一百"村企结对精准扶贫行动的通知》（沪合组办〔2018〕38号）文件要求及市国资委的相关指导精神，积极开展基建帮扶、就业帮扶、产业帮扶、职业技能帮扶等多种扶贫工作，发挥企业优势，履行社会责任，助推沪滇扶贫协作，积极推动产业发展，为当地农村经济振兴注入强大动力。

快速响应，助力打响基建攻坚战

为进一步创新帮扶模式，促进沪滇产业扶贫协作，助力对口地区打赢脱贫攻坚战，根据市委、市国资委的相关要求，上海电气集团下属企业上海电气电站集团、上海三菱电梯有限公司、上海电气风电集团股份有限公司与云南省曲靖市富源县托田村、法土村、鲁木克村3个贫困村分别进行一对一帮扶结对，签订扶贫工作协议。

守望相助　携手小康

根据结对帮扶工作协议，上海电气第一批共 90 万元帮扶资金于 2019 年 3 月已转账至云南省曲靖市富源县财政局，主要用于当地道路建设和道路路灯安装，不仅有效改善了村民生产生活条件，解决了出行难问题，更增强了村庄发展后劲。道路硬化建设（含排水沟）愈 5000 平方米，安装了在太阳能路灯近 200 盏，此外还进行河道治理 500 米，活动室维修 100 平方米，彝族文化（墙体画、含展板）300 平方米。项目实施后，累计受益农户约 1105 户 4436 人，其中建档立卡贫困户约 149 户 658 人。

打通堵点，持续提升幸福感

地处云南曲靖市富村镇，现代化建设落后，自然风貌稀松平常，村庄散落在群山之中，当地村民囿于交通不便，与外界商业来往极为不便，当地的特产农作物也很难得到外运，经济转化能力较为薄弱。上海电气集团深入调研当地现状和困难，聚焦当地农民面临的"痛点""堵点"，落实精准扶贫举措，切实提升老百姓的获得感、幸福感。

魔芋是云南当地的特产农作物，富含碳水化合物，蛋白质含量高于马铃薯，具有较高的食用价值。集团与当地土特产加工商进行接洽，组织下属企业批量采购魔芋粉，同时在职工中进行广泛宣传，扩大品牌知名度，帮助结

对贫困村农特产品拓展销售渠道，解决"产品"变"商品"的出路问题，助力群众增产增收。

"以前到城里进货，至少要两个小时，现在帮我们修好了水泥路，一个小时就能跑个来回，节省了时间，我也准备扩大生意的规模了。"一名托田村村民笑着说道，他有一辆面包车，平时跑跑业务拉拉货。以前只有一条土路进城，在下雨天的时候，泥泞的道路总是让面包车摇摇晃晃，交通问题导致货物供应中断的事情常有发生。现在，道路硬化建设后，崭新的水泥路打通了村庄与外界的经济交流，激发了农村发展的新活力，越来越多的村民和老彭一样，找到了新的致富路径。

"三带两转"，夯实产业扶贫成效

让路灯亮起来，这仅仅是扶贫工作的基础层面，让贫困村孩子的心灵"亮"起来，意义和影响更深远。在扶贫理念上，上海电气此次针对云南曲靖帮扶围绕"三带两转"，即带人、带物、带产业，转观念、转村貌，解决贫困群众关心的急难愁问题，让外力"输血"转变为自我"造血"。

根据上海电气在云南的运维风场，集团组织开展基本技能培训，为当地青年赋能，并在合适的机会，结合云南当地风场项目需要，优先录取当地有

意愿的贫困劳动力，进行精准的就业扶贫。

集团还积极探索开展扶贫工作与公益组织共建模式，每年安排一次青年到对口帮扶地点开展课外科普教育的活动，组织青年志愿者走进大山，让绿色更"接地气"。2019年年底，集团组织青年志愿者奔赴法土村小学，策划了"风电进校园"活动，为小朋友们带去一场生动的风电科普课程，将绿色带进校园，唤起了小朋友们的求知欲望。还提供专项资金支持，为中小学校教室购买提供课桌椅等设施，提供更好的教育环境，帮助教育脱贫。

扛起国企担当，共创一地繁荣。上海电气集团紧紧落实脱贫攻坚要求，强化责任落实、深化结对帮扶，扶真贫、真扶贫，探索和实践沪滇协作扶贫新机制，通过产业扶贫带动当地经济发展，让人民生活真正富裕起来，坚决为地方打赢脱贫攻坚战作出更大贡献。

上海建工：村企结对精准扶贫"照亮"村民幸福路

为全面贯彻落实《中共中央、国务院关于打赢脱贫攻坚战的决定》、中央扶贫开发工作会议、东西部扶贫协作座谈会、深度贫困地区脱贫攻坚座谈会的精神，助力对口地区打赢脱贫攻坚战，按照《关于开展"双一百"村企结对精准扶贫行动的通知》要求及上海市国资委统筹，上海建工集团与云南师宗县开展了村企结对精准扶贫行动。

2018年12月20日，集团组织下属一建集团、总承包部、市政设计总院等3家单位，赴云南省师宗县开展了"双一百"结对精准扶贫活动，分别与师宗县雄壁镇法召村、龙庆乡朝阳村、高良乡雨厦村开展村企结对扶贫签约，并对部分建档立卡的扶贫户进行慰问。在此过程中，3家单位分别明确结对联系人，分别进行了实地调研走访结对村，了解结对村的基本情况，制订了扶贫协议。集团要求相关单位在对口扶贫中做到"三个明确、一个加强"，即明确结对帮扶时间、明确结对帮扶工作内容、明确帮扶的工作责任，加强党建共建资源共享。以帮扶签约作为工作的起点，认真做好村企结对帮扶对接工作，发挥集团优势，广泛开展帮扶活动，因村施策，在劳动力输出、产业发展、资金、农特产品营销经营等方面积极开展结对扶

贫，尽最大努力精准帮扶好师宗县，使帮扶工作真正出成效。

根据结对工作方案，由集团统筹，一建集团、总承包部、市政设计总院等3家单位具体落实过程中，明确了以实施太阳能路灯建设项目，提升农户生活水平，照亮劳作晚归农户回家路为首批实施项目，根据3个村的具体情况。2019年10月22日，集团党委副书记张立新率队到师宗县签订"双一百"村企结对帮扶项目实施协议，并召开座谈会，走进村民，了解县里实际情况，谋划下一步精准扶贫工作。各单位分别与师宗县雄壁镇法召村委会、龙庆乡朝阳村委会、高良乡雨厦村委会签订了帮扶项目实施协议，共投资建设150盏太阳能LED路灯，投资48万元，覆盖12个村寨近600户3000人。还专程为龙庆乡朝阳小学师生送去了学习和生活用品。

在双方"结对""共建"基础不断深化的同时，集团始终保持对太阳能LED路灯落地情况的跟踪，确保项目顺利完成，为村民照亮"幸福路"。2020年，集团多次主动联系师宗县，重点关心问候疫情前后的县村建设情况。根据县政府和村委的实际需要，决定新增帮扶项目，签订新增帮扶项目协议书，

投入 23 万元用于 3 个结对村的道路硬化、住房改造、小山塌方工程治理等与百姓迫切需要解决的实际困难。

上海建工集团将以"为民服务解难题"的初心和使命，持续将村企结对扶贫工作与美丽乡村建设相结合，提升扶贫行动的精准性。下阶段，将继续细化责任落实，跟踪好项目实施过程，推进落实落地，进一步提高结对村建设水平，发挥国企优势，助力全面建成小康社会、打赢脱贫攻坚战。

上汽集团：建设大众路 帮到心坎里

2020年是脱贫攻坚决战决胜之年，要进一步贯彻落实习近平总书记"精准扶贫"的指示，扶贫工作必须务实，要让脱贫成效真正获得群众认可，解决好入村入户"最后一公里"问题。根据上海市国资委和上汽集团党委统一部署，2018年11月，上汽大众汽车有限公司与得马村签署了结对帮扶协议，2018—2020年累计提供帮扶资金150万元。

得马村位于云贵高原，整个村庄属于山区，村庄道路多为土路、水利资源匮乏、基础设施落后，当地村民一直面临着"两大难题"：出行难、生活用水和生产灌溉用水难，这"两难"直接影响了得马村的经济发展和村民生活水平的提升。"从我记事以来，这条路就一直是坑坑洼洼的，一到雨雪天气，满脚都是泥，根本没法走路。"44岁的得马村村民周全厚看着眼前崭新的水泥路禁不住想到了从前。得马村上村和李家冲两个自然村的入村道路是主干道，原本都是土路，路面非常不平整，车辆根本无法通行，小孩子跑过扬起的尘土几乎有半人高，碰到下雨天根本迈不开脚。

2019年10月，上汽大众汽车有限公司党委在调研结对帮扶需求时，宣威市扶贫办副主任、上海市援滇干部张伟和格宜镇党委副书记胡其不约而同地提出，能否把帮扶资金用到村民们日思夜想的修路上。"村民们的需求这么强烈，我们帮扶就是要帮到大家的心坎上。"上汽大众党委经过讨论后决定，将这两个自然村的道路硬化项目列入了得马村的帮扶工作计划。

2020年4月，在当地政府的协调下，经过专业部门实地勘察和建设规划，道路硬化项目在村民们热切的期盼中开工了，大家还自发地成立小分队、参与到施工前期路基整理工作中。得马村的党总支书记薛开波说："老百姓是打心眼儿里支持修路，凡是占着规划道路的，不论是哪一家，该砍树的砍树、该拆墙的拆墙，大家都说不能辜负了上汽大众对我们的帮助，乘着天气晴，争取60天能把路修好。"村民们心里都知道，想发展先修路，这是一条改善得马村出行条件、促进经济发展的小康路。

村民周发欢的家就在新修的道路边，新修的道路刚好占着了他家的厕所，他二话不说就把厕所挪了地方。"我自己再美化一下院子，把家门口的路与新修的村道连起来，路好走了，以后我还想着是不是能开个农家乐。"说起这些，周发欢满脸的憧憬和喜悦。"过去的土路实在太难走了，现在上汽大众帮我们把路修到了各家各户的门口。施工考虑得也很周到，修路时把排水沟都留出来了，安上排污管，到时候房前屋后就干干净净的了。"村民周连岗说。村民们你一言我一语的，有人提议就将这条村道命名为"大众路"，以此来铭记上汽大众的帮助。

2020年6月30日，得马村的"大众路"正式建成使用。"我们天天盼着有一天能够走上水泥路，今天梦想终于实现了"，"祖辈没有修成的路，今天终于修成了"，村民们争相来到村口和竖起的路牌合影。2020年7月13日，上汽大众党委收到了一封由得马村村民周全厚代笔、30位村民

按了红手印的联名感谢信，淳朴的字里行间是对企业满满的感谢。"大众路"的建成解决了得马村170户612人的出行难，结束了"晴天一身灰、雨天一身泥"的历史。根据得马村村委会的建议和村民的集中需求，除了道路硬化项目外，上汽大众还帮助得马村建成了50立方米水池5口、新建了20立方米地窖共计40口、铺设水管8公里，缓解了得马村698户的生活饮水和灌溉困难；帮扶产业经济发展，提供资金帮助种植加工型马铃薯500亩，直接带动得马村贫困户45户、户均增收1333元实现脱贫。

响应国家精准扶贫的号召，上汽大众汽车有限公司和宣威市扶贫办、当地政府一起，将为巩固得马村的脱贫成果继续努力提供帮助，以"大众路"带动得马村的经济发展之路。

上海上实：结对帮扶促发展 贴近民生献真情

2019年6月5日，上海上实金融服务控股股份有限公司党委和奉贤区四团镇新桥村支委会就新一轮的帮扶战略工作签订了结对帮扶框架协议书（2019—2022年）。新桥村地处四团镇北首，由原金洋村和原新桥村两个经济薄弱村于2008年5月合并为新的新桥村。村内60岁以上老人760余人，党员105人，困难老干部、党员26人，村内特困家庭享受低保数18户，残疾人102人，年收入4000元以下的7户，贫困学生为9人。

这项结对帮扶活动自2013年12月开始已持续了近7年的时间。在此期间，上实金服致力于扶贫帮困工作，积极协同四团镇、新桥村政府，想方设法，争取多种方式和途径，把温暖和关爱送到贫困户心中，帮助他们解决具体实际困难，切实做到了"扶贫帮困送温暖，真心实意解民忧"。

一是为新桥村贫困村民提供了温暖的人文关怀，在7年多的结对帮扶工作中，公司坚持每年至少两次，特别是每逢春节和重阳节期间，由公司领导带队，和干部群众、党团员志愿者、新进员工一同前往，深入走访村里生活贫苦和长期身患重病的困难老干部、党员和学生家庭，公司员工代表们和他们亲切交谈，嘘寒问暖，认真了解他们的实际情况，对于贫苦家庭，鼓励他们要坚强面对眼前的困难，用自己勤劳的双手

改变现状，逐步实现脱贫致富；对于患病老人，安慰他们要放宽心情、乐观生活、战胜病魔，并祝福他们身体健康；对于贫困学生，鼓励他们热爱生活，好好学习，用知识改变自身的命运。多年来，这些真诚问候和嘘寒问暖让他们感到社会仍然在关心他们、帮助他们，生活仍充满了希望。

二是为新桥村贫困村民提供了一定的经济资助，虽然平均下来，公司每次每户的捐助金额并不是很高，但对于当地贫困家庭而言，在短期内进一步提高了他们的生活水平，让他们共享了经济发展的成果。7年来，公司共走访慰问了贫困家庭近60户次，共计提供帮扶慰问资金27万元。

三是培养了公司全体员工的公益服务和志愿服务精神。通过走访慰问，公司员工们进一步了解了贫困家庭的真实生活状况，通过这一持续搭建、不断升温的帮扶平台，新进员工迅速感知到了企业文化精神和"赠人玫瑰、手有余香"的快乐与成就感，党、团员志愿者也主动投身到更丰富的志愿服务和帮扶结对活动中，如"学雷锋·进社区"志愿服务、"遇见一小时志愿迎进博""爱心助学，情系云南"捐赠书籍文具、帮困助学"双结对"志愿捐款活动、慈善拍卖等，主动回报社会、奉献社会，坚持将爱心和温暖传递给有需要的人，帮助他们克服困难，树立生活信心，乐观面对挑战。

公司党委和新桥村支委进行了多次互动交流，共享党建经验，彼此取长补短，共同进步。公司结对帮扶工作事迹还被刊登在奉贤区的《四团报》和《结对帮扶简报》上。在交流活动中，四团镇和新桥村的领导班子肯定了结对帮扶给乡村振兴工作注入的活力，有效缓解了村里的帮扶资金缺口，并表示将凝聚帮扶力量让新桥村的发展"跑起来"，让老百姓的口袋"鼓起来"，让村民的生活"美起来"。奉贤区四团镇政府还赠送公司"结对帮扶促发展，贴近民生献真情"锦旗，对上实金服多年来的物质帮助和精神关怀表达衷心的感谢。

今后，上实金服将继续认真对待结对帮扶活动，本着"立足当前，着眼长远、量力而行、尽力而为"的原则，以"互惠互利、双向受益、共同提高、合作共赢"为目的，不断采取措施把帮扶工作落到实处，用实际行动体现公司全体员工对帮扶村的关心和帮助，并希望通过这种形式的合作，真正做出成效、携手实现双赢、促进共同发展。

上实发展：尽锐出战携手全面脱贫 一鼓作气迈步美丽乡村

"到 2020 年现行标准下的农村贫困人口全部脱贫，是党中央向全国人民作出的郑重承诺，必须如期实现，没有任何退路和弹性。"千金一诺，掷地有声。为了实现党中央脱贫路线图要求，根据市委统筹部署，在上实集团党委统一组织下，上海实业发展股份有限公司（简称"上实发展"）党委与云南大理弥渡县塘子村委签署结对村企结对帮扶协议，致力于进一步发挥国有企业党的组织优势，切实助力对口地区如期打赢脱贫攻坚战。

作为一家有着强烈社会责任感的上市国有企业，上实发展历来积极参与本市和外省扶贫助困和美丽乡村建设事业，如连续 11 年前往江西婺源江上青希望小学捐资捐物、践行教育脱贫理念，如持续 7 年通过党建联建平台助力崇明合中村村容村貌建设、打造全国生态文化村等。结合此前经验，上实发展党委整装出发前就明确了结对帮扶总体思路，一是要聚焦实际，精准把脉共享资源经验；二是要立足长远，力争实现物质思想双脱贫。

精准把脉、定向帮扶

2019 年初春，公司党委成立精准扶贫工作小组，组织本部职能部门、物业和不动产管理企业以及大理项目公司精干力量先期奔赴云南实地调研，深入了解对口帮扶的塘子村脱贫攻坚工作现状,为后续工作进行统一谋划。当时,处于干旱贫困山区的塘子村是德苴乡贫困覆盖程度较深的村落,下辖的8个自然村散落群山峰壑之间,村落交通以盘山公路为主,车行距离最长可达半小时。至2018年年底,塘子村贫困发生率虽已降至2.28%,然而在全村建档立卡的288户贫困户中,仍有18户尚未脱贫,有33户收入较低、存在返贫风险,同时还有十余名贫困学生和困难党员。

工作小组分两路了解村情村貌,一路聚焦公共设施,查看进村道路、学校、卫生管网、"爱心超市"等处;一路聚焦贫困农户生活现状,逐一了解致贫原因和收入情况。经过深入细致的调研,工作小组在与当地乡、村两级干部的密切沟通和深度交流中,逐步形成了精准贴合村情民情的结对帮扶工作规划。公司党委副书记陆勇在"百企帮百村"工作座谈会上提出,要通过精准帮扶工作的实施,实现塘子村物质文明与精神文明建设的协调发展,逐步推动塘子村迈向"美丽乡村"建设的康庄大道。

双管齐下、全面脱贫

针对塘子村现状,公司党委制订了一手抓"硬"、一手抓"软"、双管齐下的结对帮扶计划。抓"硬"即是通过新建进村道路桥梁、学生食堂、公共厕所和污水管网等基础工程,早日实现全面脱贫硬指标;抓"软"则是通过双方党建联建平台,引导党员村民转变观念,巩固帮扶成果,探索乡村振兴发展路径。

此后,公司党委展开了一系列帮扶工作,以实实在在的支援共建,携手塘子村民不断向全面脱贫持续奋进。同年5月,公司援建的塘子旧地基村进村道路正式开工,有效解决该自然村63户215人攀山进村土路晴通雨阻、出行不便的难题；援建的塘子完小学生食堂举行奠基，彻底改变师生在存在安全隐患的钢架铁皮瓦房的现状；公司团委还通过公众号开展了"弥渡帮扶，大手牵小手"爱心餐费捐款，并代表上实集团团委向当地3所小学进行捐赠。与此同时，公司党委结合设计规划领域专业资源，与德苴乡和塘子村各党组织书记以及双方党员代表共同开展"改善人居环境，共建美丽乡村"主题党日活动，深入探讨基层党支部建设和人居环境提升等工作，为塘子村建设美丽乡村理清思路、献策献智。

美丽乡村、未来可期

2020年年初，虽然遭遇了新冠肺炎疫情影响，在双方的共同努力下，帮扶项目进展已于4月陆续复工。截至7月，公司党委承诺援助项目资金306万元已全额到位，多项实事工程正按期推进。一是改善道路交通，新建进村道路桥梁于2019年7月完工，大大改善了交通环境，村民再也不用望山兴叹。二是提升人居环境，新建的水冲式公厕、化粪池和管网已于上半年完工投入使用，村民纷纷盛赞"厕所革命"。三是定向资金捐赠，在帮助生活困难村民渡过难关的同时，鼓励贫困学生自强不息。四是夯实合作项目，丰富"爱心超市"选购物资，并确保新学期开学前完成学生食堂建设。五是开拓造血机制，结合当地自然环境优势，正有条不紊落实肉牛养殖产业发展，以期在全面脱贫后不返贫、能致富。

2020年5月17日，云南省人民政府发布通知，塘子村所在弥渡县顺利实现整体脱贫摘帽。

脱贫攻坚有限时，结对情谊无终期。上实发展党委还将与塘子村委保持长期沟通协作，开展好党建联建活动，提供专业资源，共享本市新农村建设经验，向建设美丽乡村、小康乡村目标不断迈进。

上药控股：山高水长　共同答好脱贫攻坚的"收官之卷"

2020年6月4日，上药控股党工团又一次踏上赴"百企帮百村"对口扶贫云南弥渡先锋村的路途。这一次，大家看到先锋村有了全县最好的村卫生室，孩子们有了玩耍的活动场地，更多的大学生可以继续学业，吃水要用毛驴驮的村子路通了，"爱心超市"激发了村民共建家园动力，农产品采集为他们创造了更多的收入……到底是什么样的情谊和精神，让我们依然对其念念不忘？

上药控股自2018年因"百企帮百村"行动与苴力镇先锋村结缘以来，充分发挥优势，以健康扶贫、教育扶贫等多种方式"造血式扶贫"，让云南弥渡先锋村这个昔日的贫困村发生了美丽蝶变。

"有了全弥渡县最好的村卫生室"

先锋村原卫生室用房陈旧、医疗物资和设施配备不足、医疗条件较为落后，无法满足村内群众的医疗卫生需求。过去一年来，上药控股将标准卫生室"搬"到了先锋村，打造出一个"弥渡县最好的村卫生室"，极大地改善了该村5700多名村民的就医环境。新建成的上药控股弥渡县先锋村标准卫生室建筑面积304平方米，开设科室齐全。

村医李宗碧已经在村卫生室里工作了40多年，见证了村卫生室的变迁。他感慨地说："原来我们的卫生室很简陋，很窄。上药控股有限公司来给我们盖这个卫生室，现在宽了，公共卫生室、诊断室、药房、注射室样样齐备，达到了标准化卫生室的要求，成为全弥渡县最好的村卫生室。我们很感激他们对我们的关心和支持。"

"知道我们要来，特地从家里带了两个芒果"

上药控股党工团进入援建的上药控股苴力镇先锋村幼儿园时，园内响起了稚嫩的歌声——《听我说，谢谢你》。巨大的彩虹伞上面，几十个孩子在老师的带领下，认真地打着手语。这是他们已经准备了半个月的节目，送给远道而来的上海"亲人"。

以前，幼儿园园舍面积严重不足且不符合当前幼儿园建设规范，活动场地狭小，仅容纳幼儿45人，幼儿玩教具也不足。在上药控股的援助下，先锋村完小附属幼儿园将原有的整栋老教学楼改造为幼儿室内活动室和休息室；将较好的园内场地整合成新建隧道及小坡、安全的攀爬架等。改造后的幼儿园活动室和活动场地增加并达到人均标准，各种功能进一步健全，确保能够容纳村内近200名幼儿入学及接受学前教育，园内幼儿教育设施在全镇乃至全县达到先进水平。孩子们在援建的儿童游乐设施中笑着、闹着，尽是这个年纪小朋友该有的样子。

近两年来，每到"六一节"前夕，上药控股党员、积极分子就自愿捐款，为先锋村的孩子们购置画笔和绘本，在贺卡上为他们写下了"六一节"的祝福，希望他们绘就属于自己的人生蓝图。党团代表为小朋友们分发糖果，和小朋

友们一起围着彩虹伞转圈、互动嬉戏。有个小朋友知道我们的到来,特地带来了两个芒果,叮嘱大哥哥大姐姐们一定要记得带走。

"笑容最是坚强,谢谢最为动人"

中午时分,党工团代表在村委坐着小憩。在忙碌的人中,有一位戴着眼镜、文质彬彬的小伙子,带着一幅自学绘就的画作要送给我们,言辞虽有紧张,却自信乐观。他是上药控股援助的14位大学生当中的代表。他们和完小、幼儿园里的孩子,都是先锋村每个家庭未来的希望。

为确保贫困学子顺利完成学业,上药控股早在去年就对先锋村8名贫困大学生进行帮扶。2020年,再次为受疫情影响而新出现经济困难的6名贫困大学生提供补助金,并借助于当地控股企业提供毕业实习和就业的机会。

2020年春节前,公司在大理当地企业的负责人代表上药控股对受资助的贫困生进行了座谈慰问,鼓励他们顺利完成学业、回报社会。6月,公司领导再次走访慰问了几户在读学生困难家庭。他们热情地搬凳子、倒水,没有华丽的辞藻,却不断地重复着"谢谢、谢谢你们",脸上的笑容告诉我们,我们的付出是值得的。

"拿出了家里的饮料直往我们手里塞"

"阿求和,阿求和,吃水要用毛驴'驮'!"阿求和是先锋村委会的一个小村庄,曾经它的名字因为这样一句俗语被人们熟知。上药控股党员代表一行人驱车经历了22个急转弯,终于来到了这个"祈求有河流"的山顶村子。

在村委的努力下，这里的人们已经解决了吃水的问题。前些日子，上药控股援建阿求和村内道路硬化项目开工，村民们在积极配合的同时，再次开展了一轮大规模的村庄人居环境提升行动，用整洁、美观的村庄环境致谢上海"亲戚"的深情厚谊。

目前，上药控股援建的入户道路硬化已深入 80 余户人家，下雨走路不泥不滑，增加出行安全的同时，也提升了村民进一步改善村容村貌的意识和决心。在上药控股援建的入户硬化道路上，村民夫妻二人不断地笑着重复"谢谢"，拿出了家里的饮料追着直往大家手里塞。

全国各地的"买手们"来了

这一次，上药控股在原先总部采购 60 万元特产助农的基础上，带着全国各地控股企业的工会主席 40 余人一同到访先锋村，试尝当地特产、参观电商中心，将采购助农的范围进一步扩大，让更多的上药控股人加入脱贫攻坚、采购助农的行列中。

事实上，早在 2019 年 5 月，上药控股就同苴力镇先锋村协商签署了农特产品集采意向书，探讨通过消费扶贫帮助村民增收。消费扶贫是精准扶贫的一种创新举措，通过采购当地的农特产品，将爱心行为、慈善行为与经济行为、消费行为有机结合，进一步传播和放大帮扶的范围与效应。2020 年 1 月，公司集中采购帮扶村庄的 3000 余份农特产品，极大增加了当地村民的收入，为先锋村脱贫攻坚注入了新的动力。

党建共建助脱贫　共赴百年小康梦

上药控股党委同先锋村党总支签署了党建联建共建协议，通过党建联建共建，进一步发挥双方党组织的战斗堡垒作用，助推贫困村形成脱贫、振兴的内生机制。通过党建引领，做好各项帮扶工作，共同推进扶贫项目的具体落实，尽可能控制风险，确保扶贫效果。

公司援助建立了"爱心超市"，通过积分兑换劳防、生活用品形式改变村民习惯，使其共同参与到改善村容村貌、共建美好生活的进程中去；两年来，上药控股"七一"大会均邀请对口帮扶村镇干部赴公司讲述扶贫故事，激发公司党员干部干事创业的热情。今年，上药控股通过线上线下多种途径进行宣传，带领党团代表亲赴先锋村，使更多的基层党员、员工加入了上药控股携手先锋村共同开展脱贫攻坚的行列。

党工团代表即将要离开先锋村的时候，幼儿园的老师发来了一条信息："美丽的校园离不开你们的帮助，蒸蒸日上的先锋离不开你们的关心。缕缕桑梓情，殷殷学子心，深情厚谊，山高水长。真诚地感谢你们对幼儿们的厚爱，对先锋的支持。你们的光临，让学校大放光彩；你们的鼓励，让我们干劲倍增；你们的慷慨，将永载先锋史册；你们的爱心，将永远铭记在我们师生的心中。"自从因"百企帮百村"项目与先锋村结缘以来，他们总说是我们温暖了他们。可每一个孩子天真的笑脸，每一句村民真诚的谢谢，每一个驻村干部的默默坚守，这些何曾不在温暖着我们。

"5月17日，云南省政府已批准弥渡县退出贫困县序列。"驶出村庄的车上看着这条新闻，眼前又浮现出走访时先锋村民逐渐向好的生活景象：整洁、坚固的房屋，硬化、宽敞的路面，院子里十几头牛、成群的鸡鸭、盛开的鲜花，田里勤劳的耕种，路边树荫下邻里的攀谈……

幸福不会从天降，美好生活靠劳动创造。打赢脱贫攻坚战，要靠全社会扶贫的强大合力，要靠基层干部不辱使命的担当，要靠亿万群众的苦干实干。前路虽辛苦，但只要保持干劲，发扬劳动精神，再大困难也改变不了我们夺取"双胜利"的坚定决心。2020年已过半，冲刺脱贫攻坚最后一程的冲锋号也早已吹响，上药控股将携手先锋村进一步深化脱贫攻坚行动，开展先锋村抗旱水窖建设、阿求和村环境提升改造亮化建设以及公厕建设等项目，进一步提升人居环境、巩固脱贫成果，一同实现百年小康梦。

东方证券：修出一条脱贫路

"修路！"当问到什么是脱贫致富和乡村振兴的关键点时，平蒙村的多位村民和村干部给出了一样的答案。

平蒙村地处云南省富宁县谷拉乡，这里位于滇桂两省交界，山陡水险，行路艰难，出行颇为不便，具备了贫困发生的诸多元素。在当地村民眼中，有路就意味着有另一种生活方式的可能性。

2018年，为认真贯彻习近平总书记扶贫开发战略思想，按照《关于开展"双一百"村企结对精准扶贫行动的通知》有关精神，在上海市国资委组织领导及申能集团的统一部署下，东方证券积极结对帮扶平蒙村，并迅速组织捐赠资金，用于平蒙村村小组道路硬化项目。现在，谷事和谷谢两个村小组的2.8千米进村硬化路已经修通，第三条也于2020年5月完工并投入使用。此外，东方证券还为村里进一步捐赠了多盏太阳能路灯，实现了4个村小组的全面"亮化"。

"路也通了，路灯也有了，村民生活方便了很多，村民们都感慨，想不到远在上海的公司能帮我们改变生活。"平蒙村村支书黄开雄说，以后发展乡村产业也有了抓手，现在村里正在鼓励村民种植沙树、甘蔗等经济作物，村里发展会越变越好。

"一定要亲眼看看水泥路"

谷事村小组离乡政府所在地约10公里，现如今，从乡里乘车出发，沿着

山路蜿蜒而上，大约需要25分钟，无论晴雨均可以抵达村民的家门口，脚上甚至没有沾上泥土的机会。

要知道，就在1年之前，谷事村小组的村民们还在为日常出行而头疼。

村小组并不是没有路，其实早在1997年5月，村民们就开始平整山地，花了3600元修起了第一条能行车走马的土路。两年后，又花了1.4万元对路进行了拓宽。这条路长1.4千米，路的尽头连上了去乡里、去广西的大路。

可是困于资金缺乏，过去20余年，这条路一直都是土路。土路终归经不起雨水的考验——一下雨，红土的道路转为泥沼，车进不去，人难出来，村里稀泥遍地，严重时甚至还会遇上塌方。而平蒙村又恰好雨水充沛，年平均降水量达到1200毫米。

即便后来天晴了，泥土变硬，路也会"定型"成坑坑洼洼的样子，不好走而且尘土弥漫。村民们说，路年年都修，但是一下雨，功夫就全都白费了。

"要脱贫，先要把路搞好嘛。"黄开雄有次在村小组里调查，有村民向他如此抱怨。他记得几年前一个下雨的晚上，一户村民家中建房的水泥运来了，但车陷进了泥地里，村民只能发动左右邻舍搭把手，穿着深筒胶鞋多次来回把水泥抬进了村里。

"那个时候，卡车到我们这儿来运东西，价格都要贵不少，因为路不好走。娃娃们上学，大家去乡里赶街都很麻烦。"村民张朝发说。

这也是为什么今年4月，当东方证券捐资援建的水泥路开通当天，村里老少聚到村头，都要在崭新的路上走一遭。

86岁的张尚文大爷一手拄着拐，另一手被儿子搀扶着走到了村口，站到了水泥路上。张大爷参与了22年前的修路，但他一辈子没出过远门，最近几年更是少出家门。张大爷的儿子说,这是老爷子第一次见到平整的水泥路,而且家门前的水泥盖着的就是自己修过的那条路,所以"一定要亲眼看看"。

"村民们真的觉得很幸福,真是喜笑颜开,修路的时候有不少村民帮忙。"黄开雄打开自己的手机相册,相册中的照片显示,有不少村民正拿着锄头帮忙平整路面,还有村民正在帮忙给道路内侧的排水沟清除杂草。

在谷事和谷谢村小组两条村路的入口处,村民们自发在路的两侧放置了两块大石墩,石墩之间刚刚好够一辆家用轿车或微型卡车通行。不过,这并不是要"拦路收费"或告示"闲人免进",而是要对路悉心照料。

"有的时候村里建房或者拉货,有载货量大的车进出村里,村民们怕这些车压坏刚修好的路面,所以限制它们的进入。"谷拉乡副乡长罗斌说,村民们很珍惜现在的路。罗斌如今常驻平蒙村,担起村里的脱贫重任。

"甘蔗又多了起来"

谷事村小组共有 36 户人家,和谷拉乡其他地方一样,从事传统种养殖业和外出务工是村民们的主要收入来源。沿着山坡和少量平地,留守村中的村民能种上甘蔗、八角、芭蕉、沙树等不少经济作物,其中甘蔗又占据了较大比例。

富宁县是产糖大县,对于村民来说,种甘蔗是一个非常合适的选择。每年 12 月,外出务工的年轻村民陆续返乡,正好赶上甘蔗的收割季。收割完后,新一茬的甘蔗又能紧接着再种上,一点儿不耽搁年后的外出打工。

村里的甘蔗也不愁销路。云南最大糖厂之一的永鑫糖厂,就坐落在在平蒙村去往富宁县的路上,车程不到 1 小时。村民们算了笔账,一吨甘蔗卖给糖厂能卖 480 元,卖上十多吨就能过上个好年了。

2013 年前后,村民们开始大力种植甘蔗,不少村民一家就种了 60 吨,甚至接近 100 吨。按说甘蔗的收益不错,村民们会继续扩大种植面积,但事实却正好相反,原因仍然是路。

平蒙村冬天的雨水并不少,村里的泥路车进不来,大量的甘蔗砍倒在田里一放就是半个月。后来即便能运出去了，甘蔗也已损耗了不少，忙完一盘算，种甘蔗的性价比低于村民预期。

"运不出去啊。"村民周大良叹了口气说，如果雨一直下到过年，有些甘蔗就烂在田里了。"拉不出去就换不了钱，那就连过年的钱都没了。"

从三四年前开始，村民们陆续减少了种植甘蔗的数量。到了去年，大部分村民家里种植的甘蔗只有20吨左右。一些原来的甘蔗地栽上了树，或者种植玉米等其他作物。

随着新水泥路的通车，这一现状又发生了变化。当摆在眼前的难题消除了后，甘蔗重新成为一些村民眼中的"香饽饽"。黄开雄说，种植甘蔗的村民们又多了起来。据他的统计，不少村民家中今年的甘蔗种植规模已经比去年翻倍。

"村里的发展短期是靠年轻人在外打工，但长期来看，还是要看村里的产业，就是要靠甘蔗，靠沙树。"黄开雄说，路是发展产业的前提，甘蔗今年已经增加了，不少村民已经种了沙树苗，几年之后，这些沙树也会因为水泥路运出去，换成村民口袋里的钱。

周大良和其他村民也在盘算着，等明年初甘蔗种植的时间来了，要不要再多种一点。村民黄文强已经决定了，沙树苗要种到近万棵，以后可不愁运不出去。

光明的未来

平蒙村有19个村小组，平蒙、桂村坐落在干道周边，再加上已经建好路的谷事和谷谢，村里已有4个村小组实现了进村路的硬化。

有了硬化路后，东方证券还为这4个村小组捐赠了资金20万元，专项用于LED路灯项目，帮助它们夜间"亮化"。"现在村民们晚上开会、编箩筐、准备红白喜事，都爱聚集到路灯下。"黄开雄说。

晚上7点，路灯准时亮起，开始打下淡白色的光。村民们说，娃娃们喜欢晚上在外面玩闹，现在有路灯后也放心了不少。村民劳作后晚上从田里归来，进了村小组就可以把电筒灭了，"我们再不再摸着黑进家门"。

近年来，在扶贫政策的帮助和自身努力下，包括谷事村小组在内，平蒙村不少村民家中建起了小楼，有了干净的室内卫生间和各类家电，钱袋子也日渐鼓了起来，不少村民的年收入超过了贫困线。

但并不是平蒙村所有的村小组都有谷事和谷谢那么幸运。平蒙村大部分村小组都还没有进村的硬化路。如果把范围扩大谷拉乡，情况也是如此。

"谷拉乡全部237个村小组，到去年为止，只有不到100个村小组的道路硬化。"谷拉乡副乡长杨文科说，按照政府的财政支出来看，一年最多只能帮助修起五六条硬化路，"所以我们非常感谢东方证券能帮助我们修路"。

杨文科说，完善村内基础设施和改善村容村貌还将会是未来的重点扶贫工作。路修成后，无论是往村里运建房的沙石和砖块，还是往村外运村里的农产品，运输成本都将有很明显的降低。他举了个例子，有硬化路和没硬化路的村小组，运沙子的成本可能差到30%。

中国西南多山多水、起伏阡陌，山峦与河谷彰显俊秀和威严，村落只能星星点点，10户一村、20户一村，离散式分布在鸡犬相闻的不同山头。

现如今，一条条道路三弯九曲延伸到村里，如同一条条刻在大地上的"毛细血管"，短小细密，却又举足轻重。这些"毛细血管"为贫困山区的发展提供了磅礴力量，人和物自此可以便捷地走向远方。而"毛细血管"的另一端，连通的不仅仅是县道、省道等交通干道，更是中国经济和民生美好未来的大动脉，亦承载着为脱贫攻坚奋斗人们的美好愿望，以及贫困地区人民对美好生活的不懈追求。

（原载新浪财经，2019年11月19日　记者：陈俊松）

东方证券：回乡的小路那头是乡亲们的甘蔗田

酷似利剑的蔗叶随风飞舞，淡紫色的茎节亭亭玉立。云南省富宁县谷拉乡平蒙村，大片的甘蔗林顺着山势郁郁葱葱，已到了收获的时节。临近年关，外出务工的村民们陆续返乡，正好赶上家里甘蔗的收割季。在这里，记者遇到了返乡过年的覃大哥。他回家仅数日，行李没安置好，就转身走进了一人多高的甘蔗林。

覃大哥家的甘蔗林到院子之间，还有一段百余米的崎岖山路。收割完的甘蔗数十根扎为一捆，动辄几十上百斤，仅靠人力无法搬运。他家喂养的几匹马此时派上了大用场——崎岖的山路坑坑洼洼，人走起来都费劲，马儿却能驮着好几大捆甘蔗健步如飞。很快，一捆捆整齐的甘蔗在覃大哥的院子里堆成了小山，而在院门口，一辆小型货车早已就位。

如果在一年前，这辆小货车只能停在1千米多外的村干道上，等着村民们用马驮或人背的方式将一捆捆甘蔗撂上车。由于覃大哥所在的谷事村小组此前没有硬化过的进村道路，不仅货车无法开到村民家门口，就连马儿经常都会因为负重过多而陷在泥路里，导致村民们售卖甘蔗不仅成本高，效率也低，困难重重。

曾经"晴天一身灰，雨天两脚泥"的泥路不见了，取而代之的是崭新平整的水泥道路。2018年年底，在上海市国资委组织领导及申能集团的统一部署下，东方证券积极结对富宁县，并对口帮扶平蒙村后，迅速组织捐赠资金用于村内道路硬化项目。目前，在东方证券的援建下，覃大哥家所在的谷事村小组已全部完成了进村道路硬化。

"如果不是亲眼所见，很难想象修路对当地脱贫工作的重要性。"东方证券的扶贫工作者感慨道。在他们看来，村干道与村小组之间修通的，不仅是短短一公里多的水泥路，更是助力当地百姓脱贫致富的"最后一公里"。

泥泞变通途　小甘蔗挑起大担子

平蒙村所在的富宁县是产糖大县，这里地处云南、广西两省交界，山陡水险，行路艰难。沿着山坡和少量平地，留守村民们种植甘蔗、八角、沙树等经济作物，其中甘蔗为主要产业。

农作物虽多，但是村里的泥路却经不起雨水的考验。而平蒙村雨水又充沛，年平均降水量达到1200毫米。一下雨，红土的道路转为泥沼，村里稀泥遍地。到了年底甘蔗的收割季节，想要通过人力运输几十吨重的甘蔗，更是不可能完成的任务。

"过去进村道路坑坑洼洼，村民们种了甘蔗也运不出去，只能等不下雨路干了，让马驮出去。过去一车甘蔗靠马驮往往要运两天。"高山地带一下雨路就滑，等到天气放晴许多甘蔗都发黑变质了。这部分的损耗让人心疼。"甘蔗卖不出去，有时候村民甚至连过年的钱都没指望。"谈起此前村民们的艰辛，村支书黄开雄历历在目。

"以前货车只能在村头的岔路口等

着,进不来。东方证券援建修了这条路,村民们都很高兴,对于我们来说是一步到位了。"他介绍说,以前过年回乡若是碰上雨水,到了村口,大家都很犯怵,泥泞的路根本没法穿鞋走,大家都是赤脚进出。

脚下的路越修越好,脱贫致富的路也越走越顺。黄开雄说,道路修好后,村民们正计划扩大甘蔗种植面积。他告诉记者,2019年谷事村小组种植约180亩甘蔗,今年大家计划新增种植好几十亩。

覃大哥给记者算了一笔账,今年每吨甘蔗市场价格为470元,此外每吨还能获得30元的政府补贴,自家今年一共卖了两车近30吨的甘蔗,有了1万多块钱的收入。虽说一年收成不算多,但是对覃大哥一家8口来说,这些钱已经够他们过上个好年了。

回家也能赚钱　返乡创业的选择多

脱贫攻坚之路,要让脱贫人口不仅能"站起来",而且能"走得远",对于平蒙村的村民来说,进村路是一个美好的开始。

通路意味着有另一种生活方式的可能性。"我们也不是没有头脑的人,过去路不通,想发展也发展不起来。当时是没得选择,只能少小离家打工挣钱。"村民农大叔回忆道。

"每年返乡的日子屈指可数,不想再在外面漂泊了。现在路也通了,回乡创业的冲动越来越强烈。"健谈的农大叔是村里的活跃分子,自18岁就外出打工,学会了室内装修等手艺活。返乡回来的一个月内,他已经完成了两单村民的家装订单,除了挣到工钱外,他还计划未来与建材厂合作做经销商。

农大叔家也种甘蔗,平日里主要靠家里的老人

打理。"进村的道路修好后,我投钱买了吊秤,向村民们收购手里零散的甘蔗,再集中卖给糖厂。我不想出去(打工)了,可以在家搞搞装修、收购和养殖。"谈起接下来的创业计划,农大叔信心满满。

不仅是农大叔,更多的平蒙村村民也从新修的道路中受益。目前,由东方证券援建的谷事、谷谢两个村小组的2.8千米进村硬化路已经修通,第三条路正在开建,第四条也计划于年内启动并完成,累计将覆盖上百户数百名村民。如果仅从距离来看,这些道路单条并不算长,却能有效解决村民们生产和发展面临的主要难题,也为未来的生活提供了更多的选择。

腊月底的平蒙村,忙碌的村民们正张罗着迎接新春。一辆辆满载着甘蔗的货车,不时沿着平整的水泥路开出,搭载着村民们脱贫致富的希望,缓缓开向远方。

(原载《上海证券报》2020年1月21日　记者:朱琳娜)

长江投资公司：携手共走幸福路

树皮彝族乡朦胧村，一个富有诗意的地名。然而，朦胧村所在的云南省文山壮族苗族自治州丘北县，地处滇东南六诏山区，典型的喀斯特地貌，山多石多，土地瘠薄缺水。朦胧村辖9个村小组，生活着汉、彝、苗、壮4个民族1726户村民，全村共有建档立卡户220户985人，2014—2018年累计脱贫191户891人。尽管2018年年末贫困发生率降至2.36%，但仍有部分村小组的人居环境较差，有的家庭还处于深度贫困状态。按照上海市国资委"百企帮百村"专项扶贫工作决策部署，长江联合集团旗下长江投资实业股份有限公司与朦胧村"认亲结亲"，开展村企结对扶贫工作。

提升人居环境

长江投资公司党委在调研制订扶贫工作方案时得知，由于朦胧村地处山区，自然条件差、贫困程度深，依然存在"人畜混居"问题，严重影响村民的身体健康与生活质量。为此，长江投资公司党委把改变山区贫困群众祖祖辈辈与牲畜混居现象，提升人居环境，列为精准扶贫的重点项目。上海市援滇干部、丘北县委常委、副县长贺志春牵头组织树皮乡及朦胧村党政干部，研究制订了朦胧村人居环境提升项目工作计划和实施方案，并确定把重点放在龙溪村小组。乡村两级也专门建立了项目推进台账，加强项目建设全过程监管、督查、跟踪，确保长江投资公司帮扶的30万元资金专款专用、发挥应有效益。

耕牛是村民心头最值钱的宝贝，要让村民放心把耕牛从家里牵出去，必须要在紧挨住房的边上建造能遮风挡雨、关门上锁的圈舍。朦胧村干部在推进人居环境提升项目时，不仅考虑了耕牛安全问题，还筹划着如何把水泥路进村入户，把户厕也盖起来。在乡村干部努力和村民配合下，龙溪村小组的人居环境提升项目于2019年11月24日顺利通过验收。该项目共完成村内道路硬化1650平方米，圈舍建设20间，户厕建设38间，项目受益村民365户2469人，其中建档立卡贫困户24户109人。

2020年1月初，上海市援滇干部和长江投资公司党委相关负责同志一起到朦胧村龙溪村小组走访，看到混凝土浇筑的路面已经通到了村民家门口，院墙外一间间牲畜圈舍都安装了美观耐用的蓝色彩钢板房顶。听到村民们高兴地说，下雨天不用再深一脚浅一脚地走泥泞的烂泥路了，也不会满屋都是牲畜粪便的臭气了。随行的树皮乡领导还说，要制定村规民约，引导村民养成文明卫生的生活习惯，美化生活环境，提升美好生活的幸福指数。

助力科技兴农

树皮乡年均降雨量1030毫米，人畜饮水及农业灌溉用水主要靠小水窖和水塘提供，辣椒、烤烟、畜牧业是当地的支柱产业。朦胧村因缺水干旱，只适合种植包谷、烟叶等农作物，天气状况对农作物的收成影响相当大，村民们常常感叹，靠天吃饭饭难吃。有一年春天，树皮乡发生"前春暖、后春寒"的"倒春寒"天气，大面积的花椒出现花芽冻害，给农户造成严重损失。

长江投资公司党委研究认为，贫困地区往往气候条件恶劣、自然灾害多发，气象科技在打赢脱贫攻坚战、实现乡村振兴中发挥着不可替代的作用。为此，决定发挥所属气象企业的资源优势，开展气象科技扶贫，助力科技兴农。长江投资公司旗下上海长望气象科技股份有限公司是新中国第一家专业气象设备制造企业，其控股子企业上海气象仪器厂有限公司也是国内最早生产地面气象仪器的骨干企业。受领任务后,上海气象仪器厂有限公司总经理许殿义带领技术人员,针对当地的自然环境、气候条件和农作物栽种特点,为朦胧村定制了一款价值10万元的自动气象站。丘北县气象局组织专业施工队伍,在最短时间内完成自动气象站安装和调测工作,并将该气象站纳入全县统一管理的气象观测保障体系。

2020年6月24日,丘北县历史上第一个村级气象站在树皮乡朦胧村正式投入使用,为当地筑起气象防灾减灾的"第一道防线"。安装在朦胧村村委会办公楼上的电子屏,实时显示当地的风向、风速、气温、雨量等精准气象信息,村民们在家门口就能通过电子屏了解本村的天气情况了。按照相关工作计划,长江投资公司党委将组织所属气象企业技术骨干并会同丘北县气象部门专业人员,积极为乡村两级干部、扶贫工作人员和贫困群众开展气象防灾减灾知识培训,切实提高当地防御气象灾害能力,推动经济作物栽种等扶贫产业更快更好发展。此外,长江投资党委还安排专项资金6万元,用于朦胧村购买政治理论、农业科技、电子商务、企业经营管理等书籍,建立爱心书架,推进知识扶贫,因地制宜开展扶智活动。

坚持贴心帮扶

在人们的印象中,云南的冬季应当是煦日和风,十分惬意。实际上,丘北县地处低纬季风区域,具有低纬山原气候特点,冬季平均气温约9 ℃,极端最低气温-6 ℃。树皮乡平均海拔1762米,到了冬季,也是寒风刺骨,但朦胧村的贫困户们都舍不得添置过冬衣物。2019年11月,长江投资公司党委组织"捐赠衣物

献爱心，扶贫帮困暖民心"活动，动员公司系统干部员工捐冬衣、献爱心，切实解决建档立卡贫困户"不愁穿"问题。短短几天，共募集被子、衣物163千克。公司团委书记景如画和团委委员邹依懿等同志，用了大半天时间进行分类整理、打包，一件件衣物叠放得平平整整，赶在寒冬到来前把8个"爱心包裹"寄往朦胧村。

前不久，传来朦胧村成功脱贫的喜讯，长江投资公司干部群众欢欣鼓舞。公司在研究扶贫工作时，党政班子同志一致认为，脱贫不能脱钩、脱贫不能脱帮扶，要把"爱心接力棒"一直传下去，为朦胧村的乡村振兴再作贡献。公司团委积极响应，准备在9月开学前，动员公司系统团员青年为朦胧村义务教育阶段学生捐赠一批文化学习用品。公司所属企业主动发挥现代物流和电子商务平台的作用，着手帮助朦胧村提升农产品品牌影响，让丘北小椒、黑山羊、肉牛、中药材等优质农产品更顺畅地进入上海千家万户。

上海农商银行：
云巅之上　医路同行

云南文山州马关县是一个集边境、民族、贫困、山区、老区、原战区为一体的县份，属国家扶贫开发工作重点县、云南省深度贫困县之一，由于地处边疆，基础条件差、发展起步晚、贫困面大、贫困程度深。

2018年起，马关县八寨镇阳文山村、夹寒箐镇老寨村、仁和镇木腊村成为上海农商银行定点帮扶的3个贫困村。此后，上海农商银行把定点扶贫作为服务脱贫攻坚的重点工作，建立精准扶贫工作机制，制订扶贫工作方案，落实项目资金预算，集中力量支持马关地区，不断加大精准扶贫帮扶力度，精准对接贫困地区需求，3年来累计投入帮扶资金533余万元。

精准扶贫修路先行

道路作为农村经济运行的"动脉"，是保障农村居民生产生活的生命线。要解决贫困群众的生活困难，道路"动脉"就必须得畅通。马关贫困程度深、贫困规模大，基础设施和道路建设条件更加薄弱，脱贫摘帽必须付出更加艰辛更多努力。

"要想富，先修路"，这不仅仅是一句口号，上海农商银行按照百企结对百村精准扶贫行动"三带两转"要求，把道路建设作为脱贫攻坚的引擎，切实解决贫困地区群众出行难和发展的"最后一公里"问题。

3年来，围绕马关县群众最关心、受益最直接、要求最急迫的问题，上海农商银行将帮扶资金重点投向建设产业道路和垃圾焚烧池改变村容村貌为主，累计投入帮扶资金488万元，通过建设2条产业道路、4条硬化道路、9个垃圾焚烧池项目，直接受益29个自然村共计1015户4223人，其中建档立卡贫

党委书记、董事长徐力带队考察我行援建的硬化道路项目

困户479户1867人。这些项目的完工使得农村基础设施建设得到进一步夯实，生产条件明显改善，发挥了基础设施建设在贫困村脱贫攻坚战中的整体提升和带动作用。

其中上海农商银行浦东分行与八寨镇阳文山村结对，建设马关县八寨镇阳文山村委会新开挖阳文山河尾大岩洞至手帮岩洋田产业道路、新开挖手帮岩大坪子至老寨子老学校道路、新建9个自然村垃圾池（垃圾焚烧池）项目，投入150余万元，全部款项由上海农商银行浦东分行捐助。项目建设后直接受益9个村小组315户1336人，其中建档立卡贫困户171户652人，同时可实现农民人均纯收入5000元以上。

上海农商银行奉贤支行与夹寒箐镇老寨村结对，建设马关县夹寒箐镇老寨村委会老洞坪至31电站5.7公里产业道路项目，投入180余万元，全部款项由上海农商银行奉贤支行捐助。项目建设后有效解决1000亩刺梨、500余亩砂仁的耕作物资运输难题，同时发展河边蔬菜等经济作物种植，增加农民经济收益。项目建成后直接受益11个村小组336户1436人，其中受益建档立卡贫困户157户617人。

上海农商银行控股长江金租与仁和镇木腊村结对，建设马关县仁和镇木腊村烤烟房至小箐口砼道路硬化建设项目、小箐口至大平子自然村硬化道路建设项目、三岔坡岔口至大平滩自然村硬化道路建设项目,投入150余万元,全部款项由上海农商银行子公司长江联合金融租赁有限公司捐助。项目建设后惠及农户364户1451人,其中建档立卡户151户598人,解决村民出行难的问题,同时有效带动群众发展产业,促进沿线产业发展。

马关的孩子说:路通了!我想去外面看一看,我能跟着路走到很远很远的地方!

"道路通、百业兴,经济要发展,道路需先行",这几句话对于马关县的村民来说有着更直接的感受,在他们看来,在脚下延伸的不仅是普通的水泥路,更是一条乡村振兴、脱贫致富奔小康的幸福之路。

健康扶贫砥砺前行

脱贫攻坚进展到现阶段,剩下的任务都是"难啃的硬骨头"。在上海农商银行赴云南调研扶贫工作时,发现"难啃的硬骨头"越来越集中于"因病致贫、因病返贫"问题。据统计,马关县总人口约38万人,卫生机构数量仅26个,病床数约1300张,平均每万人拥有医生人数约25.5个,马关地区的医疗资源极度匮乏。走访贫困户后发现,每一个家庭只要有一个人病了,就拖累了一家人。不仅自己丧失劳动能力,没有办法使家庭增加收入、改善条件,

党委书记、董事长徐力为当地贫困村民把脉

托底民生

反而这一家的人、财、物都要围绕他治病。如果不能把病治好，全部都陷进去了。

党的十九大报告提出："人民健康是民族昌盛和国家富强的重要标志。"实践证明，没有全民健康，就没有全面小康。保障人民群众身体健康是全面建成小康社会的重要内涵，也是坚持以人民为中心发展思想的具体体现。

在健康扶贫的战场上，贫困群众是主角。为此，上海农商银行通过上海市慈善基金会捐赠30万元在马关县安排2场公益体检项目，让专业医生、高端设备和顶尖临床技术移动到最基层，推动优质医疗资源有效为贫困地区服务，希望通过健康体检起到"早发现"的目的，让疾病预防观念和措施深入马关地区，提高贫困地区群众健康素养和防病意识，努力使贫困人口晚生病、少生病、少生大病，努力把健康扶贫做好、做细、做实、做到群众的心坎上，助力当地脱贫攻坚的决胜战役取得更好的成果。

2020年8月11—12日，早上7时许，一辆9米多长的"移动检测车"沿着蜿蜒的盘山公路，搭载着"智能AI人脸识别系统"，配备全数字化DR、彩超、心电图、血细胞分析仪等基础设备，来到马关县夹寒箐镇中心卫生院为当地贫困村民进行健康检测。闻讯赶来的村民早已在卫生室门前的操场上等候，活动现场同时安排了专家为村民提供检查、诊治，并针对每个患

者不同的病情提供病情咨询、膳食、日常护理等健康知识的普及，同时发放健康礼包，两天时间累计服务了329位村民。村民说：这次在家门口，不用花钱就能享受到专家看病，还做了全身检查，感谢政府、感谢上海农商银行为我们老百姓做实事！

教育扶贫情暖校园

扶贫先扶智，治贫先治愚，一个民族的兴盛、一个地方的发展总是和教育紧密相连的。

2020年8月12日，在上海农商银行扶贫项目竣工仪式暨云巅之上医路同行——公益健康项目云南马关站启动仪式上，党委书记、董事长徐力代表上海农商银行向马关县政府捐款15万元，用于马关县小坝子镇半坡小学希望浴室项目。浴室虽小，意义深远，上海农商银行希望在改善贫困地区学生校园生活质量的基础上，进一步引导学生树立起健康的生活理念，培养学生良好的生活习惯，进而增强贫困地区学生的自信心。

结对帮扶期间，上海农商银行奉贤支行赴马关县夹寒镇老寨村老寨小学开展捐资助学党建交流活动，为在校的181名学生捐赠了校服、书包和文具，并捐资为学校购买了鼓号器

材和服装，成立了"老寨小学——上海农商银行奉贤支行鼓号队"。校服的捐赠和鼓号队的成立，方便了学校的规范化管理，丰富了学生的业余生活。在活动现场，学生们穿着民族服装和奉贤支行捐赠的校服跳起了欢乐的舞蹈，支行代表勉励全体学生要好好学习，珍惜党和政府以及社会各界的关怀，长大后争做社会有用之才。

医路坚守，上海农商银行坚定前行，铺设爱心道路；云巅之上，上海农商银行传递健康，洒播光明未来！打赢脱贫攻坚战实现全面建成小康社会，对中华民族意义非凡，我们既是见证者、经历者，也是参与者、奉献者，上海农商银行一定不忘初心、牢记使命，履行上海市属国企的担当和责任，为如期全面打赢脱贫攻坚战、如期全面建成小康社会作出新的更大贡献。

创新突破

国泰君安：疫情之下 做勇于担当的金融人

2020年是全面建成小康社会的收官之年，也是脱贫攻坚决战决胜之年，但突如其来的新冠肺炎疫情对我国经济社会发展造成了前所未有的冲击。面对疫情防控的特殊考验和脱贫攻坚的时代使命，国泰君安证券深入贯彻落实党中央"坚定信心、同舟共济、科学防治、精准施策"的决策部署和习近平总书记"全国一盘棋"的工作要求，把全力做好疫情防控作为践行初心使命的具体体现，全面加强党的领导，发挥各级党组织作用，通过捐赠物资等方式紧急驰援疫区和公司对接帮扶贫困县，在战疫战贫这一急难险重任务中勇担金融国企的社会责任。

快速反应，设立2400万元疫情防控专项基金

2019年年底，新冠病毒感染肺炎疫情发生。国泰君安第一时间成立由公司党委书记、董事长贺青挂帅的疫情防控工作领导小组，之后召开多次党委会和领导小组会议，传达学习习近平总书记重要讲话精神，以及党中央、市委有关文件精神，研究部署公司系统疫情防控及对外帮扶工作，要求公司各级党组织加强对疫情防控工作的领导，引导公司干部员工提高政治站位，把思想和行动统一到党中央

守望相助　携手小康

决策部署上来。

1月27日，结合疫情形势，公司携旗下资管、期货等子公司联合向上海国泰君安社会公益基金会捐款2000万元，成立防控新型冠状病毒感染肺炎专项基金。同时，公司党委、工会、团委联合发出倡议，呼吁全体党员干部员工发扬"一方有难，八方支援"精神，尽己所能奉献爱心，为抗击疫情贡献力量。短短几天内，就收到1万多名员工的捐款超过400万元。

积极行动，疾速实现专项基金精准落地

疫情防控专项基金成立后，公司尽全力将物资和资金在第一时间运送到"前线"：1月29日，采购价值350万元的病毒检测试剂和仪器，并克服疫区物流阻断、冷链运输等重重困难，于2月2日初运抵湖北黄冈6家医院，使这批疫区最紧缺的核心诊断资源快速发挥效用；2月3日，向上海市慈善基金会捐赠1000万元，并在他们协助下，分别于18日和27日向湖北省内13个地级市基层医院捐赠15辆抗疫专用负压救护车；持续关心上海援鄂医疗队队员，向全体队员及瑞金医院捐赠1050万元的医疗设备和防护用品，共同携手打赢湖北保卫战、城市保卫战……

在疫情防控过程中，公司始终没有忘记对口帮扶的四川普格、安徽潜山、江西吉安和

云南麻栗坡4个国家级贫困县。交通不便、物资紧缺,以及后续面临复工、复产和复学的难题,使贫困县的防疫工作面临巨大压力。国泰君安充分考虑贫困县需求,及时向当地几所规模较大的小学、社区捐赠了一批洗手液、一次性手套、消毒药皂等紧缺防疫物资,帮助各个贫困县开展复工、复产、复学等相关工作。

考虑到复学后学校师生的健康风险保障问题,国泰君安与太平洋保险积极合作,在已落地4个贫困县的"成长无忧"公益医疗补充保险中新增了针对新冠肺炎的补贴项目,为贫困县群众提供更多的健康保障。

保障安全,敢于担当,全力推进贫困地区业务开展

在疫情防控期间,国泰君安党委号召广大党员要坚定站在疫情防控斗争第一线,以"对员工负责、对工作担责、对社会尽责"的态度,投入工作中。

公司位于四川西昌(普格)、安徽安庆(潜山)、江西吉安和云南文山(麻栗坡)的营业部积极关心4个对接贫困县的业务需求,通过线上帮助贫困县企业及个人客户开展各类金融服务。复工后,公司在4个帮扶贫困县的金融服务业务开展平稳有序。2020年4月,国泰君安作为牵头主承销商及簿记管理人,成功助力四川省凉山州发展(控股)集团有限责任公司公开发行扶贫专项公司债券,涉及资金规模达到20亿元,创公募扶贫专项公司债券的最大发行规模,为切实打赢脱贫攻坚战提供了有力的金融支持。

在国家和人民需要的时刻始终冲锋在前,国泰君安积极承担社会责任,不仅是对习近平总书记"坚持全国一盘棋"指示精神的贯彻落实,也是金融国企的应尽义务,是践行"金融报国"理想的具体体现。

打赢疫情防控阻击战是重要前提,不能松一口气;完成脱贫攻坚是重要任务,不能掉一步队。在决战脱贫攻坚的关键时刻,在举国奋起抗疫的特殊时期,国泰君安发挥专业优势,发动党员力量,持续关注和回应精准扶贫对接县的需求,努力实现疫情防控和脱贫攻坚两不误,全力以赴交上战疫战贫大考的合格答卷。

海通证券：爱在精准扶贫中闪亮升华

让贫困人口脱贫，是习近平总书记情之所系、心之所惦，也是党的庄严承诺。

"奔向东南，惊涛澎湃，以国家之务为己任。"作为券商领域的大型国企，近年来，海通证券股

党委书记、董事长周杰接受采访

份有限公司党委深刻领会国家脱贫攻坚的崇高政治责任，把握资本市场服务国家脱贫攻坚战略的总体要求，主动发挥以证券为主业的金融集团优势，践行金融企业服务实体经济的初心使命，以"爱在海通"扶贫公益品牌为引领，精准落实扶贫政策，精准对接帮扶对象，精准突出脱贫成效。

"爱，在行动中传递、在服务中闪亮！"海通证券党委书记、董事长周杰如是说。

让精准扶贫具有"内生动力"和"可持续性"

对比以往开展的常规性扶贫，开展脱贫帮扶工作，于证券公司而言，既是一项系统性工程，也是一个全新的"课题"。在"破题"的过程中，海通证券党委不仅制订了系统全面的脱贫帮扶工作规划和举措，还建立了一套领导重视、协同支持、共同参与、发挥合力的工作机制。

"要把精准扶贫当成一项凝心聚力去持续推进的工程和事业。"周书记介

绍，唯有如此，公司开展精准扶贫才会具有"内生动力"和"可持续性"。

为此，公司成立了由公司党委书记、董事长任组长的扶贫工作领导小组，下设工作小组和职能工作机构，并做到"三个联动"：管理部门与业务部门联动，将投资银行部等一线专业部门纳入工作小组，并明确由党群工作部承担日常联络和协调工作；公司总部与分支机构联动，在"一司一县"结对帮扶行动中，公司分别与安徽利辛县、舒城县、江西宁都县、云南西畴县4个国家级贫困县签约，公司下辖的安徽分公司、江西分公司、云南分公司全程参与，并在后续的精准扶贫工作中仔细寻找帮扶工作切入点，全力支持当地社会和经济转型发展，目前这四个贫困县均已脱贫摘帽；经济支持与人才保障联动，公司注重对贫困地区的智力帮扶工作，接收贫困地区干部到公司大投行业务条线挂职学习，定期赴帮扶县开展经济与金融工作培训。

整合集团金融服务优势，为贫困地区"输血"又"造血"

2017年7月，由海通证券保荐承销的嘉泽新能在上海证券交易所正式上市，打破了宁夏地区14年来没有企业主板上市的困境。

嘉泽新能的成功上市，无疑为海通证券多年来的"结对帮扶、精准扶贫"工作又增添了一个典型案例。作为2017年全国第一单绿色通道上市的IPO扶贫项目，该项目不仅帮助嘉泽新能提升了企业实力，并为项目周边剩余劳动力提供短期就业岗位2000多个，缴纳各项税收1804.63万元，修建道路100余公里、爱心水窖50多口，申报光伏扶贫项目150兆瓦，产生了良好的社会效益。

与银行等传统金融企业相比，券商的扶贫优势就在于能够发挥资本市场

的融资功能。"我们整合了投资银行、资产重组、套期保值、融资租赁等各方优势资源，不仅实现了对贫困地区企业的资金'输血'，更培育了地方实体经济持续增长的'造血'功能。"海通证券党委副书记、总经理瞿秋平介绍。

除了努力挖掘 IPO 项目，为贫困地区经济发展提供资本支持外，海通证券还不断创新金融产品和服务，提升精准扶贫能力。以海通证券下属子公司海通期货为例，该公司已实施完成国家级贫困县精准扶贫项目 5 个，其中为海南琼中县、云南勐海县、河南睢县、黑龙江明水县提供了定制化场外期权风险管理服务，覆盖品种包括橡胶、白糖、鸡蛋、玉米等，以较高的赔付率有效帮助了当地农户规避农副产品下跌的市场风险，项目名义本金及套期保值金额达 1736 万元。

以"五位一体"模式助力国家打赢脱贫攻坚战

2019 年，"90 后"年轻党员王文博被公司党委选派到宁夏彭阳县草庙乡周庄村参与驻村扶贫工作。在周庄村，王文博的主要职责是开展扶贫工作对接，落实具体帮扶项目，为当地政府和企业出谋划策，充实政府金融力量。谈到在周庄村的经历，王文博非常兴奋："能成为贫困地区的'造血干细胞'，亲身参与脱贫攻坚，我感到很自豪。"

王文博是海通证券智力帮扶的参与者。在助力国家打赢脱贫攻坚战中，海通证券党委坚持响应

中国证监会和上海市委市政府的号召,开展"一司一县"和"百企帮百村"结对帮扶工作,以金融帮扶、产业帮扶、公益帮扶、智力帮扶、消费帮扶的"五位一体"模式,支持贫困地区发展地方经济,共同建设"美丽乡村"。

2017年以来,海通证券还特别关注教育扶贫领域,着力把公益慈善融入海通的企业文化中,并不断扩大"爱在海通"党建引领扶贫公益品牌的影响力和渗透力。2019年,海通证券助力全国政协委员、央视主播海霞倡议发起的"石榴籽计划",开展了"海通·爱朗读"推普脱贫公益项目,为6省11县23所学校的2.4万余名中小学生和学龄前儿童捐赠了13个朗读亭和12.6万册童书。为阻断贫困代际传递,海通证券精心设计开展了"爱在海通·美丽西藏""爱在海通·美丽新疆"公益助学项目,"海通·爱健康"净水暖心、"海通·爱飞翔"乡村教师培训、"海通·爱传递"再生电脑教室、"小海星童书募集""小海星公益课堂"等多个"海通·爱"系列公益项目,惠及10多个省20多个县的4万余名中小学生、学龄前儿童和教师。

（原刊载《组织人事报》2020年6月23日）

海通期货：创新党建引领精准输血"滴灌"实体

海通期货党委始终把党中央和上级党委的要求与公司的实际结合起来，不断深化党建与经营关系的认识，牢牢把握金融企业服务实体经济的宗旨，专门成立扶贫工作小组，合理安排公司内部帮困资金，积极争取交易所试点项目支持，充分运用期货专业创新工具，通过聚集"人、财、物、器"等力量，开展了一系列助力脱贫攻坚、深入产业服务"三农"的工作，逐步形成了精准"滴灌"工作法——党建引领工具创新助力脱贫攻坚的特色品牌。

夯实内功不忘本源，提供高质量金融服务

"砍柴不误磨刀工"，公司党委深刻领会习近平总书记对于金融企业"为实体经济提供更高质量、更有效率的金融服务"的要求，是业内较早成立期权部和风险管理子公司的期货企业，2016年便在广东、湖北开展塑料和鸡蛋的大商所场外期权试点项目。自中期协发布《期货经营机构服务实体经济行动纲要（2017—2020）》以来，公司始终注重夯实内功，以场外期权、"保险+期货"等创新金融工具积极探索服务"三农"模式，助力产业结构调整与企业转型，发挥专业优势开展精准扶贫。公司党委提出聚焦服务产业客户，积极打造投研

核心竞争力，不断提升服务的专业性，积极探索风险管理业务合作模式，现有产业客户近900家，涉及基差贸易、仓单服务、商品期权等服务，服务品种高达40多个；"三农"客户近30户，为其提供商品期货买入卖出交割、套期保值额度申请、期货仓单作为保证金等专业服务。2018年，公司协助位于国家级贫困县的咸阳绿野、宝鸡海升成功申请为郑商所苹果指定交割仓库资格，助力当地农业经济发展。

提升专业服务方面，党建引领效果显著，公司获四大期货交易所年度奖项接近"满贯"，获得行业金牌期货研究所、最佳风险管理子公司服务奖等称号，职工入选上海证券交易所十佳期权讲师、金牌期权投资顾问、中金所高级期权讲师、上期所优秀期权讲师、郑商所高级期权分析师、期货日报最佳期权分析师，团队荣获大商所"十大期权投研团队"、大商所"优秀期货投研团队"，相关研究报告荣获"上海金融业改革发展优秀研究成果三等奖"。

精准发力多点开花，丰富多维度扶贫路径

公司党委深刻领会中央脱贫攻坚战略的内涵，切实将服务实体经济发展与扶贫工作有效结合，公司充分发挥风险管理专长，坚持因地制宜，协同多方资源与力量，自2016年底启动《海通期货产业扶贫项目》以来，公司与河南睢县、陕西延长县、黑龙江桦川县、云南金平县、新疆英吉沙县签订结对帮扶协议，为12个国家级贫困县提供定制化的场外期权、"保险+期货"服务、特色产业扶助等，累计在贫困地区投入超1400万元，"保险+期货"及场外期权精准扶贫试点项目总计实现理赔超720万元，涉及玉米、鸡蛋、橡胶、大豆、白糖、棉花、苹果等农业经济，标的保障金额达到3.4亿元，

试点项目取得良好的示范性和推广性。同时，公司在贫困地区开展"扶贫扶智"金融培训活动，采购当地特色农产品，响应号召派遣驻村干部赴海南乐东县，捐助建设特色农产品产业基地等，逐步形成了多维度扶贫工作局面。

公司荣获 2018 年"中国最佳精准脱贫项目奖"，在《证券时报》"资本市场精准扶贫专栏"刊登文章。

沉淀方法树立典型，扩大"保险+期货"影响力

"保险+期货"是一种利用金融衍生工具转移风险、保障农民收入的跨金融市场的创新模式，其重要意义及推广价值已获得中央及各界的充分肯定，已连续 4 年写入中央一号文件。公司党委集结公司人才优势力量，协同风险管理子公司，在实践中与保险公司实现了优势互补，解决了期货与"三农"、小微企业等实体经济对接的"最后一公里"问题。公司于 2017 年、2018 年连续两年在国家级贫困县黑龙江桦川县精准选择当地大豆产业作为扶贫抓手，通过开展实地调研，结合农户需求，引入收入保险新模式，在保障价格风险的同时，也将产量风险纳入考虑，切实解决农户生产后顾之忧。此外创新引入类期权收购条款，农户可在基差收购价和市场价格中择其高者出售农产品，即有效解决了农户卖粮难问题。项目的成功运作为持续稳步推进"保险+期货"精准扶贫起到良好示范作用，不断扩大海通专业服务影响力。

（相关视频分别于2019年9月26日和2020年5月14日发布于人民网和央视频）

浦发银行：数字化赋能脱贫攻坚提升产业扶贫质效

在全国推进企业复工复产的时刻，扶贫攻坚也进入关键阶段。在此期间，浦发银行力求发挥数字化先行优势，创新金融支持产业扶贫、消费扶贫的产品和服务模式，推动基础金融服务扩面、提质，助力打赢脱贫攻坚战。

不仅如此，近年来，浦发银行正通过"带产、带物、带人、转观念、转村貌"的"三带两转"模式，通过多种渠道"授人以渔"，盘活产业链，支持扶贫工作。

2020年是决胜全面建成小康社会、决战脱贫攻坚之年，如何使贫困地区"真脱贫、脱真贫、不返贫"，构建可持续发展的未来，是2020年工作的重中之重。将金融支持更好地与扶贫工作相融合，是啃下扶贫这块硬骨头的必然之举。众多如浦发银行这样的金融机构正以此为契机，加速业务在金融稀缺地区的落地，激发贫困户和贫困地区发展的内生动力。

践行数字金融扶贫新路径　供应链盘活产业助力脱贫攻坚

"六稳"和"六保"是2020年各项工作发展的主旋律。此前银保监会指出，将按照"六稳"和"六保"要求，统筹做好经济社会发展金融服务工作，其中提到通过紧抓金融支持复工复产政策落实、"增量、降价、提质、扩面"四点发力缓解小微企业融资难融资贵、加大扶贫信贷投入助力脱贫攻坚等切实举措，加大对实体经济支持力度。

在助力企业复产复工期间，面对扶贫产业的融资需求，以浦发银行为代表的银行机构也丝毫未松懈。为了响应监管层强化"无接触"金融服务的呼吁，在复产复工期间，持续面向全国、深入农村，浦发银行上海分行与新希

望金服合作推出了"浦银快贷—好养快贷"在线供应链金融服务，为上海乃至全国的生猪养殖户提供在线贷款支持，解决当前养殖户猪苗采购环节的资金压力。

农业产业化国家级重点龙头企业——新希望集团早在2月4日起便恢复部分饲料厂、屠宰厂、养猪产业工程建设及生产运营工作，助力国家生活物资保供。此次新希望金服与浦发银行上海分行合作推出的"浦银快贷—好养快贷"，充分发挥了在线贷款的效率优势，浦发银行网贷系统提供7×24小时在线审批，不受时间限制，不受地域限制，养殖户足不出户，即可通过手机申请，对于审批通过的客户，在线签约后的短短几分钟内，银行网贷系统即可发放贷款并直接受托支付至新希望集团，用于为养殖户支付猪苗押金。从2月4日至5月末，"浦银快贷—好养快贷"已累计向70多位农户发放贷款超过3000万元。

供应链在线融资项目还普及更多行业。如在此之前，浦发银行兰州分行便打破常规，创新推出了"公司+基地+农户"供应链金融服务，即由蓝天公司牵头组建起联合社，为合作社提供贷款担保，实现了对定西主导产业马铃薯产业的重点帮扶，将信贷效应放大到各个经营主体和贫困户，也被称为"蓝天模式"。

在企业复产复工期间，为了响应监管层强化"无接触"金融服务的呼吁，浦发银行兰州分行将"蓝天模式"线上化，落地了1+N供应链在线融资项目"蓝天e贷"，客户从申请提款到业务落地实现无接触式秒贷。截至2020年一季度末，累计为蓝天公司及供应链端客户提供融资支持4.69亿元。

借助于数字化赋能，浦发银行普惠金融业务落地提质增效。截至2019年年末，支持中小微企业的普惠贷款（两增口径）余额超过 2000 亿元，普惠小微企业近 15 万户。此外，2016—2019 年，浦发银行集团还累计投入扶贫捐赠资金超过 9000 万元，帮扶超过 100 个村（镇、县），覆盖 26 个省、市、自治区。目前，95% 的帮扶对象已实现脱贫。

打通产业扶贫"最后一公里" 平台赋能拓展销路为老乡带货

产业兴，收入增，产业稳，脱贫稳。为了更好地落地扶贫工作，打通整个产业链，浦发银行各分行纷纷行动，在各地坚持因地制宜，在形成了一大批扶贫特色产业后，拓宽产品销路，打通产业扶贫"最后一公里"。

2019 年，浦发银行太原分行选派了 6 名青年员工组建了驻村扶贫工作队，在忻州市保德县窑圪台乡红花塔村和闫家坪村开展为期两年的驻村帮扶工作。不同于以往简单捐钱、捐物，在一年多时间扶贫工作中，这支平均年龄不到 32 岁的驻村扶贫队从学习当地土话开始，与村民同吃、同住、同劳动，共谋脱贫致富路。

驻村工作队一到村，村民反映最多的就是缺少农机具。为了在秋收农忙前把耕种的硬件配齐，浦发银行太原分行的员工们慷慨解囊，给村里添置了打谷机、三轮车、土豆筛选机、根茬收割机、播种机，有了称心的农机具，农户们的干劲就更足了。农产品销售也是扶贫队重点关注的问题。为了帮村民们创收，扶贫队积极探索消费扶贫新模式，联合村合作社，通过线上销售平台，带活农产品销路。扶贫队还结合村情，帮助村合作社打出农产品品牌，"红花塔"小米、"尧之香"土豆应运而生。有了商标，

包装、物流等配套工作也及时跟上，扶贫队和村民们一起为农产品"出山"卖力吆喝。

春耕农忙时，土豆种子无法及时供应，扶贫队火速响应，采购种子免费发放给村民，平地、起垄、播种、覆土、施肥……他们和村民们同进同出、挥耙舞铲，干得有模有样；出资修建了400平方米土豆窖，帮助搭建起土豆育种+储存+销售产业链，不仅为村民们解决了秋收冬储的大难题，也为实现错季销售提供了必要条件。

为民服务无小事，浦发银行太原分行扶贫青年先锋队自2019年结对帮扶红花塔村、闫家坪村以来，至2020年5月末，已帮扶两村85户建档立卡贫困户全部脱贫。通过消费扶贫实现土豆、小米等农产品销售累计19.6万元；红花塔村、闫家坪村农户户均增收6125元，户均年收入达到3.9万元。

作为一家持续推进数字化转型发展的银行，浦发银行发挥数字化平台优势，利用"浦惠到家"APP，已经更广泛地实现了为老乡"带货"。据悉，浦发银行整合线上和线下渠道，线上依托平台的电商功能，开展农产品的销售；线下依托合作社区及网点开展进一步的推广，拓宽农产品销售渠道，突破了传统农业规模小、农产品价格波动大、市场前景不稳定等局限，让农村的群众，特别是困难群众得到精准帮扶，打通了产业扶贫"最后一公里"。

同时，为了解决农村电商发展难题，浦发银行还联合阿里巴巴集团乡村业务板块，推

出面向位于县、镇、乡家电小店的个人互联网经营性贷款产品"天猫优品贷",线上办理、自动审批,最高授信100万元,贷款资金用于天猫优品实体体验店家电采购,为"家电下乡"注入金融活水。截至2020年5月末,已为全国县城区域500名以上乡村门店及小微企业主发放普惠金融贷款近2亿元,覆盖广东、四川、河南及湖南等24个省份,使电商触角得以深入中国的大部分乡村地区,将有力促进农村电商蓬勃发展,成为乡村振兴的新突破点。

值得一提的是,为更好地落实脱贫攻坚,浦发银行驻村工作队员及扶贫干部在帮扶期间"授人以渔",为多地带去了脱贫"技术"。如浦发银行西安分行为帮助杨元沟村脱贫,进一步探索科技扶贫,邀请了西北农林科技大学专家教授为该村引进黄芪、甘草等中药材种植技术,打造"以长补短、以短养长"可持续发展的产业结构,帮助27户贫困户种植黄芪109亩,通过引入"横向栽培"新技术,降低采挖成本30%,产量提升15%以上。2018年杨元沟村实现整村脱贫,户均年收入提高至4100元。2019年西安分行将商洛市商南县后坪村作为新的扶贫点,邀请农业专家授课指导村民开展蜂产业养殖,由每年一次的"土法取蜜"优化为每年3次的摇蜜,蜂蜜产量实现翻番,全村走上了科技脱贫之路。

随着区块链、大数据等科技发展日新月异,高度重视数字化建设的浦发银行,正在不断加大数字化与扶贫的深度融合,为金融扶贫插上科技的翅膀。

(原载《中国经营报》 作者:肖嘉祺)

华虹集团:"四大举措"将脱贫攻坚推向深入

党的十八大以来,党中央从全面建成小康社会要求出发,把扶贫工作作为实现第一个百年奋斗目标的重点任务。为贯彻中央坚决打赢脱贫攻坚战的部署,落实上海市推进东西部扶贫协作和对口支援的精神,华虹集团弘扬国企担当,高度重视"百企帮百村"云南精准扶贫工作,统筹安排、精心组织,集团党委召开专题会议研究部署,分管领导带队实地考察调研,以帮扶乡村的实际需要为导向,制定出"三带两转"三年帮扶行动方案,并通过实施党建引领、改造基础设施、立足教育为先、开展消费扶贫这"四大举措"将决战决胜脱贫攻坚工作推向深入。

实施党建引领。坚持扶贫先扶志,党建带扶贫,扶贫促党建,转变贫困村贫困户的思想观念

2018年12月、2019年4月、2020年5月,华虹集团党委组建云南精准扶贫工作组,先后3次走访了结对帮扶的两个贫困村——鸡街乡新寨村、龙潭乡富厂村,通过与云南漾濞彝族自治县县委、县扶贫办、各乡和各村进行座谈,入户走访贫困户代表,与贫困村基层党组织签订了《党建联建工作协议》,帮助贫困村转换思想观念,增强致富意愿。坚持扶贫和扶志、扶

智相结合，培育贫困群众依靠自力更生实现脱贫致富意识。3年来，扶贫工作组与贫困乡村基层党组织始终保持密切联系，定期进行电话会议，交流党建经验和做法，对扶贫行动方案的落实情况进行跟踪、检查，对工作中出现的问题进行交流，构建起党、团联建的工作机制。

改造基础设施。以点带面，建立改造示范户，转变人居环境和村貌

为帮助贫困村改善村貌，华虹集团共拨付扶贫资金60万元，建设龙潭乡富厂村居民家庭环境改造工程和鸡街乡新寨村村民饮用水项目。目前，龙潭乡富厂村人居环境提升项目建设已见成效，村7个小组11户农户厨房、厕所设施改造已完成10户，剩余1户正在改造中。改善了贫困户的生产生活状况，形成标杆效应，带动贫困村整体居住环境提升。鸡街乡新寨村村民人畜饮水项目已全部完工，有效解决了钟家村民小组35户122人及200多只牲畜的饮水困难问题，其中建档立卡户7户23人，改善灌溉面积100余亩，满足了人畜饮水和大春生产保苗用水，为农业稳定增收提供了保障。

立足教育为先。传播科普知识，开展教育扶贫，资助贫困学生，举办圆梦活动

乡村振兴和持续发展的关键在教育。华虹集团党委副书记亲临对口贫困乡，为中小学生讲授"许下我们的微芯愿"科普课程，为贫困山区的孩子从

小播下科学梦想的种子，获得学校和学生的广泛赞誉。集团拨付专项资金资助富厂村6名品学兼优的贫困学生，激发他们的学习热情，通过对贫困学生资助有效防止因学致贫、因学返贫，阻断贫困代际传递。由华虹集团团委和云南漾濞县团委共同发起，连续两年举办"情暖童心"微心愿捐赠活动，即2019年6月圆梦漾濞县鸡街完小365名孩子微心愿，2020年5月再次为漾濞县龙潭完小457名学生捐赠"六一"心愿礼物，用华虹速度、华虹温度成功开展针对教育扶贫的圆梦行动。同时，集团下属企业招聘集成电路生产线员工，优先向对口贫困乡村的高校毕业生开放，为他们提供就业机会和途径。

开展消费扶贫。借助社会资源，多措并举，扶持电商平台，通过消费扶贫支持勤劳致富

华虹集团广泛利用各种社会资源，联合下属园区企业，在华虹科技园、华虹创新园内3家大型餐厅同时举办"云南风情美食节"活动，美食节采购云南贫困乡村当地特产和食材，制作出精美的佳肴，一方面，直接带动了贫困村农副产品的销售；另一方面也为后期消费扶贫做好宣传和推广工作。集团内企业员工福利发放直接采

购核桃、腊肉、菌菇等大批云南漾濞县的主要特色产品，采购金额达 144.18 万元。集团大力扶持贫困县电商平台，进行产业帮扶，积极为电商在产品包装、运输贮存和营销手段上出谋划策、开拓思路，打开销售渠道。2019 年消费扶贫工作已初见成效，2020 年华虹集团正发挥国有企业的影响力，坚持社会动员，凝聚各方力量，引领园区企业、社会组织协同发力，形成园区企业广泛助力脱贫攻坚的格局，以消费扶贫帮助贫困村实现产业发展，勤劳致富。

坚决打赢新时期脱贫攻坚战，到 2020 年我国现行标准下农村贫困人口实现脱贫，这体现了我们党"为中国人民谋幸福，为中华民族谋复兴"的初心和使命。华虹集团正是深刻理解这样的初心，肩负着中国"芯"的国家使命，用实际行动体现着高科技国企的社会责任与担当。2019 年漾濞县全县绝对贫困人口"清零"，顺利实现脱贫摘帽。华虹人将不断发扬光大"家国情怀、一诺千金、敬业奉献、使命必达"的华虹 520 精神，进一步巩固扶贫成果，摘帽不摘责任，牢记共产党人的使命，不辜负习近平总书记的嘱托："在扶贫的路上，不能落下一个贫困家庭，丢下一个贫困群众！"在脱贫攻坚的路上永不停步，用自己的实际行动向建党 100 周年献礼！

联和投资：奋力谱写脱贫攻坚上海国企篇章

携手奔小康是东西部扶贫协作的重要内容和最终目标。习近平总书记指出："扶贫开发贵在精准，重在精准，成败之举在于精准。"上海联和投资有限公司（下称"联和投资"）深入贯彻落实习近平总书记精准扶贫战略思想，自2018年启动落实上海市"百企帮百村"对口帮扶工作以来，围绕"两不愁三保障"的脱贫攻坚要求，积极助推对口帮扶单位——云南省云龙县检槽乡文兴村和大工厂村打好脱贫攻坚战，为当地脱贫攻坚工作奋力谱写上海国企篇章。

联和投资成立于1994年9月，是经上海市政府批准成立的国有独资公司，以服务国家战略、做科创发展的先行者、排头兵为使命，以坚持科学技术与经济发展相结合为核心战略，以股权投资为核心业务，立足联合各方面力量，整合各方面资源，重点聚焦信息技术、能源和智能制造、生命健康、现代服务等领域，在推动战略性新兴产业发展、加快前沿科技成果转化等方面充分发挥了引领作用，成为国资国企参与上海科创中心建设的重要平台。

云龙县位于大理、保山和怒江三州市接合部，是典型的集山区、民族、贫困、偏远"四位一体"的国家级贫困县。文兴村国土面积达44.1平方千米，为检槽乡中心村，全村总人口为588户1651人，其中白族人口占

92.6%。刚对接时，共有建档立卡贫困户166户565人。大工厂村位于检槽乡西部30千米的大山深处，全村共278户861人，其中傈僳族占总人口的85%以上，刚对接时，共有建档立卡的贫困人口86户306人。两村均为"边远、贫困、民族、高寒"四位一体的山区深度贫困村。

联和投资根据对口单位情况（两个村位置相邻），与下属投资企业上海信投成立联合工作小组，根据"三带两转"的要求，3年来由班子成员带队先后5次实地走访，踏勘村情村貌，深入田间地头，与当地驻村干部反复研究比较，因地制宜选准产业项目落脚点和扶贫资金带动点，形成了联和投资七大方面14项、上海信投五大方面13项具体举措，涵盖了基础设施建设、人居环境提升、产业扶持、教育扶持、卫生医疗扶持、信息化扶持、党建联建等各个方面。3年来累计投入帮扶资金1088.48万元（其中消费扶贫174.17万元），拨付资金占云龙县"双一百"帮扶资金到账总额的95%。

转变村貌，人居环境"靓起来"

3年来，联和投资出资为文兴村、大工厂村，完成公共基础设施建设涉及的道路硬化7500米、学校公路建设95米；完成村内道路硬化960米、太阳能路灯亮化20盏；完成到户提升工程涉及的院心硬化89户、厨房改造178间、墙体刷白213户；完成危房改造48户，房屋院心硬化70户，房屋墙体修缮89户，厨房改造88户。通过一系列基础设施建设项目，形成了文兴村、大工厂村"家家户户路路通，房房瓦瓦堂堂亮"的新气象，有效改善了村卫生状况。

培育产业，工作动力"涨起来"

立足实际，联和投资与云龙县共同研究确立了"党支部+合作社+龙头

企业+种植基地+建档立卡贫困户"的"共建共管"龙党参种植模式，形成了以党支部为龙头、合作社为核心、持续增效为目标、覆盖全体建档立卡贫困户的产业帮扶机制。其中联和投资、上海信投负责出资，党支部、合作社负责组织村贫困户种植和土地租赁，当地龙头企业负责提供龙党参育苗并专业指导，秧苗成熟后按照协议价回购，从而实现了贫困户"四个增收"，即通过土地出租增收一笔，在家门口务工增收一笔，出售农家肥等农资增收一笔，合作社分红金收入一笔，每户可增加年收入近4800元，极大地激发了村民生产的积极性，由最初的"等着看"，转变到现在的"抢着干"。

转变观念，精神面貌"亮起来"

联和投资积极贯彻落实习近平总书记提出的"扶贫先扶志，扶贫必扶智"的思想，着力提升百姓的脱贫致富意识和决心。与当地政府合作，在文兴村组建"爱心超市"，以"积分改变习惯、勤劳改变生活"为目标，通过"以劳动换积分，以积分换商品"的机制，让群众切实感受到公益劳动带来的成果。"爱心超市"投入运营以来，覆盖565户1559人，参与率高达96%，成为当地党建联建、提升村民精神面貌的重要抓手。通过"爱心超市"积分制的实施，引导和督促群众开展"门前、庭院、客厅、卧室、厨房、厕所、个人"等"七净"和家庭垃圾分类，改善了生活环境，培育了

健康文明的生活理念，达到"激励一个、带动一片"的效果，逐步引导村民追求积极向上、健康文明、热爱劳动的生活理念。

推荐物产，消费扶贫"热起来"

联和投资积极发挥系统单位党组织和工会组织的作用，通过云龙县农副产品销售平台主动购买当地农特产品，积极宣传诺邓火腿、麦地湾梨、五谷杂粮等云龙特色产品，把工会采购提升为消费扶贫的常态化安排，发动各级工会组织，采取"以购代捐""以买代帮"等方式，扩大云龙产品消费，推动个人"二次消费"。截至目前，已累计采购174.17万元农产品，所发生利润的10%返还至合作社，进而惠及建档立卡户。充分发挥系统企业的产业资源优势，积极开展内联外合，形成扶贫攻坚合力。

同时，联和投资积极引导战略合作伙伴加入脱贫攻坚，壮大扶贫"朋友圈"。下属投资企业上海信投邀请拼多多等公司共同赴云龙县调研考察，分享其强大的电商平台优势和丰富的运营经验；帮助云龙县先后召开两次特色农产品推荐活动，邀请上海银行、太保安联等合作伙伴及系统内企业工会，点燃大家的扶贫热情，激发扶贫能量；引荐上海医药贸易的国有老企业为当地党参产业发展提供专业指导和销售渠道，引导当地龙头企业把特色产业"规模做大、标准做高、品质做精"，推动云龙党参"走出去"。

党建联建，思想交流"活起来"

联和投资与云龙县合作在当地建立联和投资、上海信投党员教育实践基地，组织党员干部和青年骨干赴云龙县学习脱贫攻坚的拼搏精神，激发广大党员干部干事创业的精气神；组织下属两个基层党支部，分别与检槽乡青年人才支部和云龙县十方福农民专业合作社联合社支部结对共建，发挥党组织在脱贫攻坚中的核心作用；2019年11月，组织青年党员、团员，组成志愿者服务队深入基层，为检槽乡村干部进行心理健康知识普及、信息技术案例介绍，走进文兴村和大工厂村小学，为130位小学生教授音乐赏析和体育运动

课程。

同时，联和投资向文兴完小捐赠学校桌椅 120 套、教学使用白板 6 套；向云龙县捐赠搭载国产兆芯 X86 芯片的台式电脑 100 台，向检槽乡所有卫生机构捐赠 10 套下属投资企业中科强华自研的多功能医疗检测仪器。下属投资企业中科深江向云龙县捐赠 4 辆自卸车和皮卡车。公司工会在全系统党员中发起捐赠图书和文具活动，捐出各类图书 1000 余册，新购 3000 册，分别建立了文兴完小"联和读书角"和大工厂小学"信投图书角"。

携手战斗，两地情谊"浓起来"

3 年来，随着对口帮扶工作的不断推进，公司与当地的政府和扶贫工作人员建立了深厚的友谊。公司积极发动下属投资企业和群团组织，献计献策，形成上下联动、全面出击的扶贫合力，把结对村的工作当成企业自身的工作，把结对村的干部、群众当成自家亲人。双方逐渐结成了共担使命的"同志情"，催生出脱贫攻坚的"战友情"，更升华成携手奔小康的"家人情"。

自 2019 年以来，每年 1 月上旬，云龙县由县委书记段冬梅带队到访联和投资、上海

信投交流扶贫工作，深入沟通交流。在2019年联和投资成立25周年座谈会上，公司专门邀请云龙县一线扶贫干部为联和系统企业党员干部作扶贫工作专题报告，进一步激发系统干部干事创业的担当精神。公司扶贫工作组多次走村串户，与驻村干部及村民面对面、零距离座谈交流，了解项目进展情况、实施效果，贴近了群众，拉近了距离，增进了感情，当地村民都说是"上海的亲人来啦"。一位年近80岁傈僳族老奶奶拿出珍藏多年亲手绣制的民族特色马甲，套在工作组成员身上；学校孩子们纷纷捧出自己创作的"我在上海有亲人"绘画，送给上海的叔叔阿姨们；文兴村、大工厂村村民自发将企业援建的村内主干道路命名为"联和路""信投路"。

通过3年来的努力，文兴村、大工厂村脱贫攻坚情况总体向好，实现了预期目标。2019年6月召开的沪滇村企结对暨农民专业合作社建设现场会，200多名扶贫干部现场观摩了联和投资对口帮扶的文兴村的整体情况，并给予了高度评价。2020年4月，文兴村、大工厂村所在的云龙县，经有关部门评定，各项指标均符合要求，已实现脱贫摘帽。

习近平总书记在2020年3月召开的全国决战决胜脱贫攻坚座谈会上曾强调，"脱贫摘帽不是终点，而是新生活、新奋斗的起点"。联和投资将在做好脱贫攻坚工作的基础上，继续推动减贫工作与乡村振兴工作进行有效衔接，进一步帮助对口帮扶单位建立长短结合、标本兼治的体制机制，激发低收入村民的内生动力，在脱贫致富的道路上迈向新的台阶。

中国太保：精准扶贫高原农牧

党的十八大以来，以习近平同志为核心的党中央以高度的政治感、使命感和责任感，把扶贫开发工作提升至治国理政新高度，广泛凝聚社会各界力量，推进实施精准扶贫方略，为到2020年全面建成小康社会奠定坚实基础。农业是国民经济的基础，保险是保障社会安定的稳定器，遭受自然灾害事故而因灾致贫现象屡见不鲜，特别在边远贫困地区更为严重。"保险扶贫"创新模式，可以给农牧民强有力的经济基本保障，在遇到生产风险的时候，农牧民能够得到一定的经济赔偿。

在习近平总书记关于扶贫工作的重要论述精神鼓舞下，中国太保毅然出征脱贫攻坚的战场，开展精准扶贫、精准脱贫，为建档立卡的贫困户提供保险保障，建立健全贫困地区风险分担和补偿机制，提高扶贫资金使用效率。聚焦农村农业扶贫领域，通过太保旗下专业农险公司——安信农险，运用多年来在服务"三农"中积累的宝贵经验，发挥自身专业特长，紧紧围绕农民所忧、农村所需，坚持"授人以鱼不如授人以渔"原则，以产业扶贫为支点，撬动贫困地区脱贫增收。

同时，安信农险积极探索扶贫新模式，扩宽金融扶贫途径，把创新融入脱贫攻坚，创新各类"气象指数保险"，特别是在青海地区开发了藏系羊、牦牛降雪量气象指数保险为全国首创，有效保障农牧民基本收入。2017年以来，中国太保及旗下安信农险积极扎根果洛、服务果洛，克服工作和生活上的种种困难，聚焦贫困农牧民最现实紧迫的扶贫需求，探索和深挖保险机制在扶贫领域的功能作用，有针对性地实施倾斜性政策，通过建立多元化服务平台，为当地牧民群众提供了全方位的脱贫、防贫保障服务，取得了良好的精准扶贫成效，切实履行了企业社会责任。

背景介绍

青海省果洛藏族自治州是我国"三区三州"深度贫困地区之一，也是上海对口支援地区，该州位于青海省东南部，全州总面积7.64万平方公里，人口仅20多万。果洛州属于高寒缺氧地区，平均海拔4200米，放眼望去看不到一棵树，大气含氧量极低仅为海平面地区的60%左右，部分地区大气含氧量仅为海平面地区的50%，史书上称之为"雪的王国""生命的禁区"。

果洛州以农牧业为主要产业，藏族人口占90%以上。在过去相当长的一段时间里，这个高原地区一直都是农业保险的真空地带。贫困的发生，往往与环境因素密不可分，果洛州的深贫，正印证了这一点。2016年，当地的贫困发生率是29.8%，经过近3年的集中攻坚和精准发力，至2019年年初，当地的贫困发生率已降至7.3%。

主要做法

紧扣沪青对口支援，争取扶贫资金落实。贫困地区经济条件落后、财政资金匮乏、保险意识淡薄，是推进农业保险的最大痛点，建档立卡贫困户更是无力支付农业保险费。只有得到上海市政府的资金支持，农业保险扶贫计划才有可能实现。上海市对口支援青海省果洛州每年都有援助项目资金支持，但在扶贫资金中增加农业保险扶贫专项资金历史上未曾有过，为此，太保积极争取上海市合作交流办的理解和支持，列举发生灾害后农业保险起到的经济补偿和恢复生产中的作用，细致详解在扶贫攻坚战中农业保险的重要作用和意义，建议如何以聚焦贫困地区特色农业产业和建档立卡贫困户实现精准扶贫、精准脱贫的目的。经过反复多次的沟通和不懈努力，并经政府决策部门的讨论决定，在上海对口支援地区青海省果洛州扶贫资金项目中专设农业保险扶贫专项资金，为贫困户农业生产经营兜底，为精准扶贫工作撑起一把保护伞，为打赢扶贫攻坚战保驾护航。

深入调研洞悉产业风险，探索创新破局业务痛点。在果洛地区，藏系羊和牦牛是牧民家庭的"命根子",然而冬春频发的雪灾却是它们最大的天敌,往往一场暴雪,积雪长时间不能融化,致使牲畜伤亡,并可能伴有交通阻塞、电力和通讯线路中断,就让牧民的心血付之东流。2016年,产险青海分公司会同安信农保联合组建专业团队,克服重重困难八上果洛,深入调研高原农牧业的风险与农业保险发展的痛点。果洛当地地广人稀,占地面积是上海的12倍,人口仅20万左右,村与村之间距离好几十千米,且气候环境恶劣、山路崎岖、雪山严寒,加之保险机构严重缺乏,当发生农业保险事故时,保险公司查勘人员或农业保险协保人员难以及时到现场进行查勘。截至2018年底,果洛州还有6个乡没有通上电,有些地方没有电视,更没有手机信号,生活条件的严重落后也是限制农业保险发展和普及的巨大痛点。通过分析研究当地60年历史气象数据与灾害损失数据,发现1949—2000年果洛州6县发生大小雪灾次数达到42次,如1993年1—3月,全州境内大部分地区降大雪,雪深达50厘米,致使全州6县30个乡受灾,483.4万平方千米草场淹埋在雪海中,52940人受灾难,占牧民总人口的57%。共死亡牲畜57.96万头/只,其中成畜死亡35.24万头/只,占年初存栏数的12.7%;仔畜死亡22.72万头/只,死亡率高达48.99%,造成直接经济损失7282.44万元。2007—2016年,除了2010年、2011年、2016年未发生雪灾外,其余年份均发生不同程度的雪灾,果洛州发生21次雪灾,重灾7次,特大灾害1次。中国太保专业团队本着"定向、精准、特惠、创新"的扶贫产品设计原则,突破传统农业保险逻辑桎梏,发挥在气象指数类农业保险的先进经验,经过20余次论证,研发推出了业内首款"藏系羊牦牛降雪量气象指数保险",将气象指数类农业保险首次送到了人烟稀少的果洛州。产品保险责任为在保险期间内,在约定的时间段,实际累计降雪量到达约定的保险降雪量时,视为保险事故发生,保险公司按照保险合同的约定承担赔偿责任。保险到期后,保险公司无需进行现场查勘,采用国家气象站测得的实际累计降雪量作为本保险项目的理赔依据,即可立马开展理赔工作,最终根据承保明细清算后将对应的理赔款项直接赔付之建档立卡贫困户账户,实现真正精准扶贫。

作为青海省气象指数类农业保险的先例，该险种为太保助力果洛州精准扶贫、扩大高原畜牧业保险覆盖面提供了新路径。利用上海市政府援助果洛州专项资金，于 2017 年和 2018 年连续两年为果洛州玛沁县、甘德县、达日县牧民提供风险保障，并对特困建档立卡户实行自缴保费免缴政策。

建立推进制度，积极布设机构。藏系羊牦牛降雪量气象指数保险试点项目，实行"政府引导、市场运作、自愿投保、逐步优化"的原则，在上海扶贫资金支持下，由试点地区县人民政府发文进行政策引导，保险公司与县农牧局、气象局、扶贫局等相关部门协同推进项目落地，由县农牧局和扶贫局共同确定被保险人对象名单和投保数量，并负责组织宣传动员和业务承保工作，国家气象局提供试点地区降雪量的基础气象数据，保险公司负责保险产品研发、产品报备和 IT 系统开发等工作。

为了更好地向果洛州农牧民提供优质保险服务，太保产险青海分公司已在当地筹建支公司，并实施人才及就业倾斜性政策。果洛支公司现有正式员工 14 人，其中有当地优秀藏族青年 10 人。除支公司外，另下设玛沁、达日、玛多、班玛和久西县 5 家三农服务站，聘用了 103 名当地藏族村协保员协助开展农险服务。

主要成效

农险突破创新，扶真贫见真效。青海果洛"藏系羊牦牛降雪量气象指数保险"项目开展至今，累计承保 3.45 万头牦牛和 2.88 万只藏系羊，累计保险金额近 2.2 亿元；承保农牧民 4585 户，其中覆盖建档立卡贫困户 3861 户，占比 85%。项目在抵御重大自然灾害方面发挥了重要作用——根据国家气象局数据显示，在 2017 年保险年度，果洛州玛沁县降雪量均值达 99.8 毫米，为 30 年来峰值，根据保险合同约定，项目总赔款金额达 430 万元，户均赔款 3710 元；在 2018 年保险年度，果洛州再次遭遇雪灾，项目总赔款金额达 517 万元。两年间，太保产险在该项目上累计亏损 297 万元，但公司仍不计得失积极履行企业社会责任，提升保险覆盖面，扩大保障范围，帮助牧民守住脱贫的希望，获得牧民群众和当地政府的高度认可。

帮扶成效显著，政府夸社会赞。全国东西扶贫协作工作开展了20年，而保险行业的发展也从东到西、从无到有、从浅入深，"藏系羊牦牛降雪量气象指数保险"项目的创新举措，取得了良好的社会反响。中华人民共和国中央人民政府国务院门户网站发表：青海在高寒牧区创新实践"藏系羊牦牛降雪量气象指数保险"；青海省人民政府门户网站、果洛州人民政府门户网站报道了"我省探索开展藏系羊和牦牛降雪量气象指数保险"相关内容；中国保险监督管理委员会青海监管局门户网站报道了"青海探索开展藏系羊、牦牛降雪量气象指数保险"；新华社、《人民日报》、中新社等媒体、网站对该创新项目纷纷转载报道。2018年年底，项目荣获中国保险行业协会颁发的"全国保险扶贫好事迹"荣誉称号，项目团队荣获2018年中国太保"脱贫攻坚贡献奖"优秀团队称号。

经验与启示

经验借鉴，产品复制。在贫困地区，自然灾害往往是致贫返贫的主要原因；在高原地区，农牧产业、气候恶劣、交通不便、设施配套不足等各方面拥有极高的共性。"藏系羊牦牛降雪量气象指数保险"解决了高原地区查勘定损难、理赔处理慢的痛点，具有普适性，更适合在地广人稀、灾害频发的高海拔地区复制推广。产品弥补了高原牧业气象指数保险的空白，开拓了高原农业保险保障手段的新思路，因其理赔流程短、速度快，可使农户面对自然灾害导致的损失时得到及时、有效的资金支持，更快地从灾害中恢复再生产。同时，保险也可以为政府提供保障，通过解决"财政涉灾预算无灾不能用、有灾不够用"的财政预算矛盾，使保险受益贫困县及时得到保险转移支付资金，用于灾难救助和灾后重建，避免灾害致贫返贫的情况出现。

勇于担当，不计得失。作为商业保险公司，中国太保把精准扶贫作为对接国家战略、践行社会责任的重要表现，在"三区三州"深贫地区、上海对口支援地区和公司结对帮扶地区全力推动扶贫产品和服务的增品扩面提质。

在果洛州"藏系羊牦牛降雪量气象指数保险"连续两年亏损的情况下,公司将保险范围从2017年果洛州一个县,扩展至2018年的3个县,扩大风险保障范围,提高风险保障水平,彰显了"有温度、负责任"的品牌形象。

精准施策,多措并举。近年来,中国太保积极对标"两不愁三保障"标准,立足"精准"和"实效",坚持问题导向,在果洛州积极拓展农险扶贫、防贫扶贫、就业扶贫、消费扶贫、智力扶贫等多种扶贫手段的深度和广度,并积极探索自然和人文生态环境保护新领域,因地制宜精准施策,为实现广大农牧群众对美好生活的向往做出了应有的贡献。

扶防结合,立足长效。中国太保在果洛州积极探索精准扶贫长效机制,帮助农牧民不但要实现脱贫,更要提升脱贫质量,依托防贫扶贫、智力扶贫等手段,增强贫困牧民防贫和稳定增收能力,实现更为长远的"脱贫不返贫"目标。通过落地"藏系羊牦牛降雪量气象指数保险",为高原农牧业提供产业扶贫保障;同时发挥企业自有产品资源,配套"防贫保",帮助临贫、易贫人群获得防贫托底保障;针对不同群体开展"万名干部助万户"关爱行动及扶志扶智游学活动、校企合作智力扶贫、"三区三州"金融干部培训班等活动,激发了贫困群众的脱贫内生动力,增长了摆脱困境的本领和手段。

中国太保：创新保险援疆新模式助力喀什打赢脱贫战

2018年10月，中国太平洋财产保险股份有限公司（以下简称中国太保产险）为全面贯彻落实党中央、国务院关于打赢脱贫攻坚战的决策部署，积极推进上海对口支援地区——新疆喀什地区的扶贫维稳工作，与喀什地区行政公署、上海市对口支援新疆工作前方指挥部共同签订三方战略合作协议，充分发挥保险主业优势，通过产业扶贫、农险扶贫、消费扶贫、就业扶贫等方式，彰显国企责任，全力推进喀什地区扶贫维稳事业发展。

目前，中国太保产险在喀什地区累计投入各类帮扶资金516.48万元，覆盖当地6.74万建档立卡贫困人口，提供保险保障3.06亿元；公司员工通过"彩虹"精准扶贫公益平台购买喀什地区各类农副产品实现帮扶金额401.26万元，得到地方政府、受助贫困群众和上海市政府的充分肯定。

背景介绍

新疆喀什地区属于我国"三区三州"深度贫困地区、全国14个集中连片特殊困难地区之一。当地建档立卡贫困户共有28.58万户105.59万人，占农村总人口的32.43%，占全疆贫困人口总数的40.6%，占南疆四地州贫困人口的48.3%。12个县市中，有国家级扶贫开发工作重点县8个，片区扶贫开发重点县市4个，扶贫开发重点村1222个，占全疆地区的43%，占南疆四地州贫困村总数的46.91%。其中，尚有12.8万贫困人口分布在生存环境恶劣、基础设施落后、居住分散、发展水平更低的深山区和边境线，是扶贫开发最难啃的"硬骨头"。

作为总部位于上海的保险企业，2017年以来，中国太保集团和中国太保产险主要负责人多次前往喀什地区拜访当地政府和上海援疆前方指挥部主要领导，充分了解当地发展情况和精准扶贫需求，沟通保险帮扶合作细项，2018年10月，三方正式签署战略合作协议，中国太保产险承诺5年中累计投入1200万元，为喀什巴楚县等四县的重点项目、重点企业和贫困农户提供金融保险服务支持，三方共同联手探索和创新保险业助推维稳、脱贫、旅游、就业的金融保险服务模式，力争使当地旅游业发展目标、上海对口援建地区的产业发展水平和脱贫攻坚目标达成率走在全疆前列。

做法和成效

三方协议签署至今，中国太保产险紧紧围绕支持喀什地区维稳安定、就业扶贫、助推旅游产业发展、开展政策性农险等"三农"工作、消费扶贫、扶贫关爱活动等方面开展精准帮扶工作。

一是驻村干部、援疆教师关爱行动。

中国太保产险每年通过上海援疆前方指挥部，为参加喀什地区"访惠聚"驻村的共1.87万名在岗干部投保综合人身意外伤害险，每人保险金额50万元，总保额达90亿元。目前，公司已陆续接到6起报案，全部完成快速理赔，充分彰显了公司对驻村干部的关怀和保障。

2018—2019年，中国太保产险通过上海市教育发展基金会，向市教委捐赠上海赴喀什地区第一批援疆教师共170人捐赠团体人身意外上海保险，每人保险金额200万元，总保额达3.4亿元，解决援疆教师投身贫困地区教育事业的后顾之忧。

二是旅游扶贫助推旅游产业发展。

中国太保产险每年通过上海援疆前方指挥部为赴喀什地区旅游的游客赠送公众责任险，总保额达1亿元。同时，公司积极推动旅游消费扶贫，于2019年5月启动太保员工旅游援疆活动。活动得到了太保在上海地区员工的高度关注，共有300多名员工踊跃报名。6月，凭借在旅游援疆、"引客进喀"工作中的积极贡献，中国太保产险被上海援疆前方指挥部授予"旅游援疆突出贡献奖"。8月24日，太保员工援疆包机游活动正式成行，130余名太保员工及其家属乘坐专机从上海赴喀什旅游，开启旅游消费扶贫的全新领域。

三是消费扶贫，"彩虹"平台助力农民稳定增收。

中国太保自建的"彩虹"平台致力于通过消费扶贫手段，为公司员工爱心奉献和贫困农户稳定增收打造了长效平台。为保证喀什地区建档立卡贫困户生产的农副产品能走出南疆，来到城市消费者的家里，专门开辟了喀什地区扶贫产品销售专栏，按照"一县一品"发展模式，协助当地建档立卡贫困户的特色农产品进行上线销售，并提供产品原产地质量保证。今年以来，巴楚县留香瓜的销量已达到近200万元，干果新春礼包、西梅、番茄等产品也广受欢迎，成为"彩虹"平台的网红产品。

四是就业扶贫推动劳动力转移就业合作。

提供前置座席岗位。充分利用上海援疆前方指挥部在喀什地区经济开发区建设呼叫产业园这一有利条件，中国太保产险专门将新疆南疆客服呼叫团队设置在呼叫产业园内。目前，呼叫中心项目已顺利签约，首批20人已完成岗前培训，正式上岗提供电话呼叫服务。

建立农业保险基层机构网点，提供就业岗位。自2019年起，中国太保产险已在巴楚、莎车、叶城、泽普四县进一步扩大农险业务经营区域，逐步从原有的9个乡镇扩大至四县所有乡镇，加快乡镇级"三农"保险服务站的规划建设，从贫困户中选聘有能力、责任心强、有威望的"三农"服务站站长和协保人员，积极参与农险承保、理赔等工作。"三农"保险服务站的建立，每年可为四县提供250个就业岗位。

五是农险扶贫，推进实施"三农"风险综合保障计划。

中国太保产险在喀什地区积极探索实施"中国农民风险保障计划（新疆版）"专属产品推广，对涉及"三农"专属保险产品的保费收入，承诺结余利润全额设立专项扶持资金，通过上海援疆前方指挥部继续用于下一年度的农业保险。同时，公司还积极参与喀什地区政策性农险工作，加速提高政策性农险的覆盖率。对于当地建档立卡贫困户的农险自缴部分，由上海援疆资金给予支持，真正让惠于贫困农民，提高农业风险保障水平，有效化解自然风险，调动建档立卡贫困户投入农业生产的积极性，解决他们的生产生活后顾之忧，促进农民稳定增收。

此外，公司还充分利用上海援疆资金，在喀什地区示范推广农产品目标价格创新保险的产品开发、技术方案支持和理赔服务维护等，积极稳妥地开展棉花、玉米、红枣"保险+期货"、"订单农业+保险+期货"，示范推进巴旦木、核桃、留香瓜等目标价格保险创新产品，有效化解市场波动所造成的价格风险，锁定贫困农民的预期收益，持续增加农民收入。

六是智力扶贫，"万名干部助万户"关爱活动助力一对一精准帮扶。

中国太保产险发动广大干部员工开展"万名干部助万户"关爱活动，2018年10月，旗下太保产险上海分公司首批对喀什莎车县巴格阿瓦提乡等地共计241户建档立卡贫困户捐赠化肥、农药、生活用品12.7万元，开展一对一结对帮扶。截至目前，"万名干部助万户"关爱活动已覆盖南疆喀什、和田、阿克苏三个地区的1868户建档立卡贫困户，太保产险新疆、上海、陕西、山东分公司等7家机构广大干部员工积极参与爱心捐赠活动，捐款金额合计75万元，为贫困户购买农机具、生产资料、学习用具、学生衣物等，相关物资已于2019年年初全部发放到位。

2019年8月，作为"万名干部助万户"关爱行动的延伸，公司邀请20名来自喀什地区贫困家庭的初中生来到深圳和成都参加"祖国那么大、我想去看看"扶志扶智游学活动，通过为期5天的游学之旅，丰富知识，增长见识。

七是培训扶贫，邀请喀什地区金融干部参加专题培训班。

从2018年起，为提升喀什地区金融干部的专业能力，推动当地社会经济可持续发展，中国太保产险已成功举办两期金融干部专题培训班，10余名喀什地区金融干部受邀参加，培训帮助他们拓宽了视野，转变了观念，为下一步精准扶贫施策奠定良好的基础。

经验与启示

因地制宜，先行先试。中国太保根据喀什地区社会稳定和长治久安的要求，结合行业特点，尽己所能，努力发挥专业优势，在精准扶贫上下功夫，在就业扶贫、消费扶贫、农险扶贫、智力扶贫等方面因地制宜先行先试，积极拓展保险扶贫的内涵外延，取得良好成效，助力喀什地区经济社会发展。

整合资源，协同发力。充分借助于喀什地区行署及上海援疆前方指挥部的良好合作关系，发挥三方在各自领域的优势，统筹利用好当地社会资源，放大上海对口支援资金的效用，改善贫困地区金融生态，为脱贫攻坚提供有力支撑，打造具有可复制推广性的精准扶贫样本。

消费扶贫，形成示范。充分利用喀什地区特殊自然环境适宜瓜果、浆果、干果培育生长的有利条件，借助于公司"彩虹"平台的力量，解决了"引喀入户"的产品包装、物流等闭环销售环节，并通过订单式管理方式，促使当地贫困农户按照城市消费者的需求开展生产，帮助他们建立起新的生产标准，有效提升了贫困农户的标准化生产能力，实现了稳定增收。同时，通过包机旅游的方式进一步深化消费扶贫，在领略"大美喀什"的同时，使参与脱贫攻坚成为广大员工的自觉行为。

中国太保：面向临贫、易贫人群设计产品 防贫保筑起防堤

10月17日，2019年全国脱贫攻坚奖表彰大会在京隆重召开，中国太保集团旗下中国太保产险凭借在防贫领域的先行先试和显著成效，获颁本年度组织创新奖。在脱贫攻坚决战决胜的关键阶段，中国太保发挥专业优势，创建商业防贫保险"防贫保"，有效解决了非贫低收入户和非高标准脱贫户"边脱边返、边扶边增"的扶贫难题。

因病、因灾、因学

致贫可投保，河北省邯郸市魏县的王章喜今年67岁，2014年脱贫后，他和老伴每年有6000多元收入，属于非高标准脱贫户。日子本就不宽裕，2018年年初王大娘生病住院，医保报销后仍需自付1.3万元医药费，这让老两口犯了难。中国太保工作人员得知这一信息后，经过核查很快就把6000多元保险补偿金送上门，帮助两位老人重燃生活的信心。

提高脱贫质量、防止返贫致贫，是脱贫道路上必须跨过去的一道坎。2017年初，邯郸市委决定在国家扶贫开发重点县魏县先行试点，通过政保联办、引入商业保险的方式，建立"未贫先防"机制。中国太保的"防贫保"保障方案在当地政府的招标中脱颖而出。

"防贫保"是如何运作的？简单来说，就是以上年度国家贫困线的1.5倍为基准，以非贫低收入户和非高标准脱贫户两类临贫、易贫人群为对象，针

对因病、因灾、因学因素分类设置防贫保障线和救助标准。由地方政府出资为参保对象投保，保险公司根据政府需求制订保险方案，提供理赔服务。当受助群体因以上三种原因导致家庭收入低于防贫保障线时，保险公司就启动核查程序，对自付费用或损失超过标准部分分段实施救助。

"保险企业与政府携手，通过'群体参保、基金管理、社会经办、阳光操作'的扶贫模式，在困难群众未贫将贫时，拉一把、托好底。"中国太保产险有关负责人表示，虽然临贫、易贫人群占比约为10%，但保险公司必须对参保地区所有农村人口进行情况核查，在服务流程和技术等方面做出调整，并有效配合民政、人社、教育、交管等政府部门的工作，"只有做成'网格状'的监测平台，才能第一时间把温暖送到困难群众手上。坚决不让一户群众再返贫，我们不含糊！"

如今，"防贫保"已经成为更多地方打赢脱贫攻坚战的重要"新式武器"。截至2019年9月，河北、湖北、内蒙古、甘肃、云南、青海、四川等省份140个县超过5000万临贫、易贫人群有"防贫保"提供防贫托底保障，累计保险金额2.35万亿元，累计赔付金额近6000万元，其显著成效获得国务院扶贫办、地方政府和受助群众的高度认可。

采用市场手段实现"少花钱、多办事"

传统的保险险种大多"保一人"，最多"保一家"。而返贫、骤贫对象很难事先框定，如何设计开发一种不固定人头而是针对一类群体的保险产品，是防止返贫面临的一大难题。"防贫保"的保障对象由"某个人"转为"一类人"。这一创新之举不仅做到了"少花钱、多办事"，发现并填补了扶贫领域的空白点，也推动了保险创新，实现了险种由"定人定量"到"群体共享"的突破性转变，扩大了保障覆盖面。

中国太保集团董事长孔庆伟在全国脱贫攻坚奖表彰大会上表示，开发"防贫保"的初心，就是发挥主业优势，助力国家守住来之不易的脱贫成果。

专家学者认为，"防贫保"凸显了以商业保险方式开展防贫工作的四大优势。

产品有新意——聚焦处于贫困边缘的非贫低收入户和非高标准脱贫户两类临贫、易贫人群，真正做到了"防贫于未然"。

机制有创新——用保险商业杠杆放大了财政资金扶贫效应。目前，基层政府部门在编人员少，难以满足短时间内大量入户调查的需要。中国太保凭借自身人员、网络、技术优势，打通各环节信息"孤岛"，规范、透明地开展各项工作，扮演好风险承担者和服务提供者的角色，运用市场化手段高效助力社会治理。

管理有创新——过去，部分地区存在"卡内户"享受众多扶贫政策甚至产生过度帮扶依赖、而"卡外户"被扶贫政策边缘化的实际情况，致使群众中容易产生新的矛盾和不公平。"防贫保"为"卡外户"提供了扶持和帮助，缩小、淡化了"贫"与"临贫"的差距，提升了扶贫工作的口碑。

服务有创新——"防贫保"在理赔实践中独创了"四看一算一核一评议"规范化服务模式，四看即看住房、看大件、看劳力、看负担，一算即算收入，一核实即核实名下房产及车辆情况，一评议即在村、镇两级进行公示和评议等，最大限度保证款项发放的公平、公正、公开，确保资金精准发放。

不久前，中国太保"防贫保"研究院（武汉）在湖北通城县正式成立。10月23日，中国太保深化发展"防贫保"工作会又在上海召开。中国太保有关负责人表示，后续将有针对性地制订符合各地实际、彰显太保特色的防贫保障方案，力争到2022年底实现"防贫保"覆盖全国1000个县区的"千县计划"，让"脱贫不返贫"的长效保障惠及更多临贫、易贫人群。同时，将积极探索"防贫保"与农业保险、产业扶贫的深度融合，变"输血"为"造血"，夯实稳定脱贫的基础，释放出更为长久的精准扶贫民生红利。

（原载《人民日报》2019年11月14日）

慈利沪农商村镇银行：
助力脱贫攻坚

慈利县位于湖南省西北部，隶属湖南省张家界市，地处武陵山脉东部边缘，澧水中游，全县总面积3480平方千米，辖25个乡镇，总人口71万人，共有贫困村100多个，建档立卡贫困户24107户890906人，是湖南省省级重点贫困县，也是武陵山集中连片扶贫开发重点县。

作为张家界辖内唯——家村镇银行，慈利沪农商村镇银行认真贯彻党中央、国务院关于精准扶贫、脱贫攻坚工作要求，切实履行社会责任，特别是在2020年疫情防控期间，该行将支持企业复工复产作为扶贫工作重点，提高政治站位，坚守金融职能，全力保障金融服务，支持企业复工复产，助力脱贫攻坚战。

具体做法

一是高度重视扶贫工作。

首先，成立了由党支部书记任组长、班子成员任副组长、各部门负责人为成员的金融精准扶贫工作领导小组，加强对扶贫工作的组织推动；其次，确定信贷投向指引，将金融精准扶贫类客户做为优先支持类，加大对"三农"、小微和民营企业的支持帮扶力度；再次，完善考核激励措施，将金融扶贫信贷投放纳入绩效考核的范畴，直接与相关责任绩效挂钩；最后，建立尽职免责制度，制定了《慈利沪农商村镇银行小微授信业务尽职免责管理办法（试行）》，建立和完善"敢贷、愿贷、能贷"长效机制，提高金融精准扶贫质效。

二是助力企业复工复产。

加强组织领导。一方面，成立支持企业复工复产金融服务保障领导小组，加强对本行支持企业抗击疫情、复工复产金融服务工作的组织推动，统筹安排疫情防控和脱贫工作；另一方面，制订抗疫金融服务保障方案，明确部门工作职责和服务保障措施，确保各项措施落实到位，提高金融扶贫工作效率。

下沉服务重心。行长田小春带领市场部和微小中心客户经理，对全县20余家涉农和小微企业进行上门走访，详细了解疫情对企业的影响、复工复产面临的困难、还贷计划、融资需求等方面的情况，根据企业受灾情况，制订个性化的帮扶方案。

加大信贷纾困力度。创新服务方式，对受疫情影响出现还贷困难的企业，通过贷款展期、调整分期还款计划、无还本续贷、下调贷款利率等方式，降低融资成本，缓解企业资金压力，降低企业融资成本，减轻企业负担。

截至4月末，该行支持复工复产企业58家，发放小微企业贷款3023万元，其中批发零售行业有44家企业，贷款1443万元；住宿餐饮业有3家，贷款250万元；物流运输行业有3家企业，金额460万元；文化旅游行业6家企业，金额320万元。为受疫情影响企业、复工复产企业办理续贷、借新还旧5家，金额730万元；办理贷款展期一笔，金额50万元；更改还款计划的有17家，金额450万元。

典型案例：该行信贷客户某餐饮管理有限公司旗下共8家门店、员工100余人，原计划正月初二开门营业，受疫情的影响，年前准备的所有物料全部浪费，直接损失近百万元，间接损失几百万元。根据贷款原还款计划，3月20日需归还贷款本金50万元，受疫情影响，无法落实还款计划，得知这一情况后，该行及时为借款企业调整了还款计划，将月还本50万元调整为5万元，大大减轻了企业还款资金压力，增加了企业恢复经营生产的信心，在该行的支持下，企业已于4月上旬正式复工，8家门店员工也恢复正常上岗，对解决贫困人口就近就业、增加贫困人口收入起到了积极的促进作用。

开辟绿色通道。开辟复工复产信贷绿色通道，简化办贷手续，加快办贷进度，提高办贷效率。2月下旬，个体工商户蒋某经营一家百货超市，因复工急需20万元贷款支持，在收到客户贷款申请后，该行特事特办，仅用了两天时间就完成贷款审批和发放，及时满足了客户复工融资需求。

三是扎实推动金融精准扶贫。

创新金融扶贫产品。该行推出的所有金融产品、授信和担保方式等，均以满足目标客户的需求为宗旨，以帮助"客户纾困解难，解决三农和小微企业融资难题，提高金融扶贫精准度"为目标，并根据扶贫政策、客户的需求和市场变化，不断创新服务产品和方式，先后推出"惠众贷"、个人助业贷款、农户小额信用贷款等产品，并对"家庭贷"进行优化完善，推出"家庭循环贷"，让产品更加贴近客户需求，金融扶贫更精准。

积极开展产业扶贫。加大信贷投放，支持当地脱贫带动能力强的企业发展特色产业，通过"扶持一家企业，带动一项产业，促进一方脱贫"，扩大产业扶贫效应。2015年至2019年末，该行累计发放涉农贷款2544笔，累计发放贷款19亿元，支持涉农企业发展油茶、蔬菜、柑橘和养殖等特色产业，发挥了较好的脱贫带动作用。

首先，主动对接涉农和小微企业，扎实开展市场调研，了解涉农、小微企业经营等情况，确定产业扶持对象；其次，充分发挥法人机构决策链短、自主审批等优势，优化办贷流程，限时办贷；提高办贷效率；再次，加强服务队伍建设，2019年7月新成立微小中心，专营100万元以下小微企业信贷业务，至2019年年末，微小中心共发放贷款100余笔、发放金额2500余万元，提高了金融扶贫质效；最后，运用人民银行扶贫再贷款资金，2015—2019年，该行共借入人民银行扶贫再贷款资金近3亿元，全部用于支持"三农"，扩大了金融扶贫覆盖率。

四是积极开展精准扶贫。

根据当地政府的统一安排，2015年，该行共承担慈利县零阳镇栗山村和南竹村两个贫困村99户建档立卡贫困户的精准扶贫工作。

压实结对帮扶责任。2015年，该行在仅有25名员工的情况下，克服人员紧张的困难，除保证营业网点柜面服务人员以外，安排20名员工与两个村的建档立卡贫困户结对，其中包括董事长在内的4位行领导人均结对6户，部门负责人、党员和二线部门员工人均结对5户，客户经理人均结对4户，责任到户、到人，压实结对帮扶责任。

定期开展上门帮扶。坚持每月开展一次上门帮扶活动，组织帮扶人深入结对帮扶对象家庭"访困问需、访贫问计"，详细了解贫困户致贫原因、家庭生产和生活状况以及脱贫愿望等基本情况，因户施策，帮助贫困户寻求脱贫致富路子；积极宣传党的精准扶贫政策，增强贫困人口脱贫致富的信心和决心。5年多来，该行通过采取员工个人出资的方式，每年人均支付精准扶贫资金1000余元，帮助帮扶对象解决实际困难。通过落实扶贫政策、精准帮扶等措施，栗山和楠竹村已有33户建档立卡贫困户实现了脱贫目标。

精准帮扶注重实效。在当地扶贫办未与该行签订贴息贷款协议的情况下，积极想办法，为"有劳动能力、有产业项目、信用观念好"的建档立卡贫困户提供小额信用贷款支持，帮助建档立卡贫困户增加造血功能，增强自我发展能力。

典型案例：栗山村地处县城区北部山区，自然环境较差，村里大部分劳动力选择外出务工，该行田小春行长结对帮扶对象李先开家里上有年迈多病的双亲、下有尚在上学的孩子，希望从事家庭养猪、养鸡摆脱贫困，但由于

缺乏资金支持，收益和抗风险能力严重不足，虽经过几年的努力，全家仍生活在贫困线下。在得知李先开的家庭情况和脱贫愿望后，田小春行长主动上门了解其家庭生态养殖的具体计划、目标和资金需求，于2016年6月向李先开发放了10万元扶贫信用贷款，支持李先开发展生态养殖业，截至2019年年末，该行累计向李先开发放5笔扶贫贷款，发放贷款33万元。在该行的支持和帮扶下，李先开扩大了养殖规模，取得了较好的经济效益，养殖收益逐年增加，成功实现了脱贫目标。

五是搭建金融扶贫服务平台。

首先，建设金融扶贫服务站。该行按人民银行金融扶贫服务站建站要求，在慈利县零阳镇丰阳村和七相坪村建立金融扶贫服务站，并承担七相坪村金融扶贫服务站的主联系行责任，定期上门了解村民金融服务需求，开展金融知识宣传和服务，宣讲金融扶贫政策，将金融扶贫政策和服务送到田间地头、送进农户家中。

其次，创建扶贫再贷款示范点。在慈利县零溪镇黄莲村创建扶贫再贷款示范点，建立"1+N"工作机制，运用人民银行扶贫再贷款资金，支持示范点企业张家界市某生物饲料有限公司构建"公司+基地+农户"的经营模式，发展饲料加工经营产业，带动贫困人口就业，

增加农户收入。

张家界市某生物饲料有限公司是当地一家集特种水产畜禽饲料研究、产销一体化的现代化民营企业，也是慈利县较大的本土"涉农"企业。自2016年建成扶贫再贷款示范点以来，该行运用人民银行扶贫再贷款资金为该公司和周边贫困户提供低利率的信贷支持，截至2019年末，共为该公司发放贷款8笔，累放贷款2100万元。通过信贷支持产业发展，该企业实现了较快的发展，经营利润逐年提升，不仅解决了当地100余名农民工的就近就业问题，有效带动周边建档立卡贫困户发展产业，惠及企业流转租赁土地涉及9个集中连片行政村1500余户农户，较好地发挥了扶贫再贷款示范点的示范带动作用。

六是积极参加精准扶贫和各项公益捐款活动。

积极履行社会责任，组织开展助残一日捐、爱心助学和助困、精准扶贫、中国扶贫日等公益捐款活动，按要求为扶贫工作出资，2019年，在慈利县组织的"决战脱贫攻坚，助力乡村振兴"为主题的2019年"中国扶贫日"现场活动，该行单位捐赠1万元、员工个人捐款5000元；自2014年以来每年出资2万元支持慈利县农村建设扶贫工作，树立了良好的企业形象，为脱贫攻坚战做出了应有的贡献。

效果及社会反响

慈利沪农商村镇银行认真贯彻党中央、国务院关于精准扶贫、脱贫攻坚工作要求，不断加大扶贫工作力度，助力脱贫攻坚，截至2019年12月末，累计投放各类贷款24.2亿元，贷款余额59978.13万元，户均贷款39.83万元，"涉农"贷款占比99.8%，为当地脱贫攻坚和乡村振兴做出了应有的贡献,自 2012 年 8 月成立以来,连续 7 年被当地政府评为"支持县域经济信贷投放先进单位"、连续 6 年被当地政府评为"诚信纳税大户",并多次被慈利县政府评为"支持慈利县农村建设扶贫工作出资先进单位";被十二届中国村镇银行发展论坛评为"全国支农支小优秀村镇银行"。

图书在版编目(CIP)数据

守望相助　携手小康：上海市国资委系统精准扶贫案例集 / 上海市国有资产监督管理委员会编 .— 上海：上海社会科学院出版社，2021
　ISBN 978-7-5520-3539-1

Ⅰ.①守… Ⅱ.①上… Ⅲ.①扶贫—案例—上海 Ⅳ.①F127.51

中国版本图书馆 CIP 数据核字(2021)第 061551 号

守望相助　携手小康
上海市国资委系统精准扶贫案例集

编　　者:	上海市国有资产监督管理委员会
出 品 人:	佘　凌
责任编辑:	董汉玲
封面设计:	周清华
出版发行:	上海社会科学院出版社
	上海顺昌路 622 号　邮编 200025
	电话总机 021-63315947　销售热线 021-53063735
	http://www.sassp.cn　E-mail:sassp@sassp.cn
照　　排:	南京理工出版信息技术有限公司
印　　刷:	上海颛辉印刷厂有限公司
开　　本:	710 毫米×1010 毫米　1/16
印　　张:	20.75
插　　页:	2
字　　数:	296 千字
版　　次:	2021 年 4 月第 1 版　2021 年 4 月第 1 次印刷

ISBN 978-7-5520-3539-1/F·657　　　　　　　　　　定价:85.00 元

版权所有　　翻印必究